市町村予算の見方
【昭和5年 再版】

西野喜興作 著

地方自治法研究
復刊大系〔第二五三巻〕

市町村予算の見方

〔昭和五年 再版〕

日本立法資料全集 別巻 1063

信山社

時事新報記者　西野喜與作著

市町村豫算の見方

東京　秀文閣書房發行

はしがき

むかし、希臘《ぎりしや》の哲學者《てつがくしや》で、青空《あをぞら》に輝《かゞや》く星《ほし》ばかりを仰《あふ》いで、溝《みぞ》に落《お》つこちた人《ひと》があると聞《き》きますが、現在《げんざい》の日本人《にほんじん》にもそうした傾《かたむ》きがないでもありませぬ。少《すくな》くとも財政《ざいせい》に關《くわん》する限《かぎ》りに於《おい》て、中央政府《ちうあうせいふ》の財政《ざいせい》については注意《ちうい》もなし、議論《ぎろん》もなすが、手近《てぢか》な――お互《たがひ》の生活《せいくわつ》に最《もつと》も密接《みつせつ》な關係《くわんけい》のある地方《ちはう》の財政《ざいせい》、お互《たがひ》が屬《ぞく》する町《まち》や、村《むら》や、市《し》の財政《ざいせい》について、風馬牛《ふうばぎう》であるが如《ごと》きは、高《たか》い空《そら》の星《ほし》ばかり見《み》て、溝《みぞ》のあることに氣《き》が付《つ》かなかつた希臘《ぎりしや》の哲學者《てつがくしや》の態度《たいど》に似《に》たものと思《おも》ひます。

この頃《ごろ》我國《わがくに》の國債《こくさい》は六十億《おく》に上《のぼ》り、一人當《にんあた》り百圓《ゑん》の借金《しやくきん》である。おぎやつと生《うま》れた赤《あか》ん坊《ばう》から足腰立《あしこした》たぬ老人《らうじん》まで、一人當《にんあた》り百圓《ゑん》の借金《しやくきん》では今《いま》にも亡國《ばうこく》になるやうに云《い》ひ觸《ふ》らされ、之《これ》が爲《た》めに、愛國心《あいこくしん》の強《つよ》い我國民中《わがこくみんちう》には、苦《くる》しい中《うち》から、ポケツト・マネーを割《さ》いて國債償還資金《こくさいしやうくわんしきん》を献金《けんきん》する人《ひと》も尠《すくな》くありませぬ。

若《も》し一人當《にんあた》り百圓《ゑん》の借金《しやくきん》で大騒《おほさわ》ぎするならば、東京市民《とうきやうしみん》は今日《こんにち》一人當《にんあた》り約《やく》二百十八圓《ゑん》の市債《しさい》を持《も》つてゐます。横濱市《よこはまし》は更《さら》に多《おほ》くて、一人當《にんあた》り二百七十八圓《ゑん》であります。大阪市《おほさかし》も神戸市《かうべし》も、一人當《にんあた》りは百圓《ゑん》を超《こ》へて前者《ぜんしや》百三十一圓《ゑん》、後者《こうしや》百四十七圓《ゑん》でありますが、未《いま》だ、どの市《し》でも、一人當《にんあた》り百圓《ゑん》の國債程《こくさいほど》の大問題《だいもんだい》とならず、未《いま》だに一人《にん》の市債償還資金《しさいしやうくわんしきん》の献金《けんきん》を申出《まをしい》でた人《ひと》も無《な》いやうであります。これなどは正《まさ》に、空許《そらば》かり見《み》て、溝《みぞ》に氣《き》を付《つ》けない希臘《ぎりしや》の哲學者《てつがくしや》の態度《たいど》ではありませぬか。

現《げん》に東京市民《とうきやうしみん》の如《ごと》きは、空許《そらばか》り見《み》て、溝《みぞ》に注意《ちうい》せなかつた結果今《けつくわいま》や見事《みごと》に溝《みぞ》に落《お》つこちて、増税《ぞうぜい》と云《い》ふ救《すく》ひ手《て》を用《もち》いて引上《ひきあ》げ中《ちう》であります。或《あるひ》は近《ちか》い將來《しやうらい》に増税《ぞうぜい》だけの救《すく》ひ手《て》では足《た》らず、更《さら》に電車賃値上《でんしやちんねあ》げと云《い》ふ救《すく》ひ手《て》を必要《ひつえう》とするかも知《し》れぬ事態《じたい》に陷《おちい》つてゐます。こうなつては希臘《ぎりしや》の哲學者《てつがくしや》の迂愚《うぐ》を笑《わら》つてはゐられませぬ。

顧《かへり》みますれば、私《わたし》が財政《ざいせい》の民衆化通俗化《みんしうくわつうぞくくわ》を思《おも》ひ立《た》つて、「豫算通解《よさんつうかい》」なる小著《せうちよ》を公《おほやけ》にしたのは今《いま》から十年前《ねんまへ》の大正《たいしやう》九年《ねん》であります。當時財政《たうじざいせい》に關《くわん》する通俗書《つうぞくしよ》としては、私《わたし》の狹《せま》い見聞《けんぶん》では武富時敏氏《たけとみときとしし》の著書位《ちよしよぐらゐ》でありましたが、爾來《じらい》十年《ねん》、經濟知識《けいざいちしき》の通俗化民衆化《つうぞくくわみんしうくわ》が一代《だい》の風潮《ふうてう》となりまして、中央財政《ちうあうざいせい》に關《くわん》する通俗書《つうぞくしよ》も多《おほ》く公刊《こうかん》せられまして、國民《こくみん》の其《そ》の方面《はうめん》の知識《ちしき》は、非常《ひじやう》に普《ふ》遍化《へんくわ》されたと思《おも》ひますが、地方《ちはう》の財政《ざいせい》、殊《こと》にお互《たがひ》と最《もつと》も密接《みつせつ》の關係《くわんけい》ある市《し》、町《ちやう》、村《そん》の財政《ざいせい》に關《くわん》しては、尙未《なほいま》だ行《ゆ》き亘《わた》らず、不足《ふそく》の點《てん》が多《おほ》いやうに思《おも》はれますので玆《こゝ》に不敏《ふびん》を顧《かへり》みず、本書《ほんしよ》を世《よ》に出《い》だす所以《ゆえん》であります。

例《れい》に依《よ》りまして、本書《ほんしよ》の執筆《しつぴつ》には內外學者《ないぐわいがくしや》、實際家《じつさいか》、評論家《ひやうろんか》の著書《ちよしよ》、論文《ろんぶん》、講演《かうえん》、談話《だんわ》に依《よ》る所《ところ》が多《おほ》く、統計數字《とうけいすうじ》については、大藏省《おほくらしやう》、內務省《ないむしやう》、東京市役所《とうきやうしやくしよ》、東京市政調査會《とうきやうしせいてうさくわい》の調査《てうさ》に負《お》ふ所《ところ》が多《おほ》い。行文《ぎやうぶん》の都合上《つがふじやう》多《おほ》く典據《てんきよ》を略《りやく》しました。幸《さいはひ》に寬容《くわんよう》せられむことを望《のぞ》みます。

昭和五年二月中旬

東京の西郊世田ケ谷松ケ丘にて

著者しるす

目次

前篇　豫算の見方

第一章　豫算見方の基礎知識

第二章　市町村豫算の見方

中篇　見方の實例（東京市財政の解剖）

第一章　市財政の大觀

第二章　市稅の展望

第三章　市債の展望

第四章　市歳入の大觀

第五章　市歳出の大觀

第六章　繼續費―決算

第七章　特別經濟の概況

後篇　市町村財政の大觀

第一章　市の財政

第二章　町村の財政

市町村豫算の見方

時事新報記者
西野喜與作著

前篇　豫算の見方

第一章　豫算見方の基礎知識

第一　市町村の豫算

市町村《しちやうそん》の豫算《よさん》を見《み》るについては、先《ま》づ一通《とほ》り市町村《しちやうそん》豫算《よさん》についての基礎知識《きそちしき》が必要《ひつえう》である。

凡《およ》そ公《おほやけ》の團體《だんたい》たると、私《わたくし》の團體《だんたい》たると、又《また》は一私人《しじん》たるとを問《と》はず、稍《や》や複雜《ふくざつ》なる會計《くわいけい》を有《いう》し、之《これ》を整理《せいり》せんとすれば、豫《あらかじ》め收支《しうし》の見込《みこみ》を立《た》てゝ經濟生活《けいざいせいくわつ》の方針《はうしん》を定《さだ》めなくてはならぬ。

それが國家公共團體《こくかこうきようだんたい》になると經濟生活《けいざいせいくわつ》が大《おほ》きく複雜《ふくざつ》なる上《うへ》に、私人《しじん》が自己《じこ》の損益計算《そんえきけいさん》に於《おい》て自《みづか》ら經濟的活動《けいざいてきくわつどう》をなすものと趣《おもむき》を異《こと》にし、直接《ちよくせつ》に利害《りがい》を感《かん》ぜざる處《ところ》の機關《きくわん》、即《すなは》ち官吏公吏《くわんりこうり》をして之《これ》を行《おこな》はしむるものであるから、收入支出《しうにふししゆつ》の間《あひだ》に於《おい》て、不正過誤《ふせいくわご》を招《まね》く虞《おそれ》もないでもない。

由來財政《ゆらいざいせい》の要路《えうろ》に當《あた》るものは虫《むし》のつき易《やす》く、腐敗《ふはい》し易《やす》きものと稱《しよう》せられ、財政《ざいせい》の當局者《たうきよくしや》にして惡評《あくひやう》を受《う》けた人《ひと》は尠《すくな》くない。徳川《とくがわ》初期《しよき》の財政家《ざいせいか》たる大久保《おほくぼ》石見守《いはみのかみ》、大賀《おほが》彌《や》四郎《らう》なども人《ひと》かどの人物《じんぶつ》にて後世《こうせい》の手本《てほん》となる事《こと》も仕置《しお》きたるも今《いま》に及《およ》びては惡名《あくめい》は其功《そのこう》を掩《おほ》ふてゐる。元祿時《げんろくじ》代《だい》の事實上《じじつじやう》の大藏大臣《おほくらだいじん》であつた萩原近江守重秀《はぎはらあふみのかみしげひで》なども、新井白石《あらゐはくせき》よりは大姦物《だいかんぶつ》と罵《のゝし》られてゐる。

それ等《ら》の人《ひと》に不正《ふせい》があつたか否《いな》かは別問題《べつもんだい》として、そうした誤解《ごかい》を避《さ》け、國民市民《こくみんしみん》をして當《たう》路《ち》の財政《ざいせい》の運用《うんよう》を信頼《しんらい》せしめる爲《た》めには、收入支出《しうにふししゆつ》に關《くわん》する萬般《まんぱん》の事項《じかう》を、悉《ことごと》く之《これ》を一目瞭然《もくれうぜん》たらしめ、國民市民《こくみんしみん》をして其利弊《そのりへい》を判知《はんち》せしめ、又財政監督《またざいせいかんとく》の任《にん》に膺《あた》る者《もの》をして其得失《そのとくしつ》を檢査《けんさ》せしむるに便《べん》ならしめてなくてはならぬ。

豫算制度　こうした要求《えうきう》を充《み》たす爲《た》めに生《うま》れ出《い》でたのが、豫算制度《よさんせいど》である。即《すなは》ち豫算制度《よさんせいど》は財務經理《ざいむけいり》の明瞭《めいれう》と監督檢査《かんとくけんさ》の適正《てきせい》を期《き》するために、國家公共團體《こくかこうきようだんたい》の收支《しうし》支出《ししゆつ》の見積《みつも》りを一定《てい》の形式《けいしき》の文書《ぶんしよ》に表示《へうじ》する制度《せいど》である。

豫算制度《よさんせいど》は今日《こんにち》、何《いづ》れの國家《こくか》公共團體《こうきようだんたい》も採用《さいよう》する所《ところ》であつて、我國《わがくに》の市町村《しちやうそん》においても、大《たい》正《しやう》十五年内務《ねんないむ》省令第《しやうれいだい》十九號《がう》市制町村制施行規則第《しせいちやうそんせいしかうきそくだい》三十三條《でう》に於《お》て「市町村稅其他一切ノ收入ヲ歲入トシ一切ノ經費ヲ歲出トシ歲入歲出ハ豫算ニ編入スヘシ」と規定《きてい》して豫算制度《よさんせいど》を採用《さいよう》してゐる。而《しか》して我國《わがくに》の市町村《しちやうそん》の豫算制度《よさんせいど》は、大體國《だいたいこく》の豫算制度《よさんせいど》に準《じゆん》じてゐるが、中《なか》に幾分制度形《いくぶんせいどけい》式《しき》に於《おい》て趣《おもむき》を異《こと》にしてゐる點《てん》もある。

會計年度　市町村豫算制度《しちやうそんよさんせいど》の中《うち》、政府《せいふ》の豫算制度《よさんせいど》に準《じゆん》じたものゝ一つに會計年度《くわいけいねんど》がある。會計年度《くわいけいねんど》とは財政《ざいせい》の實行上《じつかうじやう》に於《お》ける時間的《じかんてき》の制限《せいげん》である。お互《たがひ》日常《にちじやう》の生活《せいくわつ》に於《お》ける時間的區分《じかんてきくぶん》は大體《だいたい》、年《ねん》、月《げつ》、日《ひ》となつてゐて、一年《ねん》は三百六十五日正月元旦《にちしやうぐわつぐわんたん》から初《はじ》まつて大晦日《おほみそか》に終《をは》るが市町村《しちやうそん》の豫算《よさん》の區切《くぎ》りは國《くに》の中央政府《ちゆうあうせいふ》の豫算《よさん》の區切《くぎ》りと等《ひと》しく、お互《たがひ》のやうに、お正月《しやうぐわつ》と大晦《おほみそ》日《か》で區分《くぶん》せないで、四月《ぐわつ》一日《じつ》を以《もつ》て區分《くぶん》することになつてゐる。

即《すなは》ち市制第《しせいだい》百三十三條《でう》、町村制第《ちやうそんせいだい》百十三條《でう》の各《かく》二項《かう》に於《お》いて『市ノ――町村ノ會計年度ハ政府ノ會計年度ニ依ル』と規定《きてい》せられてあり、而《しか》して政府《せいふ》の會計年度《くわいけいねんど》は、會計法第《くわいけいはふだい》一條《でう》に依《よ》つて

政府ノ會計年度ハ毎年四月一日ニ初マリ翌年三月三十一日ニ終ル

ことになつてゐる。かくて市町村《しちやうそん》の豫算《よさん》では、之《これ》に準《じゆん》じて三月《ぐわつ》三十一日《にち》を以《もつ》て大晦日《おほみそか》とし、四月《ぐわつ》一日《にち》を以《もつ》て元旦《ぐわんたん》となすことになつてゐる。この四月《ぐわつ》一日《にち》に初《はじ》まり、翌年《よくねん》三月《ぐわつ》三十一日《にち》に終《をは》る十二ケ月《げつ》を豫算制度《よさんせいど》の上《うへ》では、お互《たがひ》のやうに一年《ねん》と云《い》はずして一年度《ねんど》或《あるひ》は一會計年度《くわいけいねんど》と稱《しよう》せら

れてゐる。

會計年度の獨立　會計年度《くわいけいねんど》を設《もう》けた目的《もくてき》は、その期限《きげん》を限《かぎ》つて會計《くわいけい》を整理《せいり》するにある。故《ゆゑ》に甲年度《かふねんど》の收支《しうし》と、乙年度《おつねんど》の收支《しうし》とは豫算上彼此流用《よさんじやうひしりうよう》しては、會計年度《くわいけいねんど》を設《もう》けた趣旨《しゆし》を沒却《ぼつきやく》することゝなるから、何處《どこ》の國《くに》でも原則《げんそく》として之《これ》を禁《きん》ずる事《こと》になつてゐる。我國《わがくに》の市町村《しちやうそん》の豫算《よさん》においても市制町村制施行規則第《しせいちやうそんせいしかうきそくだい》三十四條《でう》に於《おい》て『各年度ニ於テ決定シタル歳入ヲ以テ他ノ年度ニ屬スヘキ歳出ニ充ツルコトヲ得ス』となつてゐる。かくの如《ごと》く、甲年度《かふねんど》と乙年度《おつねんど》の收支《しうし》の混淆《こんかう》を避《さ》け流用《りうよう》を禁止《きんし》することを指《さ》して、一般《ぱん》に會計年度の獨立と稱《しよう》せられてゐる。

歳入歳出所屬年度　この會計年度《くわいけいねんど》の獨立《どくりつ》の原則《げんそく》は、財政《ざいせい》の經理上必要《けいりじやうひつえう》なことであるから豫算《よさん》の運用上會計年度《うんようじやうくわいけいねんど》の獨立《どくりつ》を圖《はか》るに必要《ひつえう》なる制限《せいげん》を設《もう》けるを例《れい》とし、市町村豫算《しちやうそんよさん》に於《おい》ては、市制町村制施行規則第《しせいちやうそんせいしかうきそくだい》三十五條第《でうだい》三十六條《でう》に、歳入歳出所屬年度《さいにふさいしゆつしよぞくねんど》に關《くわん》して詳細《しやうさい》なる規定《きてい》を設《もう》けて制限《せいげん》してある。

その規定《きてい》に依《よ》れば、

(一)歳入の所屬年度《しよぞくねんど》は左《さ》の區分《くぶん》に從《したが》ふことゝなつてゐる。

一、納期《なふき》の一定《てい》したる收入《しうにふ》は其納期末日《そのなふきまつじつ》の屬《ぞく》する年度《ねんど》

二、定期《ていき》に賦課《ふくわ》することを得《う》ざるが爲特《ためとく》に納期《なふき》を定《さだ》めたる收入又《しうにふまた》は隨時《ずゐじ》の收入《しうにふ》にして徴税令《ちようぜいれい》書《しよ》、賦課令書又《ふくわれいしよまた》は納税告知書《なふぜいこくちしよ》を發《はつ》するものは、令書又《れいしよまた》は告知書《こくちしよ》の發《はつ》したる日《ひ》の屬《ぞく》する年度《ねんど》

三、隨時《ずゐじ》の收入《しうにふ》にして徴税令書《ちようぜいれいしよ》、賦課令書又《ふくわれいしよまた》は納税告知書《なふぜいこくちしよ》を發《はつ》せざるものは領收《りやうしう》を爲《な》したる日《ひ》の屬《ぞく》する年度《ねんど》、但《たゞ》し市町村債《しちやうそんさい》、交付金《かうふきん》、補助金《ほじよきん》、寄附金《きふきん》、請負金《うけおひきん》、償還金其他之《しやうくわんきんそのたこれ》に類《るゐ》する收入《しうにふ》にして其《その》收入《しうにふ》を豫算《よさん》したる年度《ねんど》の出納閉鎖前《しゆつなふへいさぜん》に領收《りやうしう》したるものは其《その》豫算《よさん》の屬《ぞく》する年度《ねんど》

次《つぎ》に歳出《さいしゆつ》の所屬年度《しよぞくねんど》は左《さ》の區分《くぶん》に依《よ》ることゝなつてゐる。

一、費用辨償《ひようべんしやう》、報酬《はうしう》、旅費《りよひ》、退隱料《たいいんれう》、退職給與金《たいしよくきふよきん》、死亡給與金《しばうきふよきん》、遺族扶助料《ゐぞくふじよれう》、其《その》他《た》の給與《きふよ》傭人料《ようにんれう》の類《るゐ》は其《その》支給《しきふ》すべき事實《じじつ》の生《しやう》じたる時《とき》の屬《ぞく》する年度《ねんど》、但《たゞ》し別《べつ》に定《さだ》まりたる支拂期《しはらひき》日《じつ》あるときは其《その》支拂期日《しはらひきじつ》の屬《ぞく》する年度《ねんど》

二、通信運搬費《つうしんうんぱんひ》、土木建築費其《どぼくけんちくひその》他物件《たぶつけん》の購入代價《かうにふだいか》の類《るゐ》は契約《けいやく》を爲《な》したる時《とき》の屬《ぞく》する年度《ねんど》、但《たゞ》し契約《けいやく》に依《よ》り定《さだ》めたる支拂期日《しはらひきじつ》あるときは其《その》支拂期日《しはらひきじつ》の屬《ぞく》する年度《ねんど》

三、市町村債《しちやうそんさい》の元利金《ぐわんりきん》にして支拂期日《しはらひきじつ》の定《さだ》めあるものは其《そ》の支拂期日《しはらひきじつ》の屬《ぞく》する年度《ねんど》

四、補助金《ほじよきん》、寄附金《きふきん》、負擔金《ふたんきん》の類《るゐ》は其《そ》の支拂《しはら》を豫算《よさん》したる年度《ねんど》

五、缺損補塡《けつそんほてん》は其《そ》の補塡《ほてん》の決定《けつてい》を爲《な》したる日《ひ》の屬《ぞく》する年度《ねんど》

六、前各號《ぜんかくがう》に揭《かゝ》ぐるものを除《のぞ》くの外《ほか》は、總《すべ》て支拂命令《しはらひめいれい》を發《はつ》したる日《ひ》の屬《ぞく》する年度《ねんど》

所《ところ》が何事《なにごと》も、杓子定規《しやくしぢやうぎ》になり勝《が》ちなお役所《やくしよ》では、往々會計年度《わうくくわいけいねんど》獨立《どくりつ》の趣旨《しゆし》を履《は》き違《ちが》へて、却《かへ》つて豫算制度《よさんせいど》の本旨《ほんし》に背反《はいはん》するやうな事《こと》も尠《すくな》くない。

譬《たと》へば、役所役場費《やくしよやくばひ》とか會議費《くわいぎひ》とかが甲年度《かふねんど》に剩《あま》つたとしても、之《これ》を翌年度《よくねんど》に持《も》ち越《こ》し勝手《かつて》に使《つか》ふことが出來《でき》ない。剩《あま》つた丈《だけ》は歲出不用額《さいしゆつふようがく》として次年度《じねんど》の歲入《さいにふ》に繰込《くりこ》まねばならぬ。繰込《くりこ》む許《ばか》りか、不用額《ふようがく》が出《で》る位《くらゐ》ならば、豫算《よさん》を少《すこ》し削《けつ》れなど云《い》はれては大變《たいへん》だから、其處《そこ》は旨《うま》く加《か》減《げん》する。そこで、梅《うめ》が咲《さ》くと鶯《うぐひす》が泣《な》き、薄《すゝき》が茂《しげ》ると雁《がん》が渡《わた》るやうに每年《まいねん》、年度末《ねんどまつ》になるとお役人《やくにん》が旅行《りよかう》したり議員《ぎゐん》が旅行《りよかう》したり或《あるひ》は建物《たてもの》の修繕《しうぜん》などをやり不用額《ふようがく》が出《で》ないやうにする。

年度獨立の例外

尤《もつと》も會計年度《くわいけいねんど》の獨立《どくりつ》と云《い》ふ事《こと》も、事《こと》の性質《せいしつ》と事態《じたい》に依《よ》つては幾分手加《いくぶんてか》減《げん》をせぬと、却《かへ》つて、角《つの》を矯《た》めて牛《うし》を殺《ころ》すやうな結果《けつくわ》を見《み》ないでもないから、豫算《よさん》は原則《げんそく》とし

て會計年度《くわいけいねんど》の獨立《どくりつ》を圖《はか》る事《こと》になつてゐるが、其間《そのかん》三四の例外《れいぐわい》を認《みと》めてゐる。即《すなは》ち歳計剩餘金《さいけいじようよきん》の繰越《くりこし》、繼續費《けいぞくひ》の遞次繰越《ていじくりこし》、過年度《くわねんど》の收支等《しうしなど》である。

右《みぎ》の内歳計剩餘金《うちさいけいじようよきん》と云《い》ふのは、歳入《さいにふ》の側《がは》と歳出《さいしゆつ》の側《がは》と兩方《りやうはう》にある。歳入《さいにふ》の側《がは》にあつては、豫《よ》算額《さんがく》よりも收入《しうにふ》が増《ま》した場合《ばあい》に出《で》て、歳出《さいしゆつ》の側《がは》にあつては歳出《さいしゆつ》の不用《ふよう》の爲《た》めに生《しやう》ずるものである。その歳出《さいしゆつ》の不用《ふよう》に依《よ》ると歳入《さいにふ》の増收《ぞうしう》に依《よ》るとを問《と》はず剩餘金《じようよきん》は、年度獨立《ねんどどくりつ》の原則《げんそく》の例外《れいぐわい》として次年度《じねんど》、或《あるひ》は次年度以降《じねんどいかう》に繰越流用出來《くりこしりうようでき》るものである。

第二《だい》の繼續費《けいぞくひ》の遞次繰越《ていじくりこし》と云《い》ふのは、繼續事業《けいぞくじげう》が豫定《よてい》の如《ごと》く進行《しんかう》せなかつた場合《ばあい》に、其年割《そのねんわり》額《がく》を順次後年度《じゆんじごねんど》に繰越《くりこ》すのである。これも年度獨立《ねんどどくりつ》の例外《れいぐわい》の一つである。

第三《だい》の過年度支出《くわねんどししゆつ》と云《い》ふのは、役所役場《やくしよやくば》の仕事《しごと》も相手《あいて》のある仕事《しごと》であるから、役所《やくしよ》、役場《やくば》では年度内《ねんどない》に仕事《しごと》を濟《す》まそうとしても、相手《あいて》の都合《つがふ》で、そう行《ゆ》かない場合《ばあい》もあらう。その場合相《ばあいあい》手《て》の都合《つがふ》を考《かんが》へず、支拂《しはら》ふべき金《かね》も支拂《しはら》はないと云《い》ふ事《こと》は、男《をとこ》を女《をんな》にする外《ほか》は何事《なにごと》も出來《でき》ると云《い》はれた專制政府《せんせいせいふ》に非《あら》ざる限《かぎ》りは一寸出來《ちよつとでき》ぬ。そこで年度經過後《ねんどけいくわご》も、會計年度獨立《くわいけいねんどどくりつ》の例外《れいぐわい》として收入支出《しうにふししゆつ》を認《みと》めることになつてゐる。其場合《そのばあひ》の收入支出《しうにふししゆつ》は市制町村制施行規則第《しせいちやうそんせいしかうきそくだい》四十五條《でう》の規定《きてい》に依《よ》つて現年度《げんねんど》の歳入歳出《さいにふさいしゆつ》と爲《な》す事《こと》となつてゐる。

其外《そのほか》に、翌年度《よくねんど》歳入《さいにふ》の繰上充用《くりあげじうよう》など云《い》ふ事《こと》もある。これは當該年度《たうがいねんど》の歳入《さいにふ》に缺陷《けつかん》を生《しやう》じ、豫定《よてい》の支拂《しはらひ》を爲《な》し得《え》ざる場合《ばあい》に、翌年度《よくねんど》の歳入《さいにふ》を繰上《くりあ》げ充用《じうよう》することを指《さ》すもので、市制町村制《しせいちやうそんせい》施行規則第《しかうきそくだい》五十五條《でう》の規定《きてい》に依《よ》るものであつて、會計年度獨立《くわいけいねんどどくりつ》の例外《れいぐわい》をなすものであるが、之《これ》は市町村財政上《しちやうそんざいせいじやう》に於《お》ける非常處分《ひじやうしよぶん》であつて、例外中《れいぐわいちう》の例外《れいぐわい》である。

市町村會の議決

市町村豫算制度《しちやうそんよさんせいど》に於《お》て政府《せいふ》の豫算制度《よさんせいど》に準《じゆん》じたものに、地方議會《ちはうぎくわい》——市町村會《しちやうそんくわい》の議決《ぎけつ》がある。この場合《ばあい》の市町村會《しちやうそんくわい》の議決《ぎけつ》は、帝國議會《ていこくぎくわい》の政府《せいふ》の豫算《よさん》に對《たい》する協贊《けふさん》と同趣旨《どうしゆし》に出《い》でたもので、政府《せいふ》の豫算《よさん》の成立《せいりつ》が帝國議會《ていこくぎくわい》の協贊《けふさん》を條件《でうけん》とする如《ごと》くに、市町村豫算《しちやうそんよさん》の成立《せいりつ》にも市町村會《しちやうそんくわい》の議決《ぎけつ》を必要《ひつえう》とするものである。市制第《しせいだい》四十二條町村制第《でうちやうそんせいだい》四十條《でう》に、市町村會《しちやうそんくわい》の議決《ぎけつ》すべき概目《がいもく》として、第《だい》三項《かう》に「歳入出豫算ヲ定ムル事」とあるは之《これ》を明《あきらか》にしたものと云《い》ふべきである。而《しか》して市町村會《しちやうそんくわい》の議決權《ぎけつけん》の範圍《はんゐ》については、種々《しゆじゆ》の議論《ぎろん》もあるが、原則《げんそく》としては市町村《しちやうそん》の豫算《よさん》の議決權《ぎけつけん》は、提出豫算《ていしゆつよさん》の範圍《はんゐ》に於《おい》て豫算科目《よさんくわもく》の廢減削除《はいげんさくぢよ》に止《とゞ》め、豫算金額《よさんきんがく》を増《ま》し、又《また》は新《あらた》なる科目《くわもく》を設《もう》くるが如《ごと》き事《こと》は、避《さ》くべきものであらう。若《も》し金額《きんがく》を増《ま》し、又《また》は科目《くわもく》の增加《ぞうか》の必要《ひつえう》を認《みと》めた場合《ばあい》には、直接豫算《ちよくせつよさん》に觸《ふ》れず公式或《こうしきあるい》は非公式《ひこうしき》に、建議《けんぎ》決議《けつぎ》等《とう》の方法《はうはふ》を以《もつ》て理事者《りじしや》に其意志《そのいし》を通《つう》じ、理事者側《りじしやがは》より市會《しくわい》の希望《きばう》の如《ごと》く豫算《よさん》を更正《かうせい》せしむる手段《しゆだん》を採《と》るのが、議決機關《ぎけつきくわん》と執行機關獨立《しつかうきくわんどくりつ》の現行我國《げんかうわがくに》の自治制《じちせい》の建前《たてまへ》よりして穩當《をんたう》でないかと思《おも》ふ。

尚市《なほし》の中《うち》には、市制第《しせいだい》四十三條《でう》に依《よ》り豫算《よさん》の議決權《ぎけつけん》を市參事會《しさんじくわい》に委任《ゐにん》するものもあるが、かゝる市《し》に於《お》ける市參事會《しさんじくわい》の議決《ぎけつ》も、當然右《たうぜんみぎ》の精神《せいしん》を準用《じゆんよう》すべきである。

豫算の科目　かくて市町村會《しちやうそんくわい》の豫算《よさん》に對《たい》する議決權《ぎけつけん》は、原則《げんそく》として提出豫算《ていしゆつよさん》の範圍《はんゐ》に於《お》ける金額《きんがく》の廢減削除《はいげんさくぢよ》に止《とゞ》むるべきであるが、其際議決《そのさいぎけつ》の對象《たいしやう》となるべきものは市町村會《しちやうそんくわい》に提出《ていしゆつ》せられた豫算中主《よさんちうしゆ》として其《その》款項に屬《ぞく》する金額《きんがく》である。

豫算《よさん》は其通覽《そのつうらん》の便宜《べんぎ》の爲《た》めに、種々《しゆ〲》と區分《くぶん》せられてゐる。政府《せいふ》の豫算《よさん》では第一《だい》に歲出《さいしゆつ》と歲入《さいにふ》に區別《くべつ》し、歲入歲出《さいにふさいしゆつ》を各經常部臨時部《かくけいじやうぶりんじぶ》に區分《くぶん》し、各部《かくぶ》を款《くわん》に區分《くぶん》し、款《くわん》を項《かう》に區分《くぶん》し、項《かう》を更《さら》に目《もく》、目《もく》を節《せつ》に區分《くぶん》してゐるが、市町村豫算《しちやうそんよさん》に於《おい》ては、第一《だい》に歲入と歲出に分《わか》ち、歲入歲出《さいにふさいしゆつ》を必要《ひつえう》あるときは經常部臨時部に大別《だいべつ》し、經常部臨時部《けいじやうぶりんじぶ》に分《わか》つ必要《ひつえう》なきものは、歲入歲出《さいにふさいしゆつ》を直《たゞ》ちに款《くわん》に分《わか》ち、款《くわん》を項に分《わか》ち、項《かう》を種目に分《わか》つ。又經常《またけいじやう》、臨時《りんじ》の二部《ぶ》に分《わか》つ必要《ひつえう》あるものにあつては一應經常部《おうけいじやうぶ》臨時部《りんじぶ》に分《わ》かち、然《しか》る上《うへ》に各部《かくぶ》を、款、項、種目に順次《じゆんじ》細分《さいぶん》する事《こと》になつてゐる。

之等《これら》豫算《よさん》の區分《くぶん》を稱《しよう》して豫算の分科と稱《しよう》し、各項目《かくかうもく》を豫算の科目と稱《しよう》せられてゐる。

款項種目　市町村豫算《しちやうそんよさん》に於《お》ける科目中重《くわもくちうおも》きを置《お》かるゝのが、款と項である。市制町村制施《しせいちやうそんせいし》行規則第《かうきそくだい》四十七條《でう》には「歳入歳出豫算ハ必要アルトキハ之ヲ經常臨時ノ二部ニ別ツヘシ」と規《き》定《てい》して、經常部臨時部《けいじやうぶりんじぶ》の區別《くべつ》は相對的《さうたいてき》規定《きてい》としてゐるが、款項《くわんかう》に關《くわん》しては其第《そのだい》二項《かう》に於《おい》て「歳入歳出豫算ハ之ヲ款項ニ區分スヘシ」と絶對的規定《ぜつたいてききてい》にしてゐる。

其上同規則第《そのうへどうきそくだい》五十三條《でう》には「豫算ニ定メタル各款ノ金額ハ彼此流用スルコトヲ得ス」と規定《きてい》し、同條第《どうでうだい》二項《かう》には「豫算各項ノ金額ハ市町村會ノ議決ヲ經テ之ヲ流用スルコトヲ得」と規定《きてい》して款《くわん》は、一旦《たん》市町村會《しちやうそんくわい》の議決《ぎけつ》を經《へ》たらば流用《りうよう》を絶對《ぜつたい》に禁《きん》じ、項《かう》は市町村會《しちやうそんくわい》の議決《ぎけつ》を經《へ》るれば、流用出來《りうようでき》るが、然《しか》らざればこれ又流用《またりうよう》を禁止《きんし》する事《こと》になつてゐる。

この款項《くわんかう》の流用《りうよう》の禁止《きんし》は、前述《ぜんじゆつ》せる會計年度《くわいけいねんど》の獨立《どくりつ》と同樣《どうやう》、豫算制度《よさんせいど》の樞軸《すうちゆく》をなすもので、市町村會《しちやうそんくわい》の意志《いし》を無視《むし》して、理事者《りじしや》が得手勝手《えてかつて》に、豫算《よさん》を運用出來《うんようでき》ぬやうに制限《せいげん》したものである。

豫備費 かくて、款項《くわんかう》は、市町村會《しちやうそんくわい》の議決《ぎけつ》の眼目《がんもく》となるり其流用禁止《そのりうようきんし》は、豫算制度《よさんせいど》上極《じやうきは》めて重要《ぢうえう》な事《こと》であるが、之《これ》が例外《れいぐわい》をなすものに豫備費《よびひ》がある。

元來《ぐわんらい》豫算《よさん》はその調製上《てうせいじやう》歳出《さいしゆつ》は一定《てい》の基礎《きそ》に依《よ》り算出《さんしゆつ》せられ、其年度内《そのねんどない》には異動《いどう》を生《しやう》じない豫《よ》定《てい》の下《もと》に編成《へんせい》せられるものであるが、人間萬事《にんげんばんじ》塞翁《さいをう》の馬《うま》、如何《いか》なる事情《じじやう》如何《いか》なる事變《じへん》で、時《とき》に異算《いさん》を生《しやう》じ、或時《あるとき》には豫算外《よさんぐわい》の支出《ししゆつ》も起《おこ》り、或時《あるとき》は豫算《よさん》の超過《てうくわ》も來《きた》すこともあり得《う》る。それも金額《きんがく》が大《おほ》きければ、市町村會《しちやうそんくわい》を召集《せうしふ》して、更正豫算《かうせいよさん》或《あるひ》は追加豫算《ついかよさん》の承認《しようにん》を求《もと》めればよい次第《しだい》であるが、態々《わざ〳〵》市町村會《しちやうそんくわい》を召集《せうしふ》する程《ほど》の金額《きんがく》でなかつたり又《また》は市町村會《しちやうそんくわい》を召集《せうしふ》する暇《いとま》のない場合《ばあい》に、便宜《べんぎ》に、必要《ひつえう》の經費《けいひ》を支辨《しべん》し得《う》る途《みち》を開《ひら》いてないと、市町村《しちやうそん》の事務《じむ》の運行上種々《うんかうじやうしゆ〴〵》の障害《しやうがい》を來《きた》す事《こと》がある。かゝる場合《ばあい》に、款項流用《くわんかうりうよう》の禁止《きんし》を嚴格《げんかく》に豫算全體《よさんぜんたい》に適用《てきよう》しては、有無相通《うむあいつう》ずる事《こと》が出來《でき》ぬ。茲《こゝ》に於《おい》て例外《れいぐわい》として必要《ひつえう》の場合《ばあい》に、款項《くわんかう》を超越《てうえつ》して彼此流用《ひしりうよう》をなし得《う》るやうに設《まう》けたのが、豫備費《よびひ》である。豫備費《よびひ》は市町村豫算《しちやうそんよさん》に於《お》ける萬緑叢中紅《ばんりよくそうちうこう》一點《てん》、年度獨立《ねんどどくりつ》や款項流用《くわんかうりうよう》禁止《きんし》だと堅苦《かたくる》しい制限《せいげん》のある市町村《しちやうそん》の豫算《よさん》に一點《てん》の潤《うるほひ》をつけるものである。

豫算の再議　次《つぎ》に市町村會《しちやうそんくわい》の議決權《ぎけつけん》に關《くわん》し起《おこ》る問題《もんだい》は、若《も》し市町村會《しちやうそんくわい》の議決《ぎけつ》にして、公益《こうえき》を害《がい》し又《また》は收支《しうし》に關《くわん》し不適當《ふてきたう》なるときには如何《いか》にすべきかの點《てん》である。この場合《ばあい》には市町村長《しちやうそんちやう》は市制第《しせいだい》九十條町村制第《でうちやうそんせいだい》七十四條《でう》に依《よ》り、その意見《いけん》に依《よ》り又《また》は監督官廳《かんとくくわんちやう》の指揮《しき》に依《よ》り理由《りいう》を示《しめ》して再議《さいぎ》に附《ふ》する事《こと》を得《う》ると共《とも》に、其執行《そのしつかう》を要《えう》するものにありては之《これ》を停止《ていし》し得《う》るものである。

この場合《ばあい》――再議《さいぎ》に附《ふ》するも市町村會《しちやうそんくわい》が其議決《そのぎけつ》を改《あらた》めざるときは原案執行《げんあんしつかう》と稱《しよう》して昨年《さくねん》までは市《し》にありては市制第《しせいだい》九十條第《でうだい》六項《かう》の規定《きてい》に依《よ》つて、府縣參事會《ふけんさんじくわい》の裁決《さいけつ》を、町村《ちやうそん》にありては町《ちやう》村制第《そんせいだい》七十四條第《でうだい》六項《かう》の規定《きてい》に依《よ》り府縣知事《ふけんちじ》の處分《しよぶん》を請《こ》ふ事《こと》が出來《でき》ることになつてゐる。だが、これは自治權縮少《じちけんしゆくせう》の嫌《きら》ひがあるので、昨年地方制度《さくねんちはうせいど》の改正《かいせい》に際《さい》し原案執行權《げんあんしつかうけん》に制限《せいげん》を加《くは》へて市《し》町村長《ちやうそんちやう》は市會參事《しくわいさんじ》書町村會《しよちやうそんくわい》の議決《ぎけつ》が、明《あきら》かに公益《こうえき》を害《がい》すと認《みと》むるときは其意見《そのいけん》に依《よ》り又《また》は監督《かんとく》官廳《くわんちやう》の指揮《しき》に依《よ》り理由《りいう》を示《しめ》して之《これ》を再議《さいぎ》に附《ふ》するを原則《げんそく》とし(一)特別《とくべつ》の理由《りいう》ありと認《みと》むるとき(二)收支《しうし》に關《くわん》し執行《しつかう》すること能《あた》はざるものありと認《みと》むるとき(三)法令《はうれい》に依《よ》り負擔《ふたん》する費用《ひよう》、當《たう》該官廳《がいくわんちやう》の職權《しよくけん》に依《よ》り命《めい》ずる費用其《ひようその》他市町村《たしちやうそん》の義務《ぎむ》に屬《ぞく》する費用《ひよう》(四)非常《ひじやう》の災害《さいがい》に依《よ》る應急又《おうきふまた》は復舊《ふくきう》の施設《しせつ》の爲《た》めに要《えう》する費用傳染病豫防《ひようでんせんびやうよばう》の爲《た》めに要《えう》する費用其他《ひようそのた》の緊急避《きんきふさ》くべからざる費《ひ》用《よう》を削除《さくぢよ》し又《また》は減額《げんがく》したる場合《ばあい》には府縣知事《ふけんちじ》の指揮《しき》を請《こ》ふことを得《う》。其場合《そのばあい》府縣知事《ふけんちじ》の處分《しよぶん》に不服《ふふく》ある市長村長《しちやうそんちやう》、市村町村會市參事會《しそんちやうそんくわいしさんじくわい》は内務大臣《ないむだいじん》に訴願《そぐわん》することを得《う》ることゝなつた。

尚市町村會《なほしちやうそんくわい》、市參事會《しさんじくわい》の成立《せいりつ》せざるとき、或《あるひ》は其等《それら》の會議《くわいぎ》を開《ひら》く能《あた》はざるときには市長《しちやう》は豫算《よさん》に付《つ》き府縣參事會《ふけんさんじくわい》の議決《ぎけつ》を請《こ》ひ、町村長《ちやうそんちやう》は府縣知事《ふけんちじ》に具狀《ぐじやう》して其《そ》の豫算《よさん》の議決《ぎけつ》に關《くわん》し處分《しよぶん》を請《こ》ふ事《こと》になつてゐる。其實例《そのじつれい》は近《ちか》く昭和《せうわ》四年《ねん》の春《はる》、東京市會《とうきやうしくわい》が解散《かいさん》せられ、昭和《せうわ》四年度《ねんど》豫算《よさん》の決定期《けつていき》までに市會市參事會共成立《しくわいしさんじくわいともせいりつ》せなかつた爲《た》めに、同年度《どうねんど》の豫算《よさん》は、東京府參事會《とうきやうふさんじくわい》の議決《ぎけつ》を請《こ》ふた如《ごと》きである。尚豫算成立上臨時急施《なほよさんせいりつじやうりんじきふし》を要《えう》する場合《ばあい》に於《おい》て、市參事會又《しさんじくわいまた》は町村會成立《ちやうそんくわいせいりつ》せざるか或《あるひ》は市町村長《しちやうそんちやう》に於《おい》て之《これ》を召集《せうしう》するの暇《いとま》なき場合《ばあい》に於《おい》て、市町村長《しちやうそんちやう》は市制第《しせいだい》九十二條町村制《でうちやうそんせい》第《だい》七十六條《でう》に依《よ》り豫算《よさん》を專決處分《せんけつしよぶん》する事《こと》が出來《でき》る。但《たゞ》しこの場合《ばあい》には、次《つぎ》の市參事會又《しさんじくわいまた》は町村會《ちやうそんくわい》に報告《はうこく》すべきものである。この際市町村會《さいしちやうそんくわい》が市町村長《しちやうそんちやう》の爲《た》したる處分《しよぶん》に異議《いぎ》あるときは、内務大臣《ないむだいじん》に訴願又《そぐわんまた》は行政裁判所《ぎやうせいさいばんしよ》に行政訴訟《ぎやうせいそしよう》を提起《ていき》し得《う》るものである。

市町村豫算の種類　最後《さいご》に市町村豫算制度《しちやうそんよさんせいど》に於《おい》ては、其豫算《そのよさん》の種類《しゆるゐ》を政府《せいふ》の豫算《よさん》に準《じゆん》じてゐる。政府《せいふ》の豫算《よさん》は先《ま》づ第《だい》一に一般《ぱん》會計豫算《くわいけいよさん》と特別會計豫算《とくべつくわいけいよさん》に分《わ》かれてゐる。其中《そのうち》一般會計《ぱんくわいけい》豫算《よさん》と云《い》ふのは一名《めい》總豫算《そうよさん》とも稱《しよう》せられてゐて、お互《たがひ》が日常政府《にちじやうせいふ》の豫算《よさん》が十六億幾圓《おくいくゑん》だとか十七億圓《おくゑん》だとか云《い》ふ場合《ばあい》には、この總豫算《そうよさん》一般會計豫算《ぱんくわいけいよさん》を指《さ》すものである。

云《い》ふまでもなく豫算《よさん》の職分《しよくぶん》が指示《しじ》する方針《はうしん》は、明瞭及通覽《めいれうおよびつうらん》に便利《べんり》なる點《てん》にあつて、通覽《つうらん》に便《べん》ならんには統《とう》一的《てき》の編成《へんせい》を必要《ひつえう》とする次第《しだい》である。若《も》し豫算《よさん》を徒《いたづ》らに分割《ぶんかつ》すれば、其《そ》の關係《くわんけい》が複雜《ふくざつ》となり統《とう》一を缺《か》き通覽《つうらん》に不便《ふべん》となり、議會《ぎくわい》の財政監督上困難《ざいせいかんとくじやうこんなん》を見《み》ること丶なる。之《これ》を以《もつ》て國家《こくか》の歳入歳出《さいにふさいしゆつ》は悉《ことごと》く一つの豫算《よさん》に編成《へんせい》することが各國《かくこく》の豫算制度《よさんせいど》の原則《げんそく》となつてゐて、我《わが》政府《せいふ》の總豫算《そうよさん》もこの主義《しゆぎ》に則《のつと》つたものである。

通常豫算特別會計　しかし、何分複雜膨大《なにぶんふくざつばうだい》な政府《せいふ》の收支《しうし》のことであるから、總豫算《そうよさん》一本《ぽん》槍《やり》で行《ゆ》き惡《にく》い、そこで特別《とくべつ》の必要《ひつえう》ある場合《ばあい》は總豫算《そうよさん》に統《とう》一する例外《れいぐわい》として、特別會計《とくべつくわいけい》を設置《せつち》する途《みち》を開《ひら》き、特別會計豫算《とくべつくわいけいよさん》を認《みと》めてゐるものである。この豫算制度《よさんせいど》は、市町村《しちやうそん》の豫算《よさん》にも準用《じゆんよう》せられて、市町村稅其他《しちやうそんぜいそのた》の一切《さい》の收入《しうにふ》を歳入《さいにふ》とし一切《さい》の經費《けいひ》を歳出《さいしゆつ》として通常豫算《つうじやうよさん》（市町村《しちやうそん》に依《よ》りては普通《ふつう》、經濟或《けいざいあるひ》は一般會計《ぱんくわいけい》と稱《しよう》するものもある）に編入《へんにふ》し、例外《れいぐわい》として市《し》制第《せいだい》百三十八條《でう》、町村制第《ちやうそんせいだい》百十八條《でう》に依《よ》り特別會計《とくべつくわいけい》（市町村《しちやうそん》に依《よ》りては特別經濟《とくべつけいざい》と稱《しよう》するものもある）を設《もう》くることを得《う》るやうになつてゐるのである。

この特別會計《とくべつくわいけい》の設置《せつち》は總豫算主義《そうよさんしゆぎ》の例外《れいぐわい》をなすもので、努《つと》めて其數《そのかず》を尠《すくな》くするこそ豫算制度《よさんせいど》の本旨《ほんし》に適《てき》する次第《しだい》であるが、マサか特別會計《とくべつくわいけい》の數《かず》が尠《すくな》いと市町村《しちやうそん》の肩身《かたみ》が狭《せま》いと思《おも》ふ譯《わけ》ではあるまいが、兎角無暗《とかくむやみ》に濫設《らんせつ》せらるゝ傾向《けいかう》がある。東京市《とうきやうし》の區《く》などには、二十幾《いく》つの特別經濟《とくべつけいざい》を持《も》つてゐるものがあるなどは其著例《そのちよれい》である。埃及人《えぢぷとじん》は、我輩《わがはい》の國《くに》には象形文字《しやうけいもじ》と云《い》ふ世界第《せかいだい》一の難解《なんかい》なものがあると自慢《じまん》したら、英國人《えいこくじん》は、我輩《わがはい》の國《くに》には鐵道《てつだう》の時間表《じかんへう》と云《い》ふ難解《なんかい》なものがある、鐵道《てつだう》の時間表《じかんへう》が解《わか》れば博士號《はかせがう》が貰《もら》へると云《い》ふたそうだが、日本《にほん》の豫算《よさん》も、中央政府《ちうあうせいふ》でも市町村《しちやうそん》でも、徒《いたづ》らに特別會計《とくべつくわいけい》を設《まう》けて、豫算《よさん》を雜錯《ざつさく》し難解《なんかい》ならしめ、その難解《なんかい》なる點《てん》では、埃及《えぢぷと》の象形文字《しやうけいもじ》、英國《えいこく》の鐵道時間表《てつだうじかんへう》に劣《おと》らない觀《くわん》がある。若《も》し豫算《よさん》がお役所《やくしよ》の内部《ないぶ》の秘密文書《ひみつぶんしよ》であつた專制時代《せんせいじだい》ならば、それも宜《よ》いが、立憲時代《りつけんじだい》で大衆《たいしゆう》が參政權《さんせいけん》を有《いう》する時代《じだい》に、豫算《よさん》を複《ふく》雜難解《ざつなんかい》ならしむる事《こと》は時代逆行《じだいぎやくかう》の甚《はなは》だしいものである。今少《いますこ》しく單純化《たんじゆんくわ》し通俗化《つうぞくくわ》する必要《ひつえう》があらう。

追加豫算、更正豫算、既定豫算　豫算《よさん》は提出《ていしゆつ》の時期《じき》に依《よ》り本豫算と追加豫算とに區別《くべつ》せらるゝが普通《ふつう》である。中央政府《ちうあうせいふ》の本豫算《ほんよさん》は、原則《げんそく》として毎年通常議會《まいねんつうじやうぎくわい》の初《はじ》めに提出《ていしゆつ》せられるもので、追加豫算《つゐかよさん》は本豫算編成後《ほんよさんへんせいご》に必要《ひつえう》に應《おう》じて其都度議會《そのつどぎくわい》に提出《ていしゆつ》されるものである。豫算不成立《よさんふせいりつ》の場合《ばあい》には前年度《ぜんねんど》の豫算《よさん》が施行《しかう》せられ施行豫算《しかうよさん》が本豫算《ほんよさん》となるものである。

市町村《しちやうそん》に於《お》ける本豫算《ほんよさん》は、市制第《しせいだい》百三十三條町村制第《でうちやうそんせいだい》百十三條《でう》の規定《きてい》に依《よ》り、遲《おそ》くとも年度《ねんど》開始《かいし》の一月前《つきまへ》に市町村會《じちやうそんくわい》の議決《ぎけつ》を要《えう》することになつてゐる。本豫算決定後《ほんよさんけつていご》必要《ひつえう》に應《おう》じて提出《ていしゆつ》する豫算《よさん》が追加豫算《つゐかよさん》である。

而《しか》して政府《せいふ》の豫算《よさん》を審議《しんぎ》すべき帝國議會《ていこくぎくわい》は、通常會期《つうじやうくわいき》三ケ月《げつ》と限定《げんてい》せられ、其外《そのほか》には臨時特《りんじとく》別《べつ》の必要《ひつえう》ある外《ほか》は開會《かいくわい》せられないに反《はん》し、市町村會《しちやうそんくわい》は、其召集開會《そのせうしふかいくわい》が簡單《かんたん》に行《おこな》はれる結果《けつくわ》、必《ひつ》要《えう》に應《おう》じ年中何時《ねんぢういつ》でも開會《かいくわい》する事《こと》が出來《でき》る。從《したが》つて市町村《じちやうそん》では、隨時必要《ずゐじひつえう》に應《おう》じて、追加豫算《つゐかよさん》を提出《ていしゆつ》し得《う》る結果《けつくわ》、本豫算《ほんよさん》は追加豫算《つゐかよさん》の累加《るゐか》に依《よ》つて、屢々異動《しばしばいどう》を生《しやう》ずる。かゝる場合《ばあい》、追加《つゐか》豫算提出前《よさんていしゆつぜん》の豫算《よさん》（それは本豫算《ほんよさん》のみの場合《ばあひ》もあり、本豫算《ほんよさん》と追加豫算《つゐかよさん》の加算《かさん》せられた場合《ばあひ》もある）を追加豫算《つゐかよさん》に對《たい》して既定豫算と稱《しよう》する。

又市《またし》町村會《ちやうそんくわい》の召集《せうしふ》が簡易《かんい》な所《ところ》から、市町村《じちやうそん》の豫算《よさん》には、右《みぎ》の外《ほか》に更正豫算と云《い》ふのがある。

更正豫算《かうせいよさん》と云《い》ふのは、一旦決定《たんけってい》した豫算《よさん》を實施《じっし》して見《み》るか、或《あるひ》は實施《じっし》せざるも、其豫算《そのよさん》の施行《しかう》が、不當不合理《ふたうふがふり》なる事《こと》を發見《はっけん》した場合《ばあひ》、其年度内《そのねんどない》に既定豫算《きていよさん》の改正《かいせい》を行《おこな》ふ爲《た》めに編成《へんせい》される豫《よ》算《さん》である。更正豫算《かうせいよさん》は市町村《しちやうそん》の經濟活動《けいざいくわつどう》と云《い》ふものは、個人《こじん》に比較《ひかく》したならば概《がい》して規模《きぼ》も大《おほ》きく、複雑《ふくざつ》であるも、之《これ》を國《くに》と比較《ひかく》すれば、規模《きぼ》も小《ちひ》さく、内容《ないよう》も單純《たんじゅん》な結果《けつくわ》、年度經過中《ねんどけいくわちう》に於《おい》て、周圍《しうゐ》の狀勢《じやうせい》の變化《へんくわ》に伴《ともな》ふて屢々《しばしば》既定豫算《きていよさん》の不當不合理《ふたうふがふり》を發見《はっけん》する場合《ばあひ》が尠《すくな》くない。しかも市町村會《しちやうそんくわい》の召集並《せうしうならび》に議決《ぎけつ》が容易《ようい》に短日月《たんじつげつ》になし得《う》る結果《けつくわ》として屢々《しばしば》更正豫算《かうせいよさん》の編成《へんせい》を見《み》るものである。

第二　市町村豫算の樣式

一口《くち》に市町村《しちやうそん》と云《い》ふが、其中《そのなか》には市《し》が百一つ、町《まち》が一千五百八十四、村《むら》が一万二百九十四もあつて、等《ひと》しく市《し》と云《い》ふても人口《じんこう》二百万を超《こ》へ世界《せかい》の都市番附《としばんづけ》に於《おい》ても、幕内《まくうち》のパリ〳〵の所《ところ》を占《し》むる東京大阪《とうきやうおほさか》の如《ごと》きもあれは、二万足《た》らずの沖繩縣《おきなはけん》の首里《しゅり》の如《ごと》きもある。そうかと思《おも》ふと、町《まち》でも東京府《とうきやうふ》の澁谷町《しぶやまち》の如《ごと》く人口《じんこう》十万に上《のぼ》り水道道路《すゐだうだうろ》等《とう》都市施設《としせつ》として下手《へた》な市《し》を凌駕《りようが》するものもある。それが一万二百からある村《むら》になると、人口《じんこう》五百に充《み》たないもの全國《ぜんこく》に八十餘《よ》もあると思《おも》へば一万以上《いじやう》の村《むら》が長野縣《ながのけん》の平野村《ひらのむら》の約《やく》五万を筆頭《ひつとう》として十二ケ村《そん》もあると云《い》ふ次第《しだい》で其市勢《そのしせい》、町勢《ちやうせい》、村勢《そんせい》は、千差《さ》萬別《はんべつ》である、従《したが》つて、其財政狀態《そのざいせいじやうたい》も千紫萬紅《しはんこう》いろとり〲の眺《なが》めである。茲《こゝ》に於《おい》て何事《なにごと》も統《とう》一が好《す》きで世話好《せわず》きの我《わ》が内務省《ないむしやう》では、市町村《しちやうそん》の豫算《よさん》なども、餘《あま》り區々《まち〲》になつては監督上《かんとくじやう》小五月蠅《こうるさ》く面白《おもしろ》くないと思《おも》はれてか、市制町村制施行規則別項《しせいちやうそんせいしかうきそくべつかう》には市町村《しちやうそん》の豫算《よさん》の樣式《やうしき》と云《い》ふもの作《つく》り、同規則第《どうきそくだい》五十條《でう》には「市町村豫算歳入歳出豫算ハ別記市町村歳入歳出豫算樣式ニ依リ之ヲ調製スヘシ」と規定《きてい》し又樣式備考第《またやうしきびかうだい》二項《かう》に「歳入歳出豫算ノ追加又ハ更正ノ豫算ニ本樣式ニ準シテ之ヲ調製スヘシ」と規定《きてい》して、通常豫算《つうじやうよさん》、特別會計《とくべつくわいけい》、追加豫算《つゐかよさん》、更正豫算《かうせいよさん》とも、之《これ》に依《よ》ることになつてゐる。

豫算樣式

試《こゝろ》みに右市制町村制施行規則別記《みぎしせいちやうそんせいしかうきそくべつき》の豫算樣式《よさんやうしき》を示《しめ》せば左《さ》の如《ごと》し。

昭和何年度何府(縣)何市〔何郡何町(村)〕歳入歳出豫算

歳　入

一金　　歳入豫算高

又ハ

一金　　經常部豫算高

一金　　臨時部豫算高

合計金

歲　出

一金　　歲出豫算高

又ハ

一金　　經常部豫算高

一金　　臨時部豫算高

合計金

歲入歲出差引

殘金ナシ

歲計剰餘金ヲ翌年度ニ繰越サスシテ基本財產ニ編入セントスル場合ニハ左ノ通記載スヘシ

歲計剰餘金ハ全部基本財產ニ編入

又ハ

歲計剰餘金ノ內何步基本財產編入

昭和何年度何府（縣）何市（何郡何町（村））歳入歳出豫算

歳入

豫算 科目 款	豫算 科目 項	豫算 豫算額	豫算説明 種目	豫算説明 本年度豫算額	豫算説明 前年度豫算額	豫算説明 増減	豫算説明 附記
一 財産ヨリ生ズル收入		円		円	円	円	
	一 基本財産收入		一 何々				
			二 何々				
	二 小學校（何學校）基本財産收入						
			一 何々				
			二 何々				
	三 何々						
			一 何々				

		二 何々
二 使用料及手數料		
	一 使用料	
		一 何々
		二 何々
	二 手數料	
		一 何々
		二 何々
三 交付金		
	一 國稅徵收交付金	
		一 何々
	二 府(縣)稅徵收交付金	
		一 何々
	三 水利組合費徵收交付金	

		一 何々
	四 何々	
		一 何々
四 國庫下渡金		
	一 義務教育費下渡金	
		一 何々
五 納付金		
	一 納付金	
		一 何々
六 報償金		
	一 報償金	
		一 何々
七 國庫補助金		
	一 水道費補助	

				一 何々
	二 下水道費補助			
				一 何々
	三 何々			
				一 何々
八 府（縣）補助金				
	一 傳染病豫防費補助			
				一 何々
	二 道路費補助			
				一 何々
	三 何々			
				一 何々
九 寄附金				
	一 小學校（何學校）建築費指定寄附			

				一何々
	二 道路修繕費指定寄附			
				一何々
	三 何々			
				一何々
十 繰入金				
	一 小學校（何學校）積立金繰入			
				一何々
	二 基本財產繰入			
				一何々
	三 水道經濟ヨリ繰入			
				一何々
	四 何々			
				一何々

十一 財産賣拂代金				
	一 土地賣拂代金			
				一 何々
	二 物件賣拂代金			
				一 何々
	三 何々			
				一 何々
十二 繰越金				
	一 前年度繰越金			
				一 何々
十三 雜收入				
	一 小學校(何學校)雜入			
				一 何々
				二 何々

	二 繰替金戻入										
				一 何々							
				二 何々							
	三 何々										
				一 何々							
				二 何々							
十四 市(町)(村)税											
	一 地租附加税										
				一 何々							
	二 特別地税附加税（特別地税）										
				一 何々							
	三 営業収益税附加税										
				一 何々							
	四 所得税附加税										

五 鑛業税附加税	
	一 何々
六 砂鑛區税附加税	
	一 何々
七 取引所營業税附加税	
	一 何々
八 家屋税附加税	
	一 何々
九 府(縣)税營業税附加税	
	一 何々
十 府(縣)税雜種税附加税	
	一 何々
十一 特別税戸數割	

				一 何々
	十二 特別税段別割			
				一 何々
	十三 特別税戸別割			
				一 何々
	十四 特別税何々			
				一 何々
十五 夫役及現品				
	一 夫役			
				一 何々
	二 現品			
				一 何々
十六 市(町)(村)債				
	一 市(町)(村)債			

豫算科目 款	豫算科目 項目 項	豫算額	豫算説明 種目	本年度豫算額	前年度豫算額	増減	附記
			一 何々				
			二 何々				
歳入合計							
歳出							
經常部							
一 神社費		円		円	円	円	
	一 神饌幣帛料						
			一 何々				
			二 何々				
二 會議費							
	一 費用辨償						
			一 何々				

	二　給　料	
		一　何々
	三　雑　給	
		一　何々
		二　何々
	四　需　用　費	
		一　何々
		二　何々
三　役所（役場）費		
	一　報　酬	
		一　何々
		二　何々
	二　給　料	
		一　何々

		二何々
	三雑給	
		一何々
		二何々
	四需用費	
		一何々
		二何々
	五修繕費	
		一何々
		二何々
四土木費		
	一道路橋梁費	
		一何々
		二何々

	二 治水堤防費	
		一 何々
		二 何々
	三 用悪水路費	
		一 何々
		二 何々
	四 何々	
		一 何々
		二 何々
五 小學校（何學校）費		
	一 給料	
		一 何々
		二 何々
	二 雑給	

				一何々							
				二何々							
	三需用費										
				一何々							
				二何々							
	四修繕費										
				一何々							
				二何々							
	五何々										
				一何々							
				二何々							
六學事諸費											
	一何々										
				一何々							

七 傳染病豫防費				
	一 給料			
				一 何々
				二 何々
	二 雜給			
				一 何々
				二 何々
	三 需用費			
				一 何々
				二 何々
八 傳染病院（隔離病舍）費				
	一 給料			
				一 何々
				二 何々

款	項	目
	二 雑給	
		一 何々
		二 何々
	三 需用費	
		一 何々
		二 何々
	四 修繕費	
		一 何々
		二 何々
九 汚物掃除費		
	一 雑給	
		一 何々
		二 何々
	二 需用費	

		一何々
		二何々
	三設備費	
		一何々
		二何々
十　病院（何病院）費		
	一給料	
		一何々
		二何々
	二雑給	
		一何々
		二何々
	三需用費	
		一何々

		二何々
	四修繕費	
		一何々
		二何々
十一水道費		
	一給料	
		一何々
		二何々
	二雑給	
		一何々
		二何々
	三需用費	
		一何々
		二何々

四 作業費
一 何々
二 何々
五 修繕費
一 何々
二 何々

十二 下水道費

一 雑給
一 何々
二 何々
二 需用費
一 何々
二 何々
三 修繕費

		一何々
		二何々
十三屠場費		
	一雑給	
		一何々
		二何々
	二需用費	
		一何々
		二何々
	三修繕費	
		一何々
		二何々
十四公園（何公園）費		
	一雑給	

		一 何々
		二 何々
	二 需用費	
		一 何々
		二 何々
	三 修繕費	
		一 何々
		二 何々
十五 墓地(何墓地)費		
	一 雜給	
		一 何々
		二 何々
	二 需用費	
		一 何々

		二 何々
	三 修繕費	
		一 何々
		二 何々
十八 火葬場費		
	一 雑給	
		一 何々
		二 何々
	二 需用費	
		一 何々
		二 何々
	三 修繕費	
		一 何々
		二 何々

十七 商品陳列所費		
	一 雑給	
		一 何々
		二 何々
	二 需用費	
		一 何々
		二 何々
	三 修繕費	
		一 何々
		二 何々
十八 市場費		
	一 雑給	
		一 何々
		二 何々

二　需用費

一　何々

二　何々

三　修繕費

一　何々

二　何々

十九　勸業諸費

一　害蟲驅除豫防費

一　何々

二　何々

二　何々

一　何々

二　何々

二十　電氣事業費

	一 給料	
		一 何々
		二 何々
	二 雑給	
		一 何々
		二 何々
	三 需用費	
		一 何々
		二 何々
	四 何々	
		一 何々
		二 何々
廿一 瓦斯事業費		
	一 給料	

一何々
二何々
二雜給
一何々
二何々
三需用費
一何々
二何々
四何々
一何々
二何々
廿二史蹟名勝天然紀念物保存費
一何々
一何々

				二　何々
廿三　職業紹介所費				
	一　何々			
				一　何々
				二　何々
廿四　住宅費				
	一　何々			
				一　何々
				二　何々
廿五　救助費				
	一　棄兒費			
				一　何々
				二　何々
	二　貧困者救助費			

一 何々
二 何々
三 罹災救助費
一 何々
二 何々
廿六 警備費
一 雜給
一 何々
二 何々
二 需用費
一 何々
二 何々
三 修繕費
一 何々

				二 何々
廿七 徵發費				
	一 物件輸送費			
				一 何々
				二 何々
廿八 基本財産造成費				
	一 基本財産造成			
				一 何々
				二 何々
	二 小學校（何學校）基本財産造成			
				一 何々
				二 何々
	三 何々			
				一 何々

		二何々
廿九 財産費		
	一 管理費	
		一何々
		二何々
	二 何々	
		一何々
		二何々
三十 諸税及負擔		
	一 諸税	
		一何々
		二何々
	二 負擔	
		一何々

		二 何々
卅一 公金取扱費		
	一 徴収費	
		一 何々
	二 金庫諸費	
		一 何々
卅二 雑支出		
	一 滞納処分費	
		一 何々
	二 過年度支出	
		一 何々
	三 繰替金	
		一 何々
		二 何々

豫算			豫算説明				
科目 款	項目	豫算額	種目	本年度豫算額	前年度豫算額	増減	附記
卅三 豫備費							
	一 豫備費						
經常部計							
臨時部							
一 役所(役場)營繕費		円		円	円	円	
	一 建築費						
			一 何々				
			二 何々				
	二 修繕費						
			一 何々				
			二 何々				
二 土木費							

	一 道路橋梁費							
			一 何々					
			二 何々					
	二 治水堤防費							
			一 何々					
			二 何々					
	三 用悪水路費							
			一 何々					
			二 何々					
	四 何々							
			一 何々					
			二 何々					
三 小學校（何學校）營繕費								
	一 建築費							

一何々
二何々
二修繕費
一何々
二何々
四 傳染病豫防費
一給料
一何々
二何々
二雜給
一何々
二何々
三需用費
一何々

				二何々
五 傳染病院（隔離病舍）營繕費				
	一建築費			
				一何々
				二何々
	二修繕費			
				一何々
				二何々
六 病院（何病院）營繕費				
	一建築費			
				一何々
				二何々
	二修繕費			
				一何々

				二何々					
七水道費									
	一敷設費								
				一何々					
				二何々					
	二修繕費								
				一何々					
				二何々					
八下水道費									
	一築造費								
				一何々					
				二何々					
	二修繕費								
				一何々					

				二 何々							
九 商品陳列所営繕費											
	一 建築費										
				一 何々							
				二 何々							
	二 修繕費										
				一 何々							
				二 何々							
十 勧業諸費											
	一 奨励費										
				一 何々							
				二 何々							
	二 何々										
				一 何々							

				二何々						
十一　警備費										
	一　建築費									
				一何々						
				二何々						
	二　修繕費									
				一何々						
				二何々						
十二　積立金穀										
	一　小學校（何學校）積立金									
				一何々						
				二何々						
	二　幼稚園（何幼稚園）積立金									
				一何々						

			二何々				
	三何々						
			一何々				
			二何々				
十三公債費							
	一元金償還						
			一何々				
	二利子						
			一何々				
	三何々						
			一何々				
十四訴訟費							
	一訴訟費						
			一何々				

十五 寄附金				
	一 土木費寄附			
				一 何々
				二 何々
	二 何學校費寄附			
				一 何々
				二 何々
	三 何々			
				一 何々
				二 何々
十六 補助費				
	一 教育費補助			
				一 何々
				二 何々

	二 衛生費補助	
		一 何々
		二 何々
	三 勸業費補助	
		一 何々
		二 何々
	四 何々	
		一 何々
		二 何々
十七 雜支出		
	一 何經濟繰入	
		一 何々
		二 何々
	二 何々	

		一　何々
		二　何々
十八　何費本年度支出額		
	一　何費本年度支出額	
		一　何々
		二　何々
臨時部計		
歳出合計		

昭和何年何月何日提出

何府（縣）何市〔何郡何町（村）〕長　氏　名

特別、追加、更正豫算樣式　右《みぎ》は通常豫算樣式《つうじやうよさんやうしき》の基準《きじゆん》であつて、市町村《しちやうそん》の事情《じじやう》に依《よ》り、特《とく》に必要《ひつえう》あるときは、右《みぎ》の樣式《やうしき》の中《うち》、歳入歳出《さいにふさいしゆつ》の科目《くわもく》の外《ほか》は、適宜《てきぎ》に款項目《くわんかうもく》を設《まう》くるも妨《さまた》げないことになつてゐる。

又《また》特別會計《とくべつくわいけい》豫算《よさん》、歳入歳出追加豫算《さいにふさいしゆつついかよさん》並《なら》びに更正豫算《かうせいよさん》も、市制町村制別様式備考欄《しせいちやうそんせいべつやうしきびかうらん》に左《さ》の規定《きてい》に依《よ》つて、右様式《みぎやうしき》に準《じゆん》じて調製《てうせい》する事《こと》になつてゐる。

一　特別會計ニ屬スル豫算ハ本様式ニ準シ之ヲ調製スヘシ

二　歳入歳出豫算ノ追加又ハ變更ノ豫算ハ本様式ニ準シ之ヲ調製スヘシ

記載實例　因《ちな》に、右様式《みぎやうしき》の記載《きさい》に關《くわん》し、注意《ちうい》すべき點《てん》につき市制町村制施行規則記載例欄《しせいちやうそんせいしかうきそくきさいれいらん》に左《さ》の如《ごと》く規定《きてい》してゐる。これも市町村《しちやうそん》の豫算《よさん》を見《み》る上《うへ》に知《し》つてゐると便宜《べんぎ》である。

一　歳入を經常臨時の二部に分つの必要あるときは其の性質に從ひ之が區分を爲すべし。例へば國庫補助金、府縣補助金、寄附金、繰入金、財産賣拂代及市町村債の如きは之を臨時部に編入すべし。雜收入中臨時事業に伴ふ不用品賣拂代金の如き亦臨時部に屬するものとす、仍經常臨時の二部には各計を設け更に歳入歳計を掲載すべし

二　歳出を經常臨時の二部に分つの必要なきときは各款を通じて歳出合計を掲載すべし

三　豫算金額は圓位に止むるも妨げなし

四　增減欄の減は朱書と爲し又は△印を附すべし

五　豫算說明の部分は別に調製するも妨げなし

六　歳入

イ　基本財産は一般と特別とを區分し且特別基本財産は其の種類の異なる毎に別項と爲すべし、例へば「小學校（又は何學校）基本財産」、「公園（何公園）基本財産」等の如し

ロ　豫算説明欄には豫算の計算の基く所を明ならしむるを旨とし種目の分別に付ては特に注意すべし、例へば財産より生ずる收入（款）基本財産收入（項）の説明に付ては種目は「小作米」、「貸地料」、「木竹其ノ他賣拂代金」、「貸家料」、「貸付金穀利子」、「預金利子」、「公債利子」、「社債利子」、「株券配當金」等の類とし其の附記欄には「小作米」に付ては土地の所在地、地目、段別一段歩當、數量、單價及金額又「貸地料」に付ては土地の所在地、地目、段別又は坪數及金額を掲載し其の地上權者より收得する地代、永小作權者より收得する小作料、土地の賃借人より收得する借賃の類にして現米なるときは總て之を「小作米」に、現金なるときは總て之を「貸地料」に算入すべし、又「木竹其ノ他賣拂代金」とは立木竹の賣拂代金は勿論、落葉、落枝、柴草、土石、樹根、草根、切芝の採取又は採掘等の種別に從ひ各數量單價及金額を掲載すべし

ハ　使用料（項）に對する説明種目の欄には市制町村制に所謂使用料例へば「公園（何公園）使用料」、「居場使用料」、「水道使用料」の如きは勿論、他の法令に依る使用料、例へば「小學校（何學校）授業料」、「幼稚

園（何幼稚園）保育料」、「圖書閲覧料」、「道路占用料」の類をも掲載し其の各附記欄には件數、金額を掲載すべし

ニ　手數料（項）に對する說明種目の欄も亦市制町村制に所謂手數料例へば「證明手數料」、「督促手數料」の如きは勿論他の法令に依る手數料例へば「戸籍手數料」、「寄留手數料」、「馬籍簿閲覧手數料」の類をも掲載し其の各附記欄には件數、金額を掲載すべし

七　雜收入の項は小學校（何學校）雜入、繰替金戻入、加入金等の類として其の說明種目例へば「小學校（何學校）雜入」に對しては「物件賣拂代金」、「不用品賣拂代金」の類、又「繰替金戻入」に對しては「召集旅費繰替金戻入」、「行旅病人及死亡人取扱費繰替金戻入」、「精神病者監護費繰替金戻入」の類とす、仍雜收入に付ては他の各款に屬せざる諸收入を掲載すべし

八　市町村稅中地租其の他の各稅附加稅に付ては說明附記欄に其の本稅額及賦課率を掲載し、仍特別稅戸數割又は戸數割を賦課せざる市町村に於て戸數割に代へ賦課する家屋稅附加稅に付ては現在戸數、平均一戸當の金額をも掲載すべし

九　歲　出

イ　豫算說明の欄には計算の基く所を明ならしむるを旨とし種目の分別に付ては特に注意すべし、例へ

ば役所(役場)費(款)報酬(項)の說明に付ては種目は「町(村)長報酬」、「市參與報酬」、「助役報酬」、「區長報酬」、「區長代理者報酬」、「委員(何委員)報酬」の類とし其の各附記欄には例へば「町(村)長報酬」に付ては一年何圓の類を掲載すべし

ロ　給料(項)に對する說明種目の欄には「市(町)(村)長給料」、「市參與給料」、「助役給料」、「收入役給料」等の類として其の各附記欄には例へば「助役給料」に付ては年俸何圓幾人の類を掲載すべし

ハ　雜給(項)に對する說明種目の欄には「費用辨償」、「旅費」、「手當」、「給仕及使丁給」、「傭人料」、「賞與」、「退隱料」、「退職給與金」、「死亡給與金」、「遺族扶助料」の類とし其の各附記欄には例へば「費用辨償」に付ては町(村)長何圓、助役何圓と掲載すべし

ニ　需用費(項)に對する說明種目の欄には「備品費」、「消耗品費」、「印刷費」、「通信運搬費」、「賄費」、「被服費」、「借家料」、「電燈費」、「電話費」、「雜費」の類とし其の各附記欄には例へば「備品費」に付ては何器具新調費何圓、何機械修繕費何圓、書籍買代金何圓、又「消耗品費」に付ては筆紙墨代金何圓、薪炭油茶代金何圓の類を掲載すべし

十　市に於て市會費と市參事會費とを區分せんとするときは會議費の款を市會費市參事會費と分記し、各款の下に「費用辨償」、「給料」、「雜給」、「需用費」等の項を設くべし

十一　小町村に於いては各項の下給料と雑給、需用費と修繕費とを合せて各一項と爲すも妨げなし

十二　小學校費を學校毎に區分したる場合に於て各校共通の費用あるときは別に一款を設けて之を掲載すべし

十三　小學校（何學校費）幼稚園（何幼稚園）費及圖書館（何圖書館）費の款は之を合せて教育費とし其の項は之を小學校（何學校）費、幼稚園（何幼稚園）費及圖書館（何圖書館）費とし給料、雑給、需用費等は之を説明種目と爲すも妨げなし

十四　諸税及負擔（款）は諸税（項）と負擔（項）とに分ち「諸税」の説明種目は「地租」「地租附加税」「水利組合費」の類とし其の附記欄には市（町）（村）有土地等に對する分を掲載し又「負擔の説明種目は「何町（村）外何ケ村組合費負擔」の類とす

十五　雑支出の項は「滯納處分費」「繰替金」「過年度支出」の類其の他の各款に屬せざる諸支出を掲載すべし

十六　特に必要あるときは本様式に掲ぐる歳入、歳出の科目の外適宜に款項目を設くるも妨げなし

十七　市町村組合、町村組合に於ては分賦法に依るものは歳入科目「市町村税」の款を分賦金とし左の例に依るべし

組合豫算樣式

右記《みぎき》載例《さいれい》十七項《かう》による組合豫算樣式《くみあいよさんやうしき》は左《さ》の如《ごと》し

歳入

豫算 科目 款	豫算 科目 項 目	豫算 豫算額	豫算說明 種目	豫算說明 本年度豫算額	豫算說明 前年度豫算額	豫算說明 増減	豫算說明 附記
分賦金		円		円	円	円	
	一 何市分賦金						
			一 地租附加稅				
			二 何々				
	二 何町分賦金						
			一 地租附加稅				
			二 何々				
	三 何村分賦金						
			一 地租附加稅				

二何々

市町村組合《しちやうそんくみあい》、町村組合《ちやうそんくみあい》には二種《しゆ》ある。一は全部事務組合《ぜんぶじむくみあい》であり一は一部事務組合《ぶじむくみあい》である。全部《ぜんぶ》事務組合《じむくみあい》と云《い》ふのは、市《し》、町《ちやう》、村《そん》の事務《じむ》全部《ぜんぶ》を組合《くみあい》に委任《ゐにん》するものであり、一部事務組合《ぶじむくみあい》は教育《けういく》とか、病院《びやうゐん》とか町村《ちやうそん》の一部《ぶ》の事務《じむ》のみを組合組織《くみあいそしき》を以《もつ》て管理《くわんり》するものである。而《しか》して全部《ぜんぶ》事務組合《じむくみあい》の豫算《よさん》は通常豫算様式《つうじやうよさんやうしき》に準《じゆん》し、一部事務組合《ぶじむくみあい》の豫算《よさん》は記載例第《きさいれいだい》十七項《かう》の規定《きてい》に依《よ》り、右《みぎ》の様式《やうしき》に依《よ》るものである。

第三　市町村の決算

豫算の告示と實行　豫算《よさん》は、市町村長《しちやうそんちやう》——市町村長缺員《しちやうそんちやうけつゐん》なるか、其《そ》の他《た》の故障《こしやう》ある場合《ばあい》に於《おい》ては市町村長職務《しちやうそんちやうしよくむ》を代理《だいり》すべき助役《じよやく》、市町村長臨時代理《しちやうそんちやうりんじだいり》者又《しやまた》は市町村長《しちやうそんちやう》の職務《しよくむ》を管掌《くわんしやう》する官吏《くわんり》に於《おい》て市町村長《しちやうそんちやう》に代《かは》り——之《これ》を調製《てうせい》し、市町村會《しちやうそんくわい》に提出《ていしゆつ》、其議決《そのぎけつ》を經《へ》たるときは市制第《しせいだい》百三十七條町村制第《でうちやうそんせいだい》百十七條《でう》に依《よ》り、直《なほ》にそれを府縣知事《ふけんちじ》に報告《はうこく》すると共《とも》に其要領《そのえうりやう》を告示《こくじ》すべきことになつてゐる。

市町村《しちやうそん》の豫算《よさん》の告示《こくじ》は、政府《せいふ》の豫算《よさん》の公布《こうふ》に當《あた》るものであるが、其性質《そのせいしつ》は稍《やゝ》違《ちが》ふ。政府《せいふ》の豫《よ》算《さん》にあつては公布《こうふ》を見《み》れば、其會計年度《そのくわいけいねんど》に入《はい》ると共《とも》に其施行《そのしかう》を見《み》るものであるが、市町村《しちやうそん》の豫《よ》算《さん》にあつては、豫算《よさん》に計上《けいじやう》せる科目《くわもく》、例《たと》へば、公債《こうさい》の募《ぼ》集《しう》とか、租税《そぜい》の賦課《ふくわ》について監督官廳《かんとくくわんちやう》の認可《にんか》を要《えう》し、又市町村會《またしちやうそんくわい》の議決《ぎけつ》が違法不當又《ゐはうふたうまた》は收支《しうし》に關《くわん》し適當《てきたう》ならざりし爲《た》め府縣參事會《ふけんさんじくわい》の裁決《さいけつ》を請《こ》ひ、或《あるひ》は監督官廳《かんとくくわんちやう》の處分《しよぶん》を受《う》ける場合《ばあい》があつて、之等《これら》の場合《ばあい》には、其等《それら》の問題《もんだい》が解決《かいけつ》するまでは、其等《それら》の問題《もんだい》の關《くわん》する限《かぎ》りは、たとへ年度内《ねんどない》にあつても施行《しかう》を見《み》る事《こと》が出來《でき》ないものである。この點《てん》が、政府《せいふ》の豫算《よさん》の公布《こうふ》と市町村《しちやうそん》の豫算《よさん》の告示《こくじ》と相違《あいゐ》する點《てん》である。

しかし斯《か》くの如《ごと》き特殊《とくしゆ》の事情《じじやう》に關聯《くわんれん》する以外《いぐわい》の款項《くわんかう》は、其會計年度《そのくわいけいねんど》に入《はい》ると共《とも》に施行《しかう》を見《み》るものである。

豫算の實行機關　豫算《よさん》の施行《しかう》には、二つの機關《きくわん》がある、一つは收支《しうし》の命令機關《めいれいきくわん》であり、一つは收支《しうし》の執行機關《しつかうきくわん》である。而《しか》してこの機關《きくわん》は原則《げんそく》として相兼《あいか》ぬる事《こと》を得《え》ないものである。市町村豫算《しちやうそんよさん》の命令機關《めいれいきくわん》は、原則《げんそく》として市町村長《しちやうそんちやう》であつて、市町村長故障《しちやうそんちやうこしやう》あるときは助役之《じよやくこれ》を代《だい》理《り》し、市町村長《しちやうそんちやう》、助役共故障《じよやくともにこしやう》あるときは、監督官廳《かんとくくわんちやう》の選任《せんにん》にかゝる市町村長臨時代理《しちやうそんちやうりんじだいり》又《また》は市町《しちやう》村長《そんちやう》の職務《しよくむ》を管掌《くわんしやう》する官吏《くわんり》が之《これ》に當《あた》るものである。若《も》し市町村長《しちやうそんちやう》にして、市町村會《しちやうそんくわい》の同意《どうい》を得《え》て、市長《しちやう》の權限《けんげん》の一部《ぶ》を助役《じよやく》に分掌《ぶんしやう》せしめた場合《ばあい》には、助役《じよやく》は其分掌《そのぶんしやう》の範圍《はんゐ》に於《おい》て市長《しちやう》に獨立《どくりつ》して命令機關《めいれいきくわん》たるものである。

命令機關は、其名《そのな》の示《しめ》す如《ごと》く市町村《しちやうそん》の豫算《よさん》の收入支出《しうにふししゆつ》を實行《じつかう》すべく命《めい》ずるものであつて、命《めい》令《れい》は個々《こゝ》に亘《わた》ると總括《そうくわつ》して命令《めいれい》すると、其範圍《そのはんゐ》は命令機關《めいれいきくわん》の任意《にんい》に爲《な》し得《う》るものである。若《も》し命令機關《めいれいきくわん》が故意《こい》怠慢《たいまん》に依《よ》り其職務《そのしよくむ》を執行《しつかう》せざる場合《ばあい》には、公益上《こうえきじやう》の必要《ひつえう》に依《よ》り、監督官廳《かんとくくわんちやう》は自《みづか》ら收支《しうし》を命令《めいれい》する外《ほか》其委任《そのゐにん》したる官吏《くわんり》をして收支《しうし》を命《めい》ずることも得《う》る途《みち》がある。

執行機關は、命令機關《めいれいきくわん》の發《はつ》する收支《しうし》の命令《めいれい》を實行《じつかう》する機關《きくわん》である。之《これ》には(一)金庫制度(二)委託金庫制度(三)預金制度(四)併合制度の四つがある。(一)金庫制度《きんこせいど》と云《い》ふのは、國家《こくか》、公共《こうきやう》團體《だんたい》が、其收支《そのしうし》の取扱《とりあつかひ》を直營《ちよくえい》するもので(二)委託金庫制度《ゐたくきんこせいど》とは、特殊《とくしゆ》の金融機關《きんゆうきくわん》に、收支《しうし》の取扱《とりあつかひ》を委託《ゐたく》するものである。田舍《ゐなか》の銀行《ぎんかう》などで何市金庫《なにしきんこ》、何町金庫等《なにちやうきんことう》と看板《かんばん》を掲《かゝ》げてゐるのがそれである。其《そ》の場合《ばあい》、市町村《しちやうそん》の金《かね》と、銀行《ぎんかう》の金《かね》とは、別々《べつべつ》に管理《くわんり》せねばならぬものである。(三)預金制度《よきんせいど》は獨立《どくりつ》の金融機關《きんゆうきくわん》、即《すなは》ち銀行《ぎんかう》、郵便局《いうびんきよく》、產業組合等《さんげうくみあひとう》に、一般《はん》の取引手續《とりひきてつゞき》に準《じゆん》じて預金《よきん》として、公金《こうきん》を取扱《とりあつか》はしむるものである。從《したが》つて委託金庫制度《ゐたくきんこせいど》の如《ごと》く、市町村《じちやうそん》の金《かね》を、一般《ぱん》の金《かね》と別々《べつべつ》にして取扱《とりあつか》ふ必要《ひつえう》ないものである。(四)併合制度《へいがふせいど》では右《みぎ》の三つの一つ以上《いじやう》を併《あは》せ行《おこな》ふものである。

市町村《しちやうそん》の執行機關《しつかうきくわん》は、何《なに》しろ一万二千からある全國《ぜんこく》の市町村《しちやうそん》の事《こと》であるから、中《なか》に金庫制度《きんこせいど》をとるものもあり、委託金庫制度《ゐたくきんこせいど》をとるものもあり、預金制度《よきんせいど》、併合制度《へいがふせいど》を採《と》るものもある。何《いづ》れの制度《せいど》をとるものも、第《だい》一次《じ》の執行機關《しつかうきくわん》は、原則《げんそく》として市町村《しちやうそん》の收入役《しうにふやく》となつてゐる。若《も》し收入役故障《しうにふやくこしやう》あるときは、副收入役《ふくしうにふやく》の設《まう》けある市町村《しちやうそん》では、副收入役《ふくしうにふやく》、然《しか》らざる市町村《じちやうそん》では收入役代理者《しうにふやくだいりしや》が之《これ》を代理《だいり》する事《こと》になつてゐる。尤《もつと》も小町村《せうちやうそん》にありては、收入役《しうにふやく》を設《まう》けず、町村長《ちやうそんちやう》又《また》は助役《じよやく》をして收入役事務《しうにふやくじむ》を管掌《くわんしやう》せしむるものもある。かゝる小町村《せうちやうそん》にあつては町村長《ちやうそんちやう》又《また》は助役《じよやく》が執行機關《しつかうきくわん》になる。これは、豫算《よさん》の實行《じつかう》を命令機關《めいれいきくわん》と執行機關《しつかうきくわん》とに區分《くぶん》した趣旨《しゆし》に背《そむ》くものであるが事情《じじやう》止《や》むを得《え》ず、例外中《れいぐわいちう》の例外《れいぐわい》として認《みと》められたのであらう。こんな特例《とくれい》を除《のぞ》いて、相當《さうたう》の市町村《しちやうそん》では、收入役《しうにふやく》の外《ほか》第二次機關《だいじきくわん》として、委託金庫制度《ゐたくきんこせいど》を採《と》るか預金制度《よきんせいど》を採《と》り郵便局銀行産業組合等《いうびんきよくぎんかうさんげふくみあひとう》を利用《りよう》してゐるものが多《おほ》い。

市町村の決算

市町村《しちやうそん》の豫算《よさん》は、右《みぎ》の如《ごと》き命令《めいれい》機關《きくわん》と執行《しつかう》機關《きくわん》とに依《よ》つて實施《じつし》を見《み》るものである。豫算《よさん》の實施《じつし》の期限《きげん》は其年度《そのねんど》を以《もつ》て制限《せいげん》せられてをるものであるが、其實施《そのじつし》に伴《ともな》ふ收支《しうし》の整理《せいり》をなす爲《た》めに會計年度《くわいけいねんど》經過後《けいくわご》の五月《ぐわつ》卅一日迄《にちまで》は出納整理期間として、整理《せいり》に關《くわん》する限《かぎ》りの事務《じむ》を取扱《とりあつか》ふことを許《ゆる》す事《こと》になつてゐる。かくて市町村《しちやうそん》の出納《すゐたふ》は、翌年度《よくねんど》の五月《ぐわつ》三十一日《にち》に閉鎖《へいさ》し、其《それ》より一ケ月以內《げついない》に決算《けつさん》を調製《てうせい》する事《こと》になつてゐる。若《も》し出納閉鎖後《すゐたふへいさご》尚未收金未拂金《なほみしうきんみはらひきん》がある場合《ばあい》には何《いづ》れも、過年度《くわねんど》（出納閉鎖《すゐたふへいさ》した豫算《よさん》の年度《ねんど》以降《いかう》の年度《ねんど》）の收支《しうし》として處理《しより》すべきことになつてゐる。

決算《けつさん》は、豫算施行《よさんしかう》の實踐《じつせん》を示《しめ》したもので、其樣式《そのやうしき》は市制町村制施行規則第《しせいちやうそんせいしかうきそくだい》五十四條《でう》に依《よ》つて豫算《よさん》と同《どう》一の區分《くぶん》に依《よ》り、之《これ》を調製《てうせい》し豫算《よさん》に對《たい》する過不足《くわふそく》の證明《しようめい》を附《ふ》すべき事《こと》になつてゐる。

決算の審査と認定　決算《けつさん》は收入役《しうにふやく》之《これ》を調製《てうせい》し、之《これ》を市町村長《しちやうそんちやう》に提出《ていしゆつ》し、市町村長《しちやうそんちやう》は之《これ》に對《たい》して（一）自己《じこ》の爲《な》したる命令《めいれい》に違反《ゐはん》なきや（二）法令《はうれい》に違反《ゐはん》したる點《てん》がなきや（三）樣式《やうしき》に違式《ゐしき》がなきや（四）證憑書類及會計帳簿《しようひようしよるゐおよびくわいけいちやうぼ》と符合《ふがふ》せざるものなきや（五）決算殘金《けつさんざんきん》は正當《せいたう》に處理《しより》せられてゐるや等《とう》を審査《しんさ》し・審査《しんさ》の結果《けつくわ》に基《もと》いて正不正當不當《せいふせいせいたうふたう》の意見《いけん》を附《ふ》して市町村會《しちやうそんくわい》に提出《ていしゆつ》し、其認定《そのにんてい》を求《もと》むる事《こと》を要《えう》するものである。

從來我國《じゆうらいわがくに》では、帝國議會《ていこくぎくわい》でも、市町村會《しちやうそんくわい》でも、概《がい》して云《い》ふと決算《けつさん》の議事《ぎじ》を輕視《けいし》するの風《ふう》があるが、これは好《この》ましい事《こと》ではない。豫算《よさん》の審議《しんぎ》は、決算《けつさん》を充分審議《じうぶんしんぎ》して初《はじ》めて、始《はじめ》あり終《をは》りある次第《しだい》で、豫算《よさん》を如何《いか》に矢釜《やかま》しく論《ろん》じても決算《けつさん》の審議《しんぎ》が杜撰《づさん》では、尻拔《しりぬ》けとなつて、眞《しん》の豫算《よさん》審査《しんさ》の効果《かうくわ》を擧《あ》ぐる事《こと》が出來《でき》ぬ。決算《けつさん》を輕視《けいし》するのは、喧嘩過《けんくわす》ぎての棒《ぼう》ちぎりで、既《すで》に濟《す》んで了《しま》つた事《こと》だから、後《あと》になつて何《なに》を云《い》ふても効果《かうくわ》がないと云《い》ふ考《かんが》へから來《く》るものであるが、決算《けつさん》の審議《しんぎ》が矢釜《やかま》しいければ、自然豫算《しぜんよさん》の執行《しつかう》が、眞面目《まじめ》となり、一方既《ぱうすで》に過去《くわこ》の事《こと》であるが、この過去《くわこ》の經驗《けいけん》に依《よ》つて古《ふる》きを溫《たづ》ねて新《あたら》しきを知《し》る事《こと》もあるのであるから、之《これ》を輕視《けいし》するは、感《かん》心《しん》した事《こと》ではない。

豫算見方の豫備知識　以上《いじやう》の說明《せつめい》を以《もつ》て、お互《たがひ》が市町村民《しちやうそんみん》として、豫算《よさん》を見《み》るに必要《ひつえう》な基礎知識《きそちしき》は一通《ひとほ》り說明《せつめい》を終《をは》つた心算《つもり》である。市町村《しちやうそん》の見方《みかた》をより完全《くわんぜん》に、より妥當《だたう》ならしむる爲《た》めには、豫《あらかじ》め市町村《しちやうそん》の制度《せいど》と、之《これ》が基本《きほん》たる法制《はうせい》、並《なら》びに市町村《しちやうそん》が消費經濟主體《せうひけいざいしゆたい》として、強《きやう》制經濟主體《せいけいざいしゆたい》として又企業主體《またきげふしゆたい》としての活動《くわつどう》についての因果關係《いんぐわくわんけい》、使命等《しめいとう》を知《し》るの必要《ひつえう》がある。

之《これ》が爲《た》めには、財政學《ざいせいがく》、經濟學《けいざいがく》、政治學《せいちがく》、社會政策《しやくわいせいさく》、都市政策《としせいさく》、農村政策等《のうそんせいさくとう》に關《くわん》する知識《ちしき》を一通《とほ》り必要《ひつえう》とする。又《また》、市町村財政並《しちやうそんざいせいならび》に市民經濟《しみんけいざい》に關《かん》はる各種《かくしゆ》の統計資料《とうけいしれう》も、成《な》るべく廣《ひろ》い範圍《はんゐ》に亘《わた》つて收集《しうしふ》した方《はう》が宜《よ》いと思《おも》ふ。之等《これら》の點《てん》について夫《そ》れ〴〵の專門書《せんもんしよ》、專門《せんもん》の印刷物《いんさつぶつ》について、讀者諸君《どくしやしよくん》の御研究《ごけんきう》に待《ま》つことゝして、次《つぎ》には市町村豫算《しちやうそんよさん》の見方《みかた》の說明《せつめい》をしよう。

第二章　市町村豫算の見方

第一　形式上の見方

市町村《しちやうそん》の豫算《よさん》の見方《みかた》は之《これ》を大別《だいべつ》して

（一）形式上《けいしきじやう》の見方《みかた》

（二）實質上《じつしつじやう》の見方《みかた》

となすが便宜《べんぎ》と思《おも》ふ。

云《い》ふまでもなく豫算《よさん》は各經濟主體《かくけいざいしゆたい》——市町村豫算《しちやうそんよさん》ならば、各町村《かくちやうそん》の財政計畫《ざいせいけいくわく》を形式的《けいしきてき》に表示《へうじ》した文書《ぶんしよ》である。(一)の形式上《けいしきじやう》の見方《みかた》と云《い》ふのはその形式的《けいしきてき》文書《ぶんしよ》の見方《みかた》である。

市町村豫算の形式　市町村豫算《しちやうそんよさん》の形式《けいしき》については前述《ぜんじゆつ》の如《ごと》く市制《しせい》町村制《ちやうそんせい》施行規則《しかうきそく》(大正《たいしやう》十五年《ねん》六月《ぐわつ》廿四日《か》内務省令《ないむしやうれい》第《だい》十九號《がう》)別記《べつき》の市町村歳入出豫算樣式《しちやうそんさいにふしゆつよさんやうしき》に據《よ》る事《こと》になつてゐて、町《ちやう》村《そん》の事情《じじやう》に依《よ》り科目《くわもく》の數《すう》の多少《たせう》はあるが、大體《だいたい》一樣《やう》である。形式上《けいしきじやう》の見方《みかた》の第《だい》一は各科目《かくくわもく》と其金額《そのきんがく》を知《し》らなくてはならぬ。之《これ》には一應《おう》豫算《よさん》の科目《くわもく》の配列《はいれつ》に從《したが》つて順次《じゆんじ》に見《み》て行《ゆ》くより仕方《しかた》がないが、各科目《かくくわもく》と金額《きんがく》を見《み》る上《うへ》に注意《ちうい》すべき點《てん》は、本末輕《ほんまつけい》重《ちよう》をよく察《さつ》して、比較的重要《ひかくてきちうえう》なる科目《くわもく》に注意《ちうい》する事《こと》である。然《しか》らば何《なに》を以《もつ》て重要《ちうえう》となすべきやは(一)金額《きんがく》と(二)性質《せいしつ》の二點《てん》を標準《へうじゆん》となし

(一)金額多大《きんがくただい》にして性質《せいしつ》の重大《ちうだい》なもの

(二)金額《きんがく》の多大《ただい》なもの

(三)金額少《きんがくせう》なるも性質《せいしつ》の重大《ちうだい》なもの

を注意《ちうい》せば宜《よろ》しからうと思《おも》ふ。豫算面《よさんめん》に於《おい》て金額《きんがく》の大《だい》なるものは概《がい》して性質《せいしつ》も重大《ちうだい》と見《み》て差支《さしつか》へないが、性質《せいしつ》の重大《ちうだい》なるものは必《かなら》ずしも金額《きんがく》は多大《ただい》でない。中《なか》には金額《きんがく》が少額《せうがく》であつて性質《せいしつ》

の重大《ちようだい》なものも少《すくな》くない。國《くに》の豫算《よさん》の例《れい》であるが、政府《せいふ》の一般會計《いつぱんくわいけい》の歳入《さいにふ》中資本利子《しほんりし》稅《ぜい》は昭和《せうわ》四年度《ねんど》の豫算《よさん》に於《おい》て一千五百七十八萬圓《まんゑん》であつて、森林收入《しんりんしうにふ》の四千六百三十萬圓《まんゑん》に比較《ひかく》して少《せう》額《がく》であるが、社會政策《しやくわいせいさく》租稅政策《そぜいせいさく》の見地《けんち》からして仲々《なか〳〵》重要《ちようえう》である如《ごと》きである。斯《か》くの如《ごと》きの類《るゐ》は町村《ちやうそん》の豫算《よさん》にも亦《また》あり得《う》る事《こと》である。

次《つぎ》に金額少《きんがくせう》にして性質《せいしつ》の重大《ちようだい》ならざるものは深《ふか》く注意《ちうい》するに足《た》らぬ。例《たと》へば東京市《とうきやうし》の豫算《よさん》に於《お》いて昭和《せうわ》三年度《ねんど》の普通經濟《ふつうけいざい》の歳入《さいにふ》は一億《おく》二千六百萬圓《まんゑん》であるが、其中《そのうち》市債《しさい》四千四百萬圓《まんゑん》、市《し》稅《ぜい》一千九百七十九萬圓《まんゑん》、國庫補助金《こくこほじよきん》三千八百七十一萬圓《まんゑん》の三者《しや》で全體《ぜんたい》の歳入《さいにふ》の六分《ぶん》の五以上《いじやう》を占《し》めてゐて、他《た》の收入《しうにふ》は多《おほ》く大勢《たいせい》に關《くわん》せない如《ごと》きである。斯《か》くの如《ごと》き次第《しだい》で科目《くわもく》と金額《きんがく》を見《み》るに就《つ》いては粗《そ》より精《せい》に、大綱《たいかう》より小綱《せうかう》と演繹的《えんえきてき》に見《み》て行《ゆ》き、金額《きんがく》と性質《せいしつ》を標準《へうじゆん》として比較的重《ひかくてきちう》要《えう》なるものを注意《ちうい》せば足《た》りる次第《しだい》である。

歳計の趨勢を見よ　形式上《けいしきじやう》の見方《みかた》として第《だい》二に注意《ちうい》すべき事《こと》は、前年度若《ぜんねんどもし》くは前々年度《ぜんくねんど》、更《さら》に五年前《ねんぜん》、十年前《ねんぜん》との豫算《よさん》と比較《ひかく》して、全體《ぜんたい》として增加《ぞうか》の傾向《けいかう》を辿《たど》つてゐるか或《あるひ》は減少《げんせう》の傾《けい》向《かう》を辿《たど》つてゐるかを見《み》、次《つ》いで、各科目《かくくわもく》の重《おも》なるものについて、增加《ぞうか》の趨勢《すうせい》にあるか或《あるひ》は減少《げんせう》の傾向《けいかう》にあるかを見《み》る事《こと》が必要《ひつえう》である。

かくて大體《だいたい》の傾向《けいかう》を知《し》つたならば、一歩《ぽ》を進《すゝ》めて、何故《なにゆゑ》に増加《ぞうか》し、或《あるひ》は何故《なにゆゑ》に減少《げんせう》の傾向《けいかう》を辿《たど》るかを、全體《ぜんたい》として又各科目《またかくくわもく》の重《おも》なるものについて其原因事情《そのげんいんじじやう》を考慮《かうりよ》する必要《ひつえう》がある。

歳入歳出の對照　形式上《けいしきじやう》の見方《みかた》として第《だい》三に注意《ちうい》すべき點《てん》は、歳入《さいにふ》と歳出《さいしゆつ》との順應調和《じゆんおうてうわ》である。

玆《こゝ》に云《い》ふ歳入歳出《さいにふさいしゆつ》の順應《じゆんおう》と云《い》ふ語《ご》の中《なか》には二つの意味《いみ》が含《ふく》まれてゐる。其《その》一つは經常歳入《けいじやうさいにふ》と經常歳出《けいじやうさいしゆつ》と照應《せうおう》し、臨時歳入《りんじさいにふ》が臨時歳出《りんじさいしゆつ》と照應《せうおう》し釣合《つりあひ》がとれたものでなければならぬことである。少《すく》くとも經常歳入《けいじやうさいにふ》を以《もつ》て臨時歳出《りんじさいしゆつ》を賄《まかな》ふ事《こと》があつても、臨時歳入《りんじさいにふ》を以《もつ》て經常歳入《けいじやうさいにふ》を賄《まかな》ふ事《こと》は避《さ》けねばならぬ。豫算《よさん》は活物《いきもの》の社會經濟《しやくわいけいざい》を對象《たいしやう》とするものである。又近代《またきんだい》のやうに、市町村《しちやうそん》の歳計《さいけい》が膨脹《ばうちやう》して來《く》ると、悉《ことごと》く經常歳入《けいじやうさいにふ》のみに依《よ》る事《こと》は困難《こんなん》な場合《ばあひ》も起《おこ》らう。故《ゆゑ》に時《とき》と場合《ばあひ》では、臨時歳入《りんじさいにふ》を以《もつ》て經常歳出《けいじやうさいしゆつ》を支辨《しべん》せねばならぬ事《こと》も起《おこ》らうが、それは豫算編成《よさんへんせい》の方針《はうしん》としては權道《けんだう》であり變則《へんそく》であるから成《な》るべく之《これ》を避《さ》ける心掛《こゝろがけ》が必要《ひつえう》と思《おも》ふ。豫算《よさん》は原則《げんそく》として、經常《けいじやう》歳入《さいにふ》を以《もつ》て經常歳出《けいじやうさいしゆつ》を賄《まかな》ひ、臨時歳出《りんじさいしゆつ》を賄《まかな》ふには經常歳入若《けいじやうさいにふも》しくは臨時歳入《りんじさいにふ》を以《もつ》てするが正當善《せいたうぜん》良健全《りやうけんぜん》のものとなし、然《しか》らざるものを以《もつ》て不正當不健全《ふせいたうふけんぜん》な豫算《よさん》となさねばならぬ。

歳入歳出《さいにふさいしゆつ》の順應《じゆんおう》と云《い》ふ語《ご》の中《なか》の今《いま》一つの意味《いみ》は、歳入《さいにふ》と歳出《さいしゆつ》が調和《てうわ》し、順應《じゆんおう》し、其間過不足《そのかんくわふそく》なしと云《い》ふ意味《いみ》である。豫算《よさん》は『豫《あらかじめ》』の字《じ》の示《しめ》す如《ごと》く豫定《よてい》の金額《きんがく》を數字《すうじ》を以《もつ》て表示《へうじ》したものであつて、實際《じつさい》の出納《すゐたふ》と違《ちが》ふ。所謂決算《いはゆるけつさん》と違《ちが》ふ。人間《にんげん》が一年間《ねんかん》の歳入歳出《さいにふさいしゆつ》を豫想《よさう》して立案《りつあん》せられたものであるから、實際施行《じつさいしかう》して見《み》て過不足《くわふそく》を生《しやう》ずるのは止《や》むを得《え》ぬが、其《それ》が甚《はなはだ》しくなると豫算《よさん》の効果《かうくわ》を殺《そ》ぎ豫算《よさん》の本質《ほんしつ》に戻《もと》る。卽《すなは》ち餘《あま》り過剰《くわじよう》が出來《でき》ると最近《さいきん》の日本《にほん》の國《くに》の豫算《よさん》のやうに——歳出剰餘金《さいしゆつじようよきん》が多《おほ》く之《これ》が爲《た》めに濫費《らんぴ》の弊《へい》を生《しやう》ずる。さればとて歐洲戰後《おうしうせんご》の伊太利《いたりー》や佛蘭西《ふらんす》の豫算《よさん》の如《ごと》く不足《ふそく》すると、豫算《よさん》の執行《しつかう》に種々《しゆ〳〵》の障害《しやうがい》を來《きた》す。故《ゆゑ》に豫算《よさん》の基礎《きそ》は成《な》るべく正確《せいかく》なるを要《えう》し、努《つと》めて過不足《くわふそく》が生《しやう》ぜないやうに期《き》せなくてはならぬ。それは何《なに》を標準《へうじゆん》として觀察《くわんさつ》すべきかと云《い》ふに、從來《じうらい》の決算《けつさん》と豫算《よさん》とを對照《たいせう》し、一方財界《はうざいかい》の推移《すいい》に見《み》て判《はん》ずべきである。

此歳入歳出《このさいにふさいしゆつ》の順應調和《じゆんおうてうわ》と云《い》ふ問題《もんだい》は、一つは豫算編成上《よさんへんせいじやう》の技術上《ぎじゆつじやう》の問題《もんだい》であるが、その一面《めん》には市町村《しちやうそん》の構成分子《こうせいぶんし》たる市民《しみん》の經濟力《けいざいりよく》の問題《もんだい》に關聯《くわんれん》する者《もの》である。茲《こゝ》に於《おい》て豫算《よさん》の見方《みかた》は、單《たん》に前述《ぜんじゆつ》の如《ごと》き豫算《よさん》の形式上《けいしきじやう》の見方《みかた》を心得《こゝろえ》たゞけでは、未《いま》だその蘊奥《うんおう》を究《きは》めた者《もの》ではない。更《さら》に百尺竿頭《しやくかんとう》一歩《ぽ》を進《すゝ》めて、豫算《よさん》の中《なか》に潜《ひそ》み、盛《も》られてゐる中味《なかみ》、實體《じつたい》を吟味《ぎんみ》する必要《ひつえう》がある。豫算《よさん》の實體《じつたい》は財政計畫《ざいせいけいくわく》或《あるひ》は財政々策《ざいせいくさく》と稱《しよう》するものである。豫算《よさん》と財政計畫《ざいせいけいくわく》（玆《こゝ》では財政々策《ざいせいくさく》と等《ひと》しい意味《いみ》）との關係《くわんけい》は尙物體《なほぶつたい》と影《かげ》との關係《くわんけい》の如《ごと》きものである、豫算《よさん》は影《かげ》で財政計畫《ざいせいけいくわく》は物體《ぶつたい》である。前述《ぜんじゆつ》した形式上《けいしきじやう》の見方《みかた》は影《かげ》の見方《みかた》である。今《いまの》述べんとする實質上《じつしつじやう》の見方《みかた》は實體《じつたい》の見方《みかた》である、即《すなは》ち財政計畫《ざいせいけいくわく》の良否《りやうひ》、財政々策《ざいせいくさく》の適否《てきひ》の見方《みかた》である。

市町村民の生活と豫算　市町村豫算《しちやうそんよさん》の實質上《じつしつじやう》の見方《みかた》として第《だい》一に注意《ちうい》すべきは、町村民《ちやうそんみん》の生活《せいくわつ》――主《しゆ》として町村民經濟《ちやうそんみんけいざい》と豫算《よさん》の調和《てうわ》の點《てん》である。

第《だい》二に注意《ちうい》すべきは地方費《ちはうひ》と國費《こくひ》の關聯《くわんれん》である。一國《こく》の財政《ざいせい》は其國民經濟《そのこくみんけいざい》と調和《てうわ》したものでなければならぬと同樣《どうやう》に、地方自治團體《ちはうじちだんたい》の財政《ざいせい》――市町村《しちやうそん》の財政《ざいせい》も其團體員《そのだんたいゐん》の町村民《ちやうそんみん》の經濟《けいざい》と調和《てうわ》したものでなくてはならぬ。所《ところ》が町村民《ちやうそんみん》の經濟《けいざい》と市町村財政《しちやうそんざいせい》との調和《てうわ》を見《み》る上《うへ》に於《おい》て問題《もんだい》となるのは、我國現在《わがくにげんざい》の政治組織《せいちそしき》、財政組織《ざいせいそしき》の下《もと》に於《おい》ては市町村費《しちやうそんひ》と、國費縣費《こくひけんひ》との關聯《くわんれん》の點《てん》を考慮《かうりよ》せなくてはならぬ。

市町村費と國費府縣費　蓋《けだ》し地方團體《ちはうだんたい》――市町村《しちやうそん》が眞實《しんじつ》の意味《いみ》の自治團體《じちだんたい》であるならば

自治團體《じちだんたい》の財政《ざいせい》、町村《ちやうそん》の豫算《よさん》は、市町村民《しちやうそんみん》の經濟《けいざい》との調和《てうわ》だけを顧慮《こりよ》して大體《だいたい》その財政計畫《ざいせいけいくわく》の適否《てきひ》、財政々策《ざいせいくさく》の良否《りやうひ》を判《はん》ずる事《こと》が出來《でき》るが、我《わ》が國《くに》の地方團體《ちはうだんたい》は、自治團體《じちだんたい》と稱《しよう》するも半官《はんくわん》の半自治團體《はんじちだんたい》であつて、地方《ちはう》の自治團體《じちだんたい》の事務《じむ》の中《なか》には、國務《こくむ》に屬《ぞく》するものが尠《すくな》くない。一方國《ほうこく》費《ひ》の中《なか》には地方自治團體《ちはうじちだんたい》の事務《じむ》として支障《ししやう》のないものまでも含《ふく》まれてゐるものもある。その上《うへ》に他年《たねん》の中央集權《ちうあうしうけん》の餘弊《よへい》と云《い》ふか、租税《そぜい》として目星《めぼ》しいものは殆《ほと》んど國税《こくぜい》、府縣税《ふけんぜい》に取《と》り上《あ》げられて、市町村税《しちやうそんぜい》としては國《くに》と府縣《ふけん》の喰《く》ひ餘《あま》しの、餘《あま》りパツトせない租税許《そぜいばか》りを當《あ》てがはれてゐる。かくて、地方事務《ちはうじむ》と國務《こくむ》との分配《ぶんぱい》が適當《てきたう》でない上《うへ》に國税《こくぜい》、府縣税《ふけんぜい》、市町村税間《しちやうそんぜいかん》の配分《はいぶん》が合理的《がふりてき》でないと云《い》ふやうな彼此《かれこれ》の事情《じじやう》よりして、我國《わがくに》の市町村《しちやうそん》の財政《ざいせい》と云《い》ふものが國家財政《こくかざいせい》並《なら》びに府縣財政《ふけんざいせい》と入《い》り組《く》んで麻《あさ》の如《ごと》く亂《みだ》れてゐる。玆《こゝ》に於《おい》て市町村《しちやうそん》の豫算《よさん》を見《み》るにも、單《たん》に市町《しちやう》村《そん》の豫算《よさん》を見《み》るだけでは、正當《せいたう》を得《え》た觀察《くわんさつ》を下《くだ》す事《こと》は出來《でき》ぬ。更《さら》に進《すゝ》んで國《くに》の財政《ざいせい》との關聯《くわんれん》、府縣財政《ふけんざいせい》との關聯《くわんれん》の點《てん》まで眼《め》を開《あ》けなくては、眞實《しんじつ》の意味《いみ》の市町村《しちやうそん》の豫算《よさん》の實質上《じつしつじやう》の見方《みかた》を會《ゑ》得《とく》したものとは云《い》はれぬ。しかし、玆《こゝ》では問題《もんだい》を簡單明瞭《かんたんめいれう》たらしむる爲《た》めに國《くに》の財政《ざいせい》、府縣財《ふけんざい》政《せい》の關聯《くわんれん》については省略《しやうりやく》して、主《しゆ》として、町村財政固有《ちやうそんざいせいこいう》の實質上《じつしつじやう》の見方《みかた》について説明《せつめい》しやう。

第二　特別會計の見方

其前《そのまへ》に形式的《けいしきてき》見方《みかた》にも關聯《くわんれん》し、又實質上《またじつしつじやう》の見方《みかた》にも關係《くわんけい》する市町村《しちやうそん》の通常豫算《つうじやうよさん》と特別會計《とくべつくわいけい》との關係《くわんけい》について一言《ごん》しやう。

前述《ぜんじゆつ》の如《ごと》くに、我國《わがくに》の豫算《よさん》は、地方豫算《ちはうよさん》も國《くに》の豫算《よさん》も原則《げんそく》として總豫算主義《そうよさんしゆぎ》を採《と》つて、公共《こうきよう》團體《だんたい》の歳入歳出《さいにふさいしゆつ》は、一つの豫算《よさん》に纏《まと》めてゐて、國《くに》の場合《ばあい》に於《おい》ては一般會計豫算《ぱんくわいけいよさん》に、地方團體《ちはうだんたい》の場合《ばあい》にあつては通常豫算《つうじやうよさん》（東京市等《とうきやうしなど》は普通經濟《ふつうけいざい》と云《い》ふ）に纏《まと》める事《こと》になつてゐる。只特別《たゞとくべつ》の必《ひつ》要《えう》ある場合《ばあい》、國《くに》の豫算《よさん》ならば一般會計豫算《ぱんくわいけいよさん》に、地方團體《ちはうだんたい》の場合《ばあい》ならば通常豫算《つうじやうよさん》に包括《はうくわつ》せしむるよりも、別個《べつこ》の會計《くわいけい》——經濟《けいざい》として整理《せいり》するを便宜《べんぎ》とする場合《ばあい》に、別《べつ》に特立《とくりつ》した豫算《よさん》を編成《へんせい》し得《う》る途《みち》を開《ひら》いてゐる。かゝる場合《ばあい》の特別《とくべつ》の豫算《よさん》を特別會計《とくべつくわいけい》と云《い》ひ、或《あるひ》は特別經濟豫算《とくべつけいざいよさん》と云《い》ふ。

普通經濟特別經濟の關係　豫算《よさん》は、これを監督通覽《かんとくつうらん》する便宜《べんぎ》から云《い》へば、成《な》るべく簡《かん》單明瞭《たんめいれう》なのがよい。そこでこれを一纏《まと》めにして置《お》けば、凡《すべ》ての點《てん》に於《おい》て都合《つがふ》が良《よ》い所《ところ》から、前《ぜん》述《じゆつ》した如《ごと》く、我國《わがくに》の豫算制度《よさんせいど》では原則《げんそく》として總豫算《そうよさん》——國《くに》に於《おい》ては一般會計《ぱんくわいけい》——町村《ちやうそん》に於《おい》ては通常豫算《つうじやうよさん》に纏《まと》める事《こと》になつてゐる。しかし地方公共團體《ちはうこうきようだんたい》の發達《はつたつ》と共《とも》に、其經濟生活《そのけいざいせいくわつ》も複雜《ふくざつ》になり、例《たと》へば電燈《でんとう》を公營《こうえい》にするとか、水道事業《すゐだうじげふ》を起《おこ》すとか、種々《しゆじゆ》と新規《しんき》な事業《じげふ》が殖《ふ》えて來《く》る結果《けつくわ》、總豫算《そうよさん》だけに纏《まと》めることが會計《くわいけい》の經理上不便《けいりじやうふべん》な點《てん》なども出《で》て來《く》る所《ところ》から、普通經濟《ふつうけいざい》の外《ほか》に特別會計《とくべつくわいけい》を設《もう》ける事《こと》となる。

茲《こゝ》に於《おい》て、特別會計《とくべつくわいけい》の設置《せつち》ある所《ところ》では、特別會計《とくべつくわいけい》の豫算《よさん》の見方《みかた》が必要《ひつえう》になつて來《く》る。特別會計《とくべつくわいけい》の豫算《よさん》の見方《みかた》としては、先《ま》づ通常豫算《つうじやうよさん》と特別會計《とくべつくわいけい》との豫算上《よさんじやう》の關係《くわんけい》を見《み》る事《こと》が必要《ひつえう》である。特別會計《とくべつくわいけい》と通常豫算《つうじやうよさん》との關係《くわんけい》を見《み》るに當《あた》つて注意《ちうい》すべき點《てん》は

(一)通常豫算《つうじやうよさん》と特別會計《とくべつくわいけい》との間《あひだ》に相互繰入關係《さうごくりいれくわんけい》があるか否《いな》か

(二)通常豫算《つうじやうよさん》と特別經濟間《とくべつけいざいかん》に繰入關係《くりいれくわんけい》はないが、特別會計《とくべつくわいけい》が二《に》つ以上《いじやう》あるものにあつては特別會計相互間《とくべつくわいけいさうごかん》に繰入關係《くりいれくわんけい》がないか

(三)通常豫算《つうじやうよさん》と特別會計《とくべつくわいけい》との繰入關係《くりいれくわんけい》を控除相殺《こうぢよさうさつ》した結果《けつくわ》、通常豫算《つうじやうよさん》と特別會計《とくべつくわいけい》とを合《あは》せた豫算總額《よさんそうがく》(普通《ふつう》に純計と云《い》ふ)即《すなは》ち純粹《じゆんすゐ》の歳入歳出《さいにふさいしゆつ》の總額《そうがく》は幾干《いくばく》であるか

の諸點《しよてん》である。右《みぎ》の外《ほか》、通常豫算《つうじやうよさん》の形式上《けいしきじやう》の見方《みかた》の場合《ばあい》と等《ひと》しく(一)特別會計《とくべつくわいけい》の歳入歳出《さいにふさいしゆつ》が

増加《ぞうか》の傾向《けいかう》にあるか或《あるひ》は減少《げんせう》の傾向《けいかう》にあるか(二)特別會計《とくべつくわいけい》の數《かず》が増加《ぞうか》しつゝあるか減少《げんせう》しつゝあるか、その原因《げんいん》如何《いかん》(三)特別會計豫算總額《とくべつくわいけいよさんそうがく》と通常豫算總額《つうじやうよさんそうがく》との比例《ひれい》は年々《ねん〳〵》如何《いか》に變化《へんくわ》してゐるか、等《など》も見《み》る必要《ひつえう》があらう。

第三　實質上の見方

以上《いじやう》を以《もつ》て簡單乍《かんたんなが》ら町村豫算《ちやうそんよさん》の形式上《けいしきじやう》の見方並《みかたなら》びに特別會計《とくべつくわいけい》の見方《みかた》の說明《せつめい》を打切《うちき》り、次《つぎ》に町《ちやう》村豫算《そんよさん》の實質上《じつしつじやう》の見方《みかた》の說明《せつめい》に移《うつ》る。

町村豫算《ちやうそんよさん》の實質上《じつしつじやう》の見方《みかた》は之《これ》を分《わか》ち(一)綜合的《そうがふてき》の見方《みかた》(二)部分的見方《ぶぶんてきみかた》とするが便宜《べんぎ》と思《おも》ふ。綜合的《そうがふてき》の見方《みかた》としては、どうしても豫算《よさん》と町村民經濟《ちやうそんみんけいざい》の調和《てうわ》と云《い》ふ點《てん》に觸《ふ》れねばならぬ。これは前述《ぜんじゆつ》の如《ごと》き次第《しだい》で今日《こんにち》の町村《ちやうそん》の財政《ざいせい》の實際《じつさい》に於《おい》ては國《くに》の財政《ざいせい》、府縣《ふけん》の財政《ざいせい》と關聯《くわんれん》して見《み》るのが至當《したう》であるが、これを離《はな》れて、町村豫算《ちやうそんよさん》だけでも其町村民經濟《そのちやうそんみんけいざい》との調和《てうわ》と云《い》ふ事《こと》は、町村《ちやうそん》豫算《よさん》の實質上《じつしつじやう》の見方《みかた》として第《だい》一番《ばん》に來《く》る問題《もんだい》である。

由來財政《ゆらいざいせい》――公共團體《こうきようだんたい》の經濟《けいざい》は『出《い》づるを計《はか》りて入《い》るを制《せい》し』個人《こじん》の經濟《けいざい》は『入《い》るを計《はか》りて

出《で》づるを制《せい》す』と云《い》はるゝ如《ごと》く、財政《ざいせい》は常《つね》に歳入《さいにふ》に制限《せいげん》せられ、歳入《さいにふ》は常《つね》に經濟主體《けいざいしゆたい》の――町《ちやう》村《そん》ならば町村民《ちやうそんみん》のポケットに制約《せいやく》せらるべきで、國民經濟町村民《こくみんけいざいちやうそんみん》の經濟《けいざい》を無視《むし》して、無《む》鐵砲《てつぱう》な計畫《けいくわく》が實行《じつかう》せらるべきものではない。換言《くわんげん》すれば町村《ちやうそん》の豫算《よさん》は、其町村民《そのちやうそんみん》のポケットに順應《じゆんおう》したものでなければならぬ。然《しか》らば何《なに》を以《もつ》て町村《ちやうそん》の豫算《よさん》と町村民《ちやうそんみん》のポケットの調和《てうわ》の標準《へうじゆん》となすべきやと云《い》ふと、國民《こくみん》の所得《しよとく》、富《とみ》の程度《ていど》が明《あきら》かなれば一番《ばん》だが、此種統計《このしゆとうけい》の完備《くわんび》せない我國《わがくに》に於《おい》ては正確《せいかく》な基準《きじゆん》を求《もと》め難《にく》いが、大體《だいたい》左《さ》の如《ごと》き標準《へうじゆん》に依《よ》つたが宜《よ》からうと思《おも》ふ。

歳入の比較基準　一、附近町村《ふきんちやうそん》の國稅所得金額營業收益稅額《こくぜいしよとくきんがくえいげうしうえきぜいがく》、或《あるひ》は地租額《ちそがく》と町村稅額《ちやうそんぜいがく》との比較《ひかく》、二、附近類似町村《ふきんるゐじちやうそん》との制限外課稅率《せいげんぐわいくわぜいりつ》の比較《ひかく》、三、附近町村《ふきんちやうそん》の生產額《せいさんがく》と町村稅額《ちやうそんぜいがく》の比較《ひかく》

歳出の比較基準　一、全國町村財政歳出《ぜんこくちやうそんざいせいさいしゆつ》の全國一人《ぜんこくひとり》當《あた》り平均《へいきん》との比較《ひかく》、二、附近類似町村《ふきんるゐじちやうそん》との歳出一人《さいしゆつひとり》當《あた》り比較《ひかく》

歳入《さいにふ》の比較《ひかく》は、國稅額《こくぜいがく》と町村稅額《ちやうそんぜいがく》の比較《ひかく》を、全國《ぜんこく》の平均《へいきん》、或《あるひ》は附近類似町村《ふきんるゐじちやうそん》と對照《たいせう》して見《み》るか、或《あるひ》は制限外課稅率《せいげんぐわいくわぜいりつ》を比較《ひかく》して見《み》るか、或《あるひ》は附近町村生產額《ふきんちやうそんせいさんがく》と町村稅額《ちやうそんぜいがく》との比率《ひりつ》を附近《ふきん》の町《ちやう》村《そん》のそれと比較《ひかく》して見《み》るがよい。歳出《さいしゆつ》は全國町村《ぜんこくちやうそん》の歳出《さいしゆつ》の一人《ひとり》當《あた》り割合《わりあい》或《あるひ》は附近町村《ふきんちやうそん》の一人《ひとり》當《あた》

り歳出《さいしゆつ》の割合《わりあひ》に比較《ひかく》するがよいと思《おも》ふ。其際《そのさい》の比較《ひかく》すべき統計材料《とうけいざいれう》たる全國《ぜんこく》の町村財政《ちやうそんざいせい》の統計《とうけい》は、内務省《ないむしやう》の地方財政概要《ちはうざいせいがいえう》が最《もつと》も正確《せいかく》で信頼《しんらい》すべきものだが、非賣品《ひばいひん》であるから普通《ふつう》の人《ひと》の手《て》には入《はい》り難《にく》いかも知《し》れぬ。地方財政概要《ちはうざいせいがいえう》を手《て》にし難《にく》い人《ひと》は止《や》むを得《え》ず、各新聞社《かくしんぶんしや》で發行《はつかう》してゐる年鑑《ねんかん》にはこれが要領《えうりやう》を轉載《てんさい》してあるから、不完全《ふくわんぜん》ながら之《これ》に依《よ》る外《ほか》はない。

茲《こゝ》に附近類似町村《ふきんるゐじちやうそん》と云《い》ふ意味《いみ》は、農村《のうそん》なら附近《ふきん》の農村《のうそん》、漁村《ぎよそん》ならば附近《ふきん》の漁村《ぎよそん》――等《など》しく農《のう》村《そん》でも養蠶其他副業《やうさんそのたふくげふ》に力《ちから》を盡《つく》すものにあつては、之《これ》に類似《るゐじ》した村《むら》の豫算《よさん》とを對照《たいせう》して見《み》れば、略《ほゞ》自己《じこ》の屬《ぞく》する町村《ちやうそん》の豫算《よさん》が町村民經濟《ちやうそんみんけいざい》に調和《てうわ》したものかせぬものかの大體《だいたい》の見當《けんたう》は附《つ》かうかと思《おも》ふ。これを知《し》るには各町村《かくちやうそん》の豫算《よさん》に依《よ》る外《ほか》なく、各町村《かくちやうそん》の豫算《よさん》は非賣品《ひばいひん》だから、何《なに》か手《て》づるを求《もと》めて、貸《か》して貰《もら》ふか讓受《ゆづりう》ける外《ほか》はない。

かくて歳入歳出《さいにふさいしゆつ》の兩面《りやうめん》から全國的《ぜんこくてき》の基準《きじゆん》と對照《たいせう》する一方《ぱう》、附近類似町村《ふきんるゐじちやうそん》の豫算《よさん》とを比較《ひかく》すれば、各自《かくじ》の屬《ぞく》する町村《ちやうそん》の歳入歳出《さいにふさいしゆつ》が、如何《いか》なる地位《ちゐ》を占《し》め、町村民經濟《ちやうそんみんけいざい》と如何《いか》なる關係《くわんけい》に立《た》つかを略《ほゞ》明《あきら》かになし得《え》て、以《もつ》て豫算《よさん》の適否《てきひ》、財政政策《ざいせいせいさく》の良否《りやうひ》を判《はん》ずる事《こと》が出來《でき》やうかと思《おも》ふ。

歳入の實質上の見方　次《つぎ》に部分的《ぶぶんてき》の見方《みかた》は之《これ》を（一）歳入《さいにふ》（二）歳出《さいしゆつ》（三）公債《こうさい》に分類《ぶんるゐ》したが

便宜《べんぎ》と思《おも》ふ。先《ま》づ歳入《さいにふ》の實質上《じつしつじやう》の見方《みかた》の説明《せつめい》をしやう。　市町村《しちやうそん》の歳入《さいにふ》を構成《こうせい》する重《おも》なるものは（一）財産《ざいさん》より生《しやう》ずる收入《しうにふ》（二）使用料手數料《しようれうてすうれう》（三）補助金交付金《ほじよきんかうふきん》（四）町村税《ちやうそんぜい》（五）町村債《ちやうそんさい》である。

（一）財産より生ずる收入　については、收入《しうにふ》の見積《みつもり》の當不當《たうふたう》と、收入《しうにふ》の源泉《げんせん》たる財産《ざいさん》の運用《うんよう》が正當《せいたう》であるか確實《かくじつ》であるかを見《み》る。又財産《またざいさん》の投資方面《とうしはうめん》が（イ）安全《あんぜん》（ロ）確實《かくじつ》（ハ）將來《しやうらい》の永續性《えいぞくせい》と發展性《はつてんせい》ありやを見《み》る、安全確實《あんぜんかくじつ》にして且《か》つ將來永續性《しやうらいえいぞくせい》を有《いう》し收益《しうえき》の增加率《ぞうかりつ》の高《たか》いものに投《とう》資《し》せるものを可《か》とし然《しか》らざるを不可《ふか》とするは云《い》ふまでもなく、たとへ收益《しうえき》の增加率《ぞうかりつ》高《たか》きも第《だい》一の安全《あんぜん》と確實《かくじつ》を缺《か》くものは、町村《ちやうそん》の如《ごと》く公共團體《こうきようだんたい》の投資《とうし》としては不適當《ふてきたう》と云《い》はねばならぬ。

（二）使用料手數料　は見積《みつも》りの當不當《たうふたう》の外《ほか》（イ）社會政策的《しやくわいせいさくてき》なりや（ロ）單價《たんか》と全體《ぜんたい》の收入《しうにふ》の調和《てうわ》（ハ）利用者《りようしや》に便利《べんり》なりや（ニ）發展性《はつてんせい》ありや若《も》し發展性《はつてんせい》なければ其原因如何等《そのげんいんいかんなど》見《み》るべきである。

（三）補助金交付金　これは自治體《じちたい》の本旨《ほんし》に照《てら》し努《つと》めて之《これ》を避《さ》くべきものと思《おも》ふ。若《も》し補助金《ほじよきん》を受《う》くるとせば之《これ》が爲《た》めに補助金交付金《ほじよきんかうふきん》を出《だ》す上級官廳《じやうきふくわんちやう》の財政《ざいせい》に如何《いか》なる影響《えいきやう》を及《およ》ぼし、それが結局國民經濟《けつきよくこくみんけいざい》に如何《いか》なる影響《えいきやう》を及《およ》ぼすやを見《み》る反面《はんめん》、補助金《ほじよきん》を以《もつ》て營《いとな》む事業《じげふ》の性質《せいしつ》は、町《ちやう》村《そん》の事業《じげふ》として適當《てきたう》なりや、並《なら》びに其町村民《そのちやうそんみん》の經濟《けいざい》に及《およ》ぼす影響如何《えいきやういかん》を見《み》るべきである。

(四)地方税　根本問題《こんぽんもんだい》としては、國《くに》、府縣《ふけん》、町村《ちやうそん》の租税《そぜい》の體系《たいけい》、配分《はいぶん》を如何《どう》すべきやを考慮《かうりよ》すべきであるが、現行制度《げんかうせいど》の下《もと》に於《お》ては、附加税《ふかぜい》と特別税《とくべつぜい》の調和《てうわ》の點《てん》を見《み》るべきである。而《しか》して附加税《ふかぜい》と特別税《とくべつぜい》の調和《てうわ》の基準《きじゆん》は、負擔《ふたん》が公平《こうへい》なりや、換言《くわんげん》せば一般的《ぱんてき》なりや均等《きんとう》なりや、資《し》本所得《ほんしよとく》と勤勞所得《きんらうしよとく》の負擔《ふたん》が適當《てきたう》なりや等《とう》を見《み》るべく、更《さ》らに、特別税《とくべつぜい》に於《おい》ては、右《みぎ》の外《ほか》徴收《ちやうしう》權《けん》が安固《あんこ》か、收入《しうにふ》が多額《たがく》なりや、發達《はつたつ》ありや、納税《なふぜい》の手續《てつゞき》が簡單《かんたん》か、徴税費《ちやうぜいひ》が多額《たがく》ならざるか等《とう》の點《てん》を見《み》るべきである。尚《なほ》地方税制《ちはうぜいせい》の一般《ぱん》については秀文閣書房發行《しうぶんかくしよばうはつかう》拙著《せつちよ》『減税《げんぜい》の解說《かいせつ》』に解說《かいせつ》しました。參照《さんせう》せられん事《こと》を望《のぞ》む。

公債の實質上の見方　公債《こうさい》は募集《ぼしう》の場合《ばあい》には歳入《さいにふ》に屬《ぞく》し、元金償還並《ぐわんきんしやうくわんなら》びに利子《りし》の支拂《しはらひ》の場合《ばあい》には歳出《さいしゆつ》に屬《ぞく》するものである。其實質上《そのじつしつじやう》の見方《みかた》は(一)豫算上《よさんじやう》に及《およ》ぼす影響《えいきやう》(二)町村民經濟《ちやうそんみんけいざい》上《じやう》に及《およ》ぼす影響《えいきやう》に立脚《りつきやく》すべきである。(一)の豫算上《よさんじやう》に及《およ》ぼす影響《えいきやう》は、豫算《よさん》に計上《けいじやう》せられた公債《こうさい》募集金或《ぼしうきんあるひ》は償還或《しやうくわんあるひ》は利子《りし》の支拂《しはらひ》が豫算《よさん》の如《ごと》く完全《くわんぜん》に遂行《すゐかう》せらるゝや否《いな》やが問題《もんだい》である。從《したが》つて前年《ぜんねん》の地方官會議《ちはうくわんくわいぎ》でも三土藏相《つちざうしやう》が訓示《くんじ》した如《ごと》く、現在金融緩漫《げんざいきんゆうくわんまん》で募債《ぼさい》が便利《べんり》だとて放漫《はうまん》な計畫《けいくわく》を立《た》てゝ、後《のち》に金融《きんゆう》が逼迫《ひつぱく》して豫算《よさん》の如《ごと》く遂行出來《すゐかうでき》ないやうになる危險《きけん》があるなどは避《さ》けねばならぬ。之《これ》には町村民《ちやうそんみん》の經濟《けいざい》との調和《てうわ》を考《かんが》へねばならぬ。其場合《そのばあひ》公債《こうさい》と町村民經濟《ちやうそんみんけいざい》の調和《てうわ》せるや否《いな》やを見《み》るには、(イ)現在《げんざい》の町村債額《ちやうそんさいがく》一人當《にんあた》りの附近町村《ふきんちやうそん》或《あるひ》は全國比較《ぜんこくひかく》(ロ)公債《こうさい》現在額《げんざいがく》と經常收入《けいじやうしうにふ》の比率《ひりつ》の全國平均又《ぜんこくへいきんまた》は附近町村《ふきんちやうそん》の比率《ひりつ》と比較《ひかく》すべきである。(二)の町村民《ちやうそんみん》の經濟上《けいざいじやう》に及《およ》ぼす影響《えいきやう》は、その公債《こうさい》が町村外《ちやうそんぐわい》か町村内《ちやうそんない》にて募集《ぼしう》するか、生産的《せいさんてき》か不生産的《ふせいさんてき》か、公債《こうさい》の募集元利金《ぼしうもとりきん》の支拂並《しはらひなら》びに公債募集事業《こうさいぼしうじげふ》の遂行《すゐかう》が、町村民《ちやうそんみん》の經濟《けいざい》に如何《いか》なる影響《えいきやう》を及《およ》ぼすかを見《み》るべきである。

歳出の實質上の見方　歳出《さいしゆつ》の實質上《じつしつじやう》の見方《みかた》としては歳入《さいにふ》との調和《てうわ》を考慮《かうりよ》せねばならぬ。それには一年度《ねんど》だけの歳入歳出《さいにふさいしゆつ》の調和《てうわ》を見《み》るのみならず、數年度《すうねんど》に亘《わた》つての調和《てうわ》を考慮《かうりよ》せねばならぬ。鬼《おに》に笑《わら》はれるかも知《し》れないが、生命《せいめい》の永遠《えいゑん》を期《き》する國家公共團體《こくかこうきやうだんたい》に在《あ》つては、現在《げんざい》の歳入《さいにふ》と歳出《さいしゆつ》の調和《てうわ》の點《てん》を見《み》るのみならず、將來數年《しやうらいすうねん》少《すくな》くも三ケ年位《ねんぐらゐ》の調和《てうわ》の點《てん》は考慮《かうりよ》せねばならぬ。

次《つぎ》に歳出《さいしゆつ》の見方《みかた》としては、歳出款項目《さいしゆつかんかうもく》の事業《じげふ》の内容性質《ないようせいしつ》を吟味《ぎんみ》してその(一)要不要《えうふえう》(二)規模《きぼ》の大小《だいせう》(三)豫算見積《よさんみつもり》の當不當《たうふたう》を見《み》るべきである。然《しか》も其要不要《そのえうふえう》を見《み》るには、一時《じ》の事情《じじやう》や局部《きよくぶ》的《てき》の偏見《へんけん》に因《とら》はれず、大局《たいきよく》より永遠《えいゑん》の利害《りがい》を打算《ださん》して之《これ》を定《さだ》むべきで、局部《きよくぶ》的《てき》短見《たんけん》的《てき》井蛙《せいあ》的《てき》見《けん》解《かい》に陥《おちい》らないやう注意《ちうい》することが肝要《かんえう》である。

以上《いじやう》を以《もつ》て、至極《しごく》大《おほ》ザツパ乍《なが》ら、市町村豫算《しちやうそんよさん》の見方《みかた》を説明《せつめい》した。次《つぎ》に市町村豫算《しちやうそんよさん》見方《みかた》の實例《じつれい》して、東京市《とうきやうし》財政《ざいせい》を解剖《かいばう》して御覧《ごらん》に入《い》れよう。

中篇　見方の實例

―東京市財政の解剖―

第一章　市財政の大觀

第一　行詰りに直面した東京市財政

ジョーヂ・アンカチルの諷刺《ふうし》小說《せうせつ》に「惡魔《あくま》の指揮《しき》する舞踏會《ぶたふくわい》」と云《い》ふのがある。無數《むすう》の善男善《ぜんなんぜん》女《にょ》が、樂長《がくちやう》に化《ば》けた惡魔《あくま》の指揮《しき》するオーケストラの魅惑的《みわくてき》な音樂《おんがく》に伴《つ》れ、他愛《たあい》も無《な》く踊《をど》り乍《なが》ら奈落《ならく》の底《そこ》へ導《みちび》かれて居《ゐ》ることを知《し》らないでゐる。如何《いか》にも現在《げんざい》の東京市民《とうきやうしみん》の姿《すがた》に似《に》てゐる。革新《かくしん》だ、改造《かいざう》だ、肅正《しゆくせい》だと聽《き》く耳《みゝ》だけに心地《ここち》よい音樂《おんがく》の音《ね》に魅《み》せられてゐる間《あひだ》に、二百万の東京市民《とうきやうしみん》は、何時《いつ》の間《ま》にか奈落《ならく》の底《そこ》へ導《みちび》かれてゐたのである。それを表現《へうげん》するものは市財政《しざいせい》の行詰《ゆきつま》りである。奈落《ならく》の底《そこ》に陷《おちい》つた後《あと》で前《まへ》の交響樂《かうきやうがく》は惡魔共《あくまども》の奏《そう》したものと知《し》つたのではもう遲《おそ》い。今《いま》は一日《にち》も早《はや》く奈落《ならく》の底《そこ》から這《は》ひだして、幻惑的《げんわくてき》な音樂《おんがく》などに耳《みゝ》を藉《か》さずしつかり足元《あしもと》を見《み》つめて、出直《でなほ》さねばなるまい。

歳入缺陷千七百萬　さる程《ほど》に東京市《とうきやうし》財政《ざいせい》の行詰《ゆきつま》りの現狀《げんじやう》は如何《いかん》、それを端的《たんてき》に表《あら》はしたものは市來《いちき》前市長《ぜんしちやう》時代《じだい》から、現在《げんざい》の堀切市長《ほりきりしちやう》時代《じだい》まで引繼《ひきつ》がれてゐる歳入缺陷《さいにふけつかん》の千七百万圓《えん》である。

前《まへ》の政友會內閣時代《せいいうくわいないかくじだい》に三土藏相《つちさうしやう》は、昭和《せうわ》四年度《ねんど》豫算編成《よさんへんせい》に當《あた》り國庫剩餘金《こくこじやうよきん》の底《そこ》をはたいたと云《い》ふので、其無謀《そのむぼう》、不謹愼《ふきんしん》を責《せ》められてゐるが、東京市《とうきやうし》の塲合《ばあい》は、財布《さいふ》の底《そこ》をはたいた程度《ていど》でなく、其底《そのそこ》を突《つ》き破《やぶ》つて千七百万圓《えん》と云《い》ふ大《おほ》きな足《あし》を出《だ》してゐるのだから感心出來《かんしんでき》ない。

亂暴な財政の遺繰　然《しか》らば、何《なん》に依《よ》つて斯《か》くの如《ごと》き巨額《きよがく》の歳入缺陷《さいにふけつかん》を生《しやう》じたか、是《こ》れを直截《ちよくせつ》に云《い》へば歳入《さいにふ》に見込《みこ》んだ土地賣却代《とちばいきやくだい》が、この不景氣《ふけいき》の爲《た》めに思《おも》ふ如《ごと》く賣却出來《ばいきやくでき》なかつた事《こと》が一つであり、公債財源《こうさいざいげん》の豫定《よてい》のものが政府《せいふ》の許可《きよか》が思《おも》ふ如《ごと》く下《お》りず、歳入《さいにふ》が豫定額《よていがく》に達《たつ》しないのもその一つをなして居《ゐ》る。

土地賣却代《とちばいきやくだい》の未收入《みしうにふ》は隅田川河口改良繼續事業《すみだがはかこうかいりやうけいぞくじげう》に屬《ぞく》するものである。該事業《がいじげう》は隅田川口《すみだがはぐち》を埋《うめ》立《た》て、その埋立地《うめたてち》を賣却《ばいきやく》する豫定《よてい》の所《ところ》、賣却計畫《ばいきやくけいくわく》が、いすかの嘴《はし》と喰《く》ひ違《ちが》つて、一向賣行《かううれゆき》がない。其中《そのうち》に賣《う》れるだらうと當《あ》てにならぬ事《こと》を當《あ》てにして、無理《むり》な遣《や》り繰《くり》を續《つゞ》けて來《き》たが、とう〳〵耐《た》へ切《き》れないで投《な》げ出《だ》したのが、歳入缺陷《さいにふけつかん》千七百萬圓《まんゑん》の一部《ぶ》をなすものである。

公債申請停頓三億　公債財源計畫《こうさいざいげんけいくわく》で、政府《せいふ》の許可《きよか》を得《え》ないものが、現在復興事業公債《げんざいふくこうじげうこうさい》の増額等《ぞうがくとう》九種《しゆ》約《やく》三億《おく》五千三百萬圓《まんゑん》ある。以《もつ》て市《し》の事業《じげう》の澁滯《じふたい》の一面《めん》を想察《さうさつ》すべきであるが（素《もと》より之《これ》には監督官廳《かんとくくわんちやう》にも一部《ぶ》責任《せきにん》はある）暫《しばら》く夫《そ》れは別《べつ》として、政府《せいふ》の許可《きよか》がなければ當然歳入《たうぜんさいにふ》を見込《みこ》む事《こと》が出來《でき》ないのだから、歳出《さいしゆつ》を差控《さしひか》へて置《お》けば、問題《もんだい》はない所《ところ》を、歳入《さいにふ》の見込《みこみ》が立《た》たないにも拘《かゝ》らず、亂暴《らんばう》に事業《じげう》を進《すゝ》める結果《けつくわ》が茲《こゝ》に歳入缺陷《さいにふけつかん》となつた次第《しだい》である。

十年間不足一億餘　更《さら》に考慮《かうりよ》せねばならぬ點《てん》は、右《みぎ》一千七百萬圓《まんゑん》の歳入缺陷《さいにふけつかん》は唯市《たゞし》當面《たうめん》の歳入缺陷《さいにふけつかん》であつて、一歩《ぽ》を進《すゝ》めて將來《しやうらい》の市《し》財政狀態《ざいせいじやうたい》を按《あん》ずると一層《そう》の歳入缺陷《さいにふけつかん》ある事《こと》を發見《はつけん》するのである。即《すなは》ち東京市《とうきやうし》普通經濟《ふつうけいざい》昭和《せうわ》三年度《ねんど》以降《いかう》收支概計表《しうしがいけいへう》に據《よ》れば、昭和《せうわ》四年度《ねんど》以降《いかう》昭和《せうわ》十二年度《ねんど》に至《いた》る九ケ年度《ねんど》に於《おい》て復興事業費納附金《ふくこうじげうひなふふきん》を除《のぞ》いて、歳入不足《さいにふふそく》無慮《むりよ》一億《おく》一千四百六十六萬《まん》六千圓《ゑん》と云《い》ふ計算《けいさん》になつてゐる。若之《もしこれ》に復興事業納附金《ふくこうじげうなふふきん》を加《くは》ふるに於《おい》ては、右期間《みぎきかん》に於《お》ける普通經濟《ふつうけいざい》の歳入《さいにふ》不足《ふそく》は一億《おく》五千二百七十八萬《まん》二千圓《えん》となる計算《けいさん》である。

かくて右《みぎ》の歳入缺陷《さいにふけつかん》の補塡《ほてん》の爲《た》めに、東京市《とうきやうし》は今後《こんご》六百餘萬圓《よまんえん》の增税計畫《ぞうぜいけいかく》を必要《ひつえう》とするのである。增税計畫《ぞうぜいけいかく》は相手《あいて》變《かわ》れど主《ぬし》變《かわ》らず、市來《いちき》市長《しちやう》が堀切《ほりきり》市長《しちやう》と變《かわ》つても、税種《ぜいしゆ》には若干《じやかん》の相違《さうゐ》ある外《ほか》、增税總額《ぞうぜいそうがく》は殆《ほと》ど變《かわ》らないのである。

この不景氣《ふけいき》の際《さい》、世間《せけん》では減税《げんぜい》の聲《こえ》の起《おこ》つてゐる際《さい》に、增税計畫《ぞうぜいけいかく》を有《いう》するなどは以《もつ》て東京市《とうきやうし》の財政《ざいせい》の行詰《ゆきつま》りを察《さつ》すべしである。

電氣經濟も行詰　右《みぎ》は主《しゆ》として、普通經濟《ふつうけいざい》に就《つ》いて述《の》べたものであるが、この傾向《けいかう》は特《とく》別經濟《べつけいざい》の或《ある》ものに於《おい》ても免《まぬが》れぬ。殊《こと》に電氣軌道事業費《でんききだうじげうひ》の如《ごと》きは一部《ぶ》から「市電《しでん》か、死電《しでん》か」と稱《しよう》せられて、これ又《また》一大立直《だいたてなほ》しを必要《ひつえう》としてゐる。

第二　一年の歳出純計二億八千萬圓

東京市《とうきやうし》の財政《ざいせい》は前述《ぜんじゆつ》の如《ごと》く行詰《ゆきつま》つてゐる。縱《たて》から見《み》ても横《よこ》から見《み》ても行詰《ゆきつ》まつてゐる。扨《さ》て之《これ》を如何《いか》に打開《だかい》し立直《たてなほ》すべきか、これは東京市《とうきやうし》にとつては非常《ひじやう》な大問題《だいもんだい》であり難問題《なんもんだい》である。

理《り》事《じ》者《しゃ》も市《し》民《みん》も誠《せい》意《い》と建《けん》設《せつ》的《てき》態《たい》度《ど》を以《もつ》て當《あた》らねば解《かい》決《けつ》の困《こん》難《なん》な問《もん》題《だい》である。其《その》打《だ》開《かい》策《さく》は別《べつ》問《もん》題《だい》とし市《し》の財《ざい》政《せい》の内《ない》容《よう》を一通《とほ》り検《けん》討《たう》しやう。

市財政の輪廓　先《ま》づ第《だい》一に、東《とう》京《きやう》市《し》は一年《ねん》にどれ程《ほど》の金《かね》を使《つか》ひ、それを如《い》何《か》にして調《てう》達《たつ》してゐるかを見《み》る。東《とう》京《きやう》市《し》の財《ざい》政《せい》は、普《ふ》通《つう》經《けい》濟《ざい》と十八の特《とく》別《べつ》經《けい》濟《ざい》に分《わか》れてゐる。

昭《せう》和《わ》三年度《ねんど》當《たう》初《しよ》に於《お》ける普《ふ》通《つう》經《けい》濟《ざい》の歳《さい》計《けい》は

歳入	一億二千六百十五萬圓
歳出	一億二千六百十五萬圓

となつてゐる。十八の特《とく》別《べつ》經《けい》濟《ざい》の歳《さい》計《けい》は

總歳入	二億〇五百四萬圓
總歳出	一億九千九百七十二萬圓

となつてゐる。普《ふ》通《つう》經《けい》濟《ざい》と十八の特《とく》別《べつ》經《けい》濟《ざい》との合《がふ》計《けい》總《そう》歳《さい》入《にふ》は三億《おく》三千百十九萬《まん》圓《ゑん》、同《どう》總《そう》歳《さい》出《しゆつ》三億《おく》二千五百八十八萬《まん》圓《ゑん》であるが、其《その》内《うち》普《ふ》通《つう》經《けい》濟《ざい》と特《とく》別《べつ》經《けい》濟《ざい》、特《とく》別《べつ》經《けい》濟《ざい》相《さう》互《ご》の間《あひだ》に出《しゆつ》入《にふ》繰《くり》入《い》れの關《くわん》係《けい》あるもの等《とう》、重《ちよう》複《ふく》するものを相《さう》殺《さつ》した普《ふ》通《つう》經《けい》濟《ざい》と特《とく》別《べつ》經《けい》濟《ざい》を通《つう》じた純《じゆん》計《けい》は

歳入　　二億七千八百五十萬圓

歳出　　二億八千九十三萬圓

となつてゐる。大《おほ》ざつぱに見《み》て東京市《とうきやうし》一年《ねん》の經費《けいひ》二億《おく》八千萬圓前後《まんゑんぜんご》と云《い》ふ所《ところ》である。

日清戰費以上　一口《くち》に二億《おく》八千萬圓前後《まんゑんぜんご》といふが、これを他《た》の場合《ばあひ》に比較《ひかく》すると日清戰爭《につしんせんさう》の戰費《せんぴ》、即《すなは》ち明治《めいぢ》二十七年《ねん》六月《ぐわつ》一日《じつ》より二十九年《ねん》三月末日《ぐわつまつじつ》まで費《つひや》した軍費總額《ぐんぴそうがく》が陸軍費《りくぐんひ》一億《おく》六千四百五十二萬圓《まんゑん》、海軍費《かいぐんひ》三千五百九十五萬圓《まんゑん》、合計《がふけい》二億《おく》四十七萬圓《まんゑん》であつたから、東京市《とうきやうし》の昭和《せうわ》三年度豫算《ねんどよさん》はそれを超過《てうくわ》する事《こと》七八千萬圓《まんゑん》である。日清戰爭時代《につしんせんさうじだい》と昭和《せうわ》三年《ねん》とでは物價《ぶつか》その他《た》の關係《くわんけい》で比較《ひかく》が面白《おもしろ》くないとすれば、昭和《せうわ》三年度《ねんど》の政府《せいふ》の豫算《よさん》と對照《たいせう》してみると、同年度《どうねんど》一般會計實行豫算《ぱんくわいけいじつかうよさん》で東京市《とうきやうし》の總計《そうけい》二億《おく》八千萬圓《まんゑん》を超《こ》ゆるのが大藏《おほくら》と遞信《ていしん》の二省《しやう》だけ、それにやゝ近《ちか》いものが海軍省《かいぐんしやう》の二億《おく》六千八百萬圓《まんゑん》、陸軍省《りくぐんしやう》の二億《おく》二千四百萬圓《まんゑん》、内務省《ないむしやう》の二億《おく》八百萬圓《まんゑん》といふ所《ところ》である。商工《しやうこう》、農林《のうりん》、司法《しはふ》、外務《ぐわいむ》、文部《もんぶ》の五省《しやう》を合《あは》せて總額《そうがく》二億《おく》六千萬圓前後《まんゑんぜんご》で、東京市《とうきやうし》の昭和《せうわ》三年度《ねんど》の經費全額《けいひぜんがく》を抛《はふ》り出《だ》せば二千萬圓前後《まんゑんぜんご》のお剩錢《つり》が來《く》る勘定《かんぢやう》である。金《かね》を澤山《たくさん》使《つか》ふことは必《かなら》ずしも自慢《じまん》にならぬが、兎《と》も角《かく》豪氣《がうき》な話《はなし》ではある。

しかし、之《これ》を何事《なにごと》にも世界《せかい》一を振《ふ》り廻《まわ》す紐育《にゆーよーくし》市に比較《ひかく》すると、お話《はなし》にならぬ。紐育《にゆーよーくし》市の一九二八——一九二九年度《ねんど》豫算《よさん》の歳出總額《さいしゆつそうがく》が五億《おく》三千八百九十三萬弗《まんどる》、邦貨《はうくわ》に換算《くわんさん》して約《やく》十億《おく》七八千萬圓《まんゑん》、教育費《けういくひ》だけが邦貨換算《はうくわくわんさん》二億《おく》一千萬圓《まんゑん》で、東京市《とうきやうし》の豫算《よさん》二億《おく》八千萬圓《まんゑん》は、紐育《にゆーよーくし》市の教育費《けういくひ》と街路《がいろ》掃除費《さうぢひ》(六千八百萬圓《まんゑん》)を漸《やうや》く賄《まかな》へる程度《ていど》である。上《うへ》には上《うへ》があるものだ。

一戸當り一人當り　紐育《にゆーよーくし》市の事《こと》は暫《しばら》く措《お》いて、之《これ》を我國《わがくに》の六大都市《だいとし》と對照《たいせう》して見《み》ると左《さ》の如《ごと》く、東京市《とうきやうし》の歳計《さいけい》は都市《とし》としては日本《にほん》一である。(昭和三年度當初豫算總計)

	歳入	歳出
	千圓	千圓
東京	二七八、五〇一	二八〇、九三一
京都	三四、七三二	三八、六五七
大阪	一二九、三四二	一五〇、一四七
横濱	三一、六九〇	三八、八七五
神戸	四〇、二六五	四二、九〇一
名古屋	二九、八七九	三〇、三七〇

之《これ》を一戸《こ》當《あた》りに換算《くわんさん》して見《み》ると左《さ》の如《ごと》く、東京市《とうきやうし》は歳入《さいにふ》一戸《こ》當《あた》りが五百九十五圓《ゑん》、歳出《さいしゆつ》一戸《こ》當《あた》りが六百圓《ゑん》、これ又第一位《またゐ》を占《し》めてゐる。一戸《こ》當《あた》りの最《もつと》も少《すくな》いのが名古屋《なごや》で歳入《さいにふ》百五十六圓《ゑん》、歳出《さいしゆつ》百五十九圓《ゑん》に當《あた》り、東京《とうきやう》の四分《ぶん》の一弱《じやく》である。我國《わがくに》の模範都市《もはんとし》と稱《しよう》せられる大阪市《おほさかし》のそれは東京《とうきやう》の約半分《やくはんぶん》で、横濱市以下《よこはましいか》である。

六大都市歳入歳出一戸當り

	歳入（圓）	歳出（圓）
東京	五九五、四七〇	六〇〇、六五〇
京都	二二〇、六三〇	二四五、五七〇
大阪	二四六、七四二	二八六、四三〇
横濱	二六三、三二二	三二二、八一〇
神戸	二四七、六六〇	二六三、八七〇
名古屋	一五六、七八〇	一五九、三六〇

次《つぎ》に一人《り》當《あた》りを見《み》るとこれ又東京《またとうきやう》が第一位《だいゐ》で、歳入《さいにふ》一人《り》當《あた》り百二十九圓《ゑん》九十四錢《せん》、歳出同《さいしゆつどう》百

三十一圓《えん》三錢《せん》になつてゐる。左《さ》の如《ごと》し。

六大都市歳計一人當り

	歳入	歳出
東京	一二九、九四〇圓	一三一、〇三〇圓
京都	四八、四三〇	五三、九〇〇
大阪	五七、二三〇	六六、四四〇
横濱	五九、八七〇	七三、四四七
神戸	六一、〇九〇	六五、〇九一
名古屋	三五、七五〇	三六、三四一

各市《かくし》を通《つう》じての現象《げんしやう》は、歳出《さいしゆつ》が歳入《さいにふ》を超過《てうくわ》してゐる事《こと》である。常識《じやうしき》では感心出來《かんしんでき》ない事《こと》だが監督官廳《かんとくくわんちやう》や市當局《したうきよく》に云《い》はせたら、また何《なん》とか辯解《べんかい》の辭《じ》があるだらう。

東京市財政行進曲 ローマは一日《にち》にして成《な》らず、東京市《とうきやうし》の歳計《さいけい》二億《おく》八千萬圓《まんゑん》の膨脹《ばうちやう》も一朝《てう》にしてなつたものではない。徳川幕府《とくがはばくふ》三百年《ねん》の覇業《はげふ》破《やぶ》れて江戸《えど》が東京《とうきやう》と改稱《かいしよう》したのは明治元《めいぢぐわん》年《ねん》七月《ぐわつ》十七日《にち》（新暦《しんれき》の十月《ぐわつ》一日《じつ》）、茲《こゝ》に封建都市《ほうけんとし》としての舊江戸《きうえど》が消《き》えて近代都市《きんだいとし》としての東京《とうきやう》のスタートは切《き》られたのである。しかし東京市財政《とうきやうしざいせい》の獨立《どくりつ》を見《み》たのは、それよりずつと遲《おく》れて明治《めいぢ》二十二年《ねん》である。其時《そのとき》の歳計純歳入《さいけいじゆんさいにふ》八十五萬《まん》四千圓《ゑん》、純歳出《じゆんさいしゆつ》七十八萬《まん》四千圓《ゑん》であつた。從來《じうらい》東京市政《とうきやうしせい》の歴史《れきし》は腐敗《ふはい》の歴史《れきし》であると共《とも》に、財政《ざいせい》の歴史《れきし》は膨脹《ぼうちやう》の記錄《きろく》である。越《こ》えて明治《めいぢ》卅一年特別市制《ねんとくべつしせい》の適用《てきよう》より免《まぬか》れて、完全《くわんぜん》な自治體《じちたい》となつた時《とき》の歳計《さいけい》は

純歳入	六百二十五萬四千圓
純歳出	三百三十五萬五千圓

であつたものが、震災前年《しんさいぜんねん》の大正《たいしやう》十一年《ねん》には明治《めいぢ》三十一年《ねん》に對比《たいひ》して歳入增《さいにふぞう》二十二倍《ばい》、歳出《さいしゆつ》增《ぞう》三十二倍《ばい》となり、從來《じうらい》左《さ》の足取《あしどり》を以《もつ》て、昭和《せうわ》三年度《ねんど》に至《いた》つたものである。（括孤內の數字は明治三十一年との比較率）

	歳入	歳出
大正十一年度	一三九、七〇五千圓（二二倍）	一〇八、〇一四千圓（三二倍）
大正十三年度	一七七、三〇五（二八倍）	一四三、三四一（四二倍）

昭和元年度	二二一、三四七（三五倍）	二〇一、五七〇（六倍）
昭和三年度	二七八、五〇一（四四倍）	二八〇、九三一（六四倍）

第三　尠い市稅、多い市債

東京市《とうきやうし》の財政史《ざいせいし》は膨脹《ばうちやう》の歴史《れきし》である。しかし財政《ざいせい》の膨脹《ばうちやう》は我國《わがくに》に於《おい》ては東京市《とうきやうし》だけの專賣《せんばい》ではない。國費《こくひ》——一般會計《はんくわいけい》だけであるが——は明治《めいぢ》三十一年《ねん》から昭和《せうわ》三年《ねん》までの間《あひだ》に於《おい》て約《やく》八倍《ばい》し、地方費《ちはうひ》は明治《めいぢ》卅一年《ねん》から昭和《せうわ》二年間《ねんかん》に於《おい》て約《やく》十倍《ばい》してゐる。しかしそれにしても東京市《とうきやうし》の膨脹率《ばうちやうりつ》は高《たか》い。

市勢と財政の關聯　記者《きしや》は單《たん》に財政《ざいせい》が膨脹《ばうちやう》し、市《し》の歳出《さいしゆつ》の絕對數《ぜつたいすう》が增大《ぞうだい》したからと云《い》ふて一概《がい》に非難《ひなん》するものではない。大阪市《おほさかし》の財政《ざいせい》の膨脹《ばうちやう》は東京市《とうきやうし》に讓《ゆづ》らないものがあるが、之《これ》が爲《た》めに大阪市政《おほさかしせい》に對《たい》して餘《あま》り不滿《ふまん》の聲《こゑ》を聽《き》かない。市費《しひ》の支出《ししゆつ》の結果《けつくわ》が其費額《そのひがく》以上《いじやう》の便益《べんえき》を直接間接《せつかんせつ》市民《しみん》に提供《ていきやう》するならば、市費《しひ》の增加《ぞうか》は必《かなら》ずしも苦《く》に病《や》むの要《えう》はない。之《これ》に反《はん》して租稅制《そぜいせい》度《ど》乃至《ないし》租稅《そぜい》の配分《はいぶん》が不當《ふたう》不公平《ふこうへい》であつたり、公營事業《こうえいじげう》のサービスが其手數料《そのてすうれう》に比較《ひかく》して惡《わる》くては、財政《ざいせい》は緊縮《きんしゆく》し豫算《よさん》の數字《すうじ》が縮少《しゆくせう》しても市民《しみん》にとつては餘《あま》り有難《ありがた》くない。かくて問題《もんだい》は歳入《さいにふ》が市民經濟《しみんけいざい》に調和《てうわ》したものであるか、其歳出《そのさいしゆつ》は市勢《しせい》に順應《じゆんおう》し、市民《しみん》の福利《ふくり》増進《ぞうしん》の爲《た》めに有効《いうかう》に公正《こうせい》に使用《しよう》せられてゐるか否《いな》かに依《よ》つて決《けつ》せられなくてはならぬ。

歳入と市税の位置　然《しか》らば東京市《とうきやうし》の歳入《さいにふ》と市民經濟《しみんけいざい》の調和《てうわ》の點《てん》は如何《いかん》、市《し》の歳入《さいにふ》の中《なか》で市民經濟《しみんけいざい》と最《もつと》も多《おほ》く關係《くわんけい》を持《も》つものは、市税《しぜい》と市債《しさい》である。之《これ》に次《つ》ぐものは使用料《しようれう》である。東京市《とうきやうし》の市税《しぜい》と市債《しさい》とを見《み》て第一《だいいち》に浮《う》かぶ感想《かんさう》は、尠《すくな》い市税《しぜい》、多《おほ》い市債《しさい》と云《い》ふ感《かん》じである。昭和《せうわ》三年度《ねんど》に於《お》ける市税《しぜい》の總額《そうがく》は一千九百七十九萬圓《まんゑん》であつて、市財政《しざいせい》の基幹《きかん》たる普通經濟《ふつうけいざい》に於《お》ける歳入《さいにふ》上占《じやうし》むる割合《わりあひ》は一割《わり》五分《ぶ》七厘《りん》に過《す》ぎず、更《さら》に普通經濟特別經濟《ふつうけいざいとくべつけいざい》を通《つう》じた純歳入《じゆんさいにふ》に對《たい》しては僅《わづ》かに七分《ぶ》一厘《りん》である。之《これ》を大阪市《おほさかし》の場合《ばあひ》に見《み》るに、昭和《せうわ》三年度《ねんど》に於《お》ける大阪市《おほさかし》の歳入中市《さいにふちうし》税總額《ぜいそうがく》は一千八百九十八萬圓《まんゑん》であつて、普通經濟歳入《ふつうけいざいさいにふ》の五割《わり》二分《ぶ》、普通經濟特別經濟《ふつうけいざいとくべつけいざい》を通《つう》じた純《じゆん》歳入《さいにふ》に對《たい》し約《やく》一割《わり》五分《ぶ》を占《し》めてゐる。之《これ》に對照《たいせう》して見《み》ると東京市《とうきやうし》の財政上市税《ざいせいじやうしぜい》の占《し》むる地位《ちゐ》は貧弱《ひんじやく》なりと云《い》はねばならぬ。

貧弱なる課税權　東京市《とうきやうし》の財政上市税《ざいせいじやうしぜい》の占《し》むる地位《ちゐ》が重《おも》くないに就《つい》ては、根本的《こんぽんてき》と臨時《りんじ》的《てき》の兩方面《りやうはうめん》の事情《じじやう》がある。根本的事情《こんぽんてきじじやう》としては、市《し》の課税權《くわぜいけん》の微力《びりよく》である。由來我國《ゆらいわがくに》の市《し》は自治體《じちたい》と稱《しよう》するけれども、財政《ざいせい》に關《くわん》する限《かぎ》りに於《おい》ては官治下《くわんちか》にあるものと云《い》はねばならぬ。財政《ざいせい》に關《くわん》しては、自治體《じちたい》は箸《はし》の上《あ》げ下《お》ろしにも干渉《かんせふ》せられてゐる。少《すくな》くとも東京市《とうきやうし》に於《おい》ては其感《そのかん》が深《ふか》い。現行市制《げんかうしせい》に於《お》ける財政主義《ざいせいしゆぎ》は佛蘭西《ふらんす》の流《ながれ》を掬《く》み、歳入《さいにふ》は財産收入《ざいさんしうにふ》と使用料《しようれう》、手數料《てすうれう》を主《しゆ》とし租税《そぜい》を從《じう》とする事《こと》になつてゐる。歳入上租税《さいにふじやうそぜい》を從《じう》とする事《こと》になつてゐる結果《けつくわ》として、市税《しぜい》は附加税主義《ふかぜいしゆぎ》となり、甘味《うまみ》のある租税《そぜい》と云《い》ふ租税《そぜい》は悉《ことごと》く國《くに》と府縣《ふけん》に取《と》り上《あ》げられて、市《し》は辛《から》うじて其糟糠《そのさうかう》をなめて其口《そのくち》を糊《のり》すると云《い》ふ狀態《じやうたい》である。糟粕的租税《さうはくてきそぜい》許《ばか》りだから收入《しうにふ》も尠《すくな》いし彈力《だんりよく》にも乏《とぼ》しい。税率《ぜいりつ》でも引上《ひきあ》げない限《かぎ》りは十年依然《ねんいぜん》たる舊阿蒙《きうあもう》である。

税外收入の增加

次《つぎ》に臨時的《りんじてき》の事情《じじやう》としては何《なん》と云《い》ふても關東大震災《くわんとうだいしんさい》の影響《えいきやう》を擧《あ》げなくてはならぬ。大正《たいしやう》十二年《ねん》九月《ぐわつ》一日午前《じつごぜん》十一時《じ》五十八分《ぷん》——僅《わづ》か一分間《ぷんかん》——或《あるひ》は秒《べう》の問題《もんだい》かも知《し》れない——の前《まへ》と後《あと》との差《さ》で東京市《とうきやうし》は富《とみ》と資本《しほん》の量《りやう》に於《おい》て、五十億《おくい》以上《じやう》の開《ひら》きが出來《でき》た、之《これ》が爲《た》めに東京市民《とうきやうしみん》の擔税力《たんぜいりよく》は非常《ひじやう》に弱《よわ》められた。一方全市《はうぜんし》の半《なかば》は烏有《うゆう》に歸《き》し、之《これ》が復興事業《ふくこうじげう》は焦眉《せうび》の急《きふ》となつた。此際多額《このさいたがく》の負擔《ふたん》をなす事《こと》は災後《さいご》の市民經濟《しみんけいざい》の堪《た》へる所《ところ》でない。しかし東京《とうきやう》は一國《こく》の首府《しゆふ》である。何《なん》としても首府《しゆふ》としての體面《たいめん》を保《たも》つだけの復興《ふくこう》を敢行《かんかう》せねばならぬ。仕事《しごと》は進《すゝ》めたいが金《かね》がないと云《い》ふヂレンマに陥《おちい》つた東京市《とうきやうし》は、茲《こゝ》に公債《こうさい》の増發《ぞうはつ》と政府《せいふ》の補助金《ほじよきん》に依《い》頼《らい》する事《こと》となり、延《ひ》いて税外收入《ぜいぐわいしうにふ》の増加《ぞうか》となり、市税《しぜい》の市歳入《しさいにふ》に於《お》ける地位《ちゐ》を微力《びりよく》ならしめたものである。此事實《このじじつ》を語《かた》るものは左《さ》の數字《すうじ》である。

普通經濟に於ける税收入と税外收入割合

	税收入純歳入割合	税外收入純歳入割合
昭和三年	一六・〇%	八四・〇%
昭和二年	一六・三	八三・七
昭和元年	一五・五	八四・五
大正十四年	三三・五	六六・五
大正十三年	一九・三	八〇・八
大正十二年	二一・七	七八・三
大正十一年	四九・〇	五一・〇

純計の稅收入と稅外收入の割合

	稅收入	稅外收入
昭和三年	七・一	九二・九
昭和二年	六・〇	九四・〇
昭和元年	八・三	九一・七
大正十四年	一三・五	八六・五
大正十三年	九・三	九〇・七
大正十二年	八・七	九一・三
大正十一年	一六・六	八三・四

六百萬圓の增計計畫　かくの如《ごと》くにして東京市《とうきやうし》の財政《ざいせい》は、歲入政策《さいにふせいさく》として他力本願《たりきほんぐわん》の補《ほ》助金《じよきん》と、將來《しやうらい》の負擔《ふたん》とはなるが現在《げんざい》は收入《しうにふ》に屬《ぞく》する市債《しさい》や並《ならび》に借入金《かりいれきん》に依賴《いらい》して、其日《そのひ》〳〵を送《おく》つてゐるのであるが、今《いま》や國家財政《こくかざいせい》の窮乏《きうぼう》は今後《こんご》多《おほ》くを補助金《ほじよきん》に期待出來《きたいでき》ない事情《じじやう》にあり、公債政策《こうさいせいさく》も亦大《またおほ》いに行詰《ゆきつ》まつて來《き》て、嫌《いや》でも應《おう》でも市稅《しぜい》に最後《さいご》の賴《たの》みを掛《か》けねばならぬ窮境《きうきやう》に陷《おち》つて來《き》た。現《げん》に市來《いちき》市長《しちやう》の後《あと》を承《う》けた堀切市《ほりきりし》長《ちやう》は六百三十萬圓《まんゑん》の增稅案《ぞうぜいあん》を立《た》て臨時《りんじ》財政調査《ざいせいてうさ》會《くわい》に內示《ないじ》した財政計畫《ざいせいけいくわく》に於《お》いても、增稅問題《ぞうぜいもんだい》は、市《し》の當面《たうめん》の問題《もんだい》として大《おほ》いに考慮《かうりよ》を要《えう》する事《こと》と

なつた。か丶る意味《いみ》に於《おい》て、市税《しぜい》について更《さら》に細《こま》かく檢討《けんたう》しやう。

第二章　市税の展望

第一　東京市税は重いか輕いか

徳川時代《とくがはじだい》に出版《しゆつぱん》せられた群砕録《ぐんさいろく》と云《い》ふ書物《しよもつ》の中《なか》に税多税少と云《い》ふ語《ご》がある。この文句《もんく》は、租《そ》税《ぜい》の種類《しゆるゐ》が多《おほ》ければ租税《そぜい》の税額《ぜいがく》が少《すくな》いと云《い》ふ意味《いみ》を表《あら》はしたものである。宛《あだか》も東京市《とうきやうし》の市税《しぜい》の状態《じやうたい》を形容《けいよう》する爲《た》めに出來《でき》た感《かん》がある。

税種無量十一種　東京市《とうきやうし》は現在《げんざい》十一種《しゆ》の租税《そぜい》を課《くわ》してゐる。國税《こくぜい》の附加税《ふかぜい》が五種《しゆ》、府税《ふぜい》の附加税《ふかぜい》が三種《しゆ》、特別税《とくべつぜい》が三種《しゆ》と云《い》ふ事《こと》になつてゐる。この十一種《しゆ》の市税《しぜい》から産《う》み出《だ》される税《ぜい》金《きん》は前述《ぜんじゆつ》した如《ごと》く、昭和《せうわ》三年度《ねんど》で千九百七十九万圓《まんゑん》先《ま》づザット千九百八十万圓《ゑん》である。之《これ》を十一種《しゆ》の市税《しぜい》に割當《わりあ》つれば、一《ひと》つの市税當《しぜいあた》り一年《ねん》の收入《しうにふ》は百八十万圓《ゑん》に過《す》ぎぬ勘定《かんぢやう》になる。事實《じじつ》また市税《しぜい》の總額《そうがく》は最《もつと》も多《おほ》いのが營業收益税附加税《えいげふしうえきぜいふかぜい》の四百三十二万圓《ゑん》、之《これ》に次《つ》ぐのは所得税附加《しよとくぜいふか》税《ぜい》の三百九十二万圓《ゑん》で、中《なか》にはタッタ二百圓《ゑん》の鑛業税附加税《くわうげうぜいふかぜい》や、一万六千餘圓《よゑん》に過《す》ぎない特別《とくべつ》戸數割《こすうわり》などあると云《い》ふ次第《しだい》で、税多税少の良《よ》い見本《みほん》になつてゐる。即《すなは》ち各市税《かくしぜい》の税額《ぜいがく》を上《あ》ぐれば左《さ》の如《ごと》し。(昭和三年度豫算)

一、地租附加税	百五萬一千圓
二、營業收益税附加税	四百三十二萬四千圓
三、所得税附加税	三百九十二萬一千圓
四、鑛業税附加税	二百圓
五、取引所營業税附加税	十萬七千圓
六、家屋税附加税	二百六十九萬四千圓
七、府税營業税附加税	百三十三萬六千圓
八、雜種税附加税	二百六十萬一千圓
九、特別税不動産取得税	百二十四萬圓
十、特別税戸別割	一萬六千圓

十一、特別税特別消費税　　二百五十萬圓

合　　計　　千九百七十九萬四千圓

紐育《にゆーよーく》市《し》が不動産税《ふどうさんぜい》一つで三億《おく》五千万弗《どる》（一九二六年決算《ねんけつさん》）の收入《しうにふ》を擧《あ》げてゐるのに對照《たいせう》すると、聊《いさ》か滑稽《こつけい》に近《ちか》い。

重いか輕いか　そは兎《と》も角市税總額《かくしぜいそうがく》千九百七十九萬圓《まんゑん》を昭和《せうわ》二年《ねん》十月《ぐわつ》一日現在《じつげんざい》、内閣統計局發表計數《ないかくとうけいきよくはつぺうけいすう》の東京市《とうきやうし》の人口《じんこう》二百十四万三千人《にん》に割《わ》つて見《み》ると、一人當《ひとりあた》りの市税負擔額《しぜいふたんがく》は約《やく》九圓《ゑん》となる。之《これ》を大阪市《おほさかし》の昭和《せうわ》三年《ねん》の市税總額《しぜいそうがく》一千八百九十八萬圓《まんゑん》を東京同樣昭和《とうきやうどうやうせうわ》二年《ねん》十月《ぐわつ》一日《じつ》現在《げんざい》の人口《じんこう》二百二十五萬《まん》九千人《にん》に割《わ》つて見《み》ると一人當《りあた》りの市税負擔額《しぜいふたんがく》は約《やく》八圓《ゑん》四十錢《せん》になる。この數字限《すうじかぎ》りに於《おい》ては東京市民《とうきやうしみん》は大阪市民《おほさかしみん》に比《ひ》して約《やく》六十錢《せん》だけ負擔《ふたん》が多《おほ》い譯合《わけあひ》である。しかし人口《じんこう》一人當《りあた》りの税額《ぜいがく》に依《よ》る擔税力《たんぜいりよく》の比較《ひかく》はビアード博士《はかせ》じやないが、興味《きようみ》はあるが如何《いか》なる點《てん》に於《おい》ても斷定的《だんていてき》なものではない。紐育《にゆーよーく》の一人當《りあた》り税額《ぜいがく》が東京市《とうきやうし》の十倍《ばい》に當《あた》ると云《い》ふ事實《じじつ》は、東京市民《とうきやうしみん》は現在負擔額《げんざいふたんがく》の十倍《ばい》の負擔《ふたん》を荷《にな》ひ得《う》るといふ結論《けつろん》にはならない。負擔《ふたん》が重《おも》いか輕《かる》いかは市民《しみん》の經濟力《けいざいりよく》に比較《ひかく》して初《はじ》めて意義《いぎ》がある。之《これ》を正確《せいかく》に示《しめ》すものは市民《しみん》の所得額《しよとくがく》であるが、之《こ》れは正確《せいかく》な事《こと》は解《わか》らない。

兩市の負擔力比較　そこで、免税《めんぜい》があり、申告《しんこく》の不完全《ふくわんぜん》なものもあるが比較的《ひかくてき》市民《しみん》の收入額《しうにふがく》を知《し》るに近《ちか》い所得税《しよとくぜい》の税源《ぜいげん》たる所得金額《しよとくきんがく》に對比《たいひ》して見《み》ると次《つぎ》の如《ごと》くである。

	所得金額	所得額一圓につき市税負擔額
東京	九五一、二六八千圓	〇・〇二圓
大阪	四六六、三三八	〇・〇四

所得額《しよとくがく》に關《くわん》する限《かぎ》りに於《お》ては、東京市税《とうきやうしぜい》は大阪市《おほさかし》に比較《ひかく》して其負擔《そのふたん》が輕《かる》いとせねばならぬ。

次《つぎ》に國税《こくぜい》の附加税《ふかぜい》の課率《くわりつ》から見《み》るに營業收益税《えいげふしうえきぜい》、取引所税《とりひきしよぜい》、鑛業税《くわうげふぜい》の課率《くわりつ》は相同《あいおな》じく、地租《ちそ》は大阪市《おほさかし》が東京市《とうきやうし》より高率《かうりつ》で、所得税《しよとくぜい》は大阪市《おほさかし》は東京市《とうきやうし》より輕率《けいりつ》である。尤《もつと》も昭和《せうわ》二年度《ねんど》までは、大阪市《おほさかし》は地租《ちそ》も輕率《けいりつ》であつた。かくて、附加税率《ふかぜいりつ》から見《み》た點《てん》に於《お》ては本税《ほんぜい》たる國税《こくぜい》の基準《きじゆん》が正當《せいたう》とすれば、昭和《せうわ》三年度《ねんど》に於《お》ては略相似《ほゞあいに》たものと稱《しよう》してよい。

附加税制限率　之《これ》を具體的《ぐたいてき》に示《しめ》せば左《さ》の如《ごと》し。

東京　　大阪

地　租（宅地租）	百分の三十四	百分の四十二
營業收益稅	百分の六十	東京同樣
所　得　稅	百分の十四	百分の十一
取引所營業稅	百分の十	東京同樣
鑛　業　稅	百分の十	東京同樣
都市計畫特別稅		
（イ）宅　地　租	百分の十二・五	東京同樣
（ロ）營業收益稅	百分の十六	百分の二十二

之《これ》を更《さら》に京都《きやうと》、名古屋《なごや》、横濱《よこはま》、神戸《かうべ》諸大都市《しよだいとし》に比較《ひかく》してもやはり東京市《とうきやうし》は輕《かる》い。試《こゝろ》みに東京《とうきやう》市稅中地方稅制限外《しぜいちうちはうぜいせいげんぐわい》になつてゐる地租中《ちそちう》（宅地租《たくちそ》）の之等《これら》都市《とし》に於《お》ける課率《くわりつ》を示《しめ》せば、左《さ》の如《ごと》く東京市《とうきやうし》は稅率《ぜいりつ》は低《ひく》い。

東　　京	百分の三十四
横　　濱	百分の八十九・九
京　　都	百分の六十二

神　戸　　百分の八十四

名古屋　　百分の四十七・七

彼此《かれこれ》綜合《そうがふ》して見《み》て、市税《しぜい》だけでは東京市《とうきやうし》の負擔《ふたん》が必《かなら》ずしも重《おも》くない。

國税地方税併合額　しかし市税《しぜい》の負擔《ふたん》が輕《かる》いとして一方國税《はうこくぜい》なり府税《ふぜい》なり或《あるひ》は區税《くぜい》なりの負擔《ふたん》が重《おも》ければ、譬《たと》へ市民《しみん》に市税《しぜい》に關《くわん》する限《かぎ》りに於《おい》て負擔力《ふたんりよく》があつても、結局市民《けつきよくしみん》の擔税力《たんぜいりよく》が弱《よわ》いとせねばならぬ。其處《そこ》で東京市財政概況《とうきやうしざいせいがいきやう》に依《よ》つて東京《とうきやう》と大阪《おほさか》の市税以外《しぜいいぐわい》の國税《こくぜい》、府税《ふぜい》、區税《くぜい》の一人《り》當《あた》り税額《ぜいがく》を調《しら》べて見《み》ると左《さ》の如《ごと》くである。

	東京一人當り	大阪一人當り
國税	二八、一二三圓	一三、〇三〇圓
府税	四、六四四	三、一〇八
區税	〇、九二四	〇、〇七五
負擔金	〇、二四一	〇、五七七
合計	三三、九三二	一六、七九〇

依是觀之《これによつてこれをみれば》、東京市民《とうきやうしみん》は市税《しぜい》としては必《かなら》ずしも重《おも》い負擔《ふたん》をしてゐないが、國税《こくぜい》、府税《ふぜい》、區税《くぜい》を通《つう》ずると大阪市《おほさかし》に比《ひ》し一人當《りあた》りに於《おい》て十六、七圓許《ゑんばか》り多《おほ》く負擔《ふたん》してゐる勘定《かんぢやう》である。この場合《ばあい》にも一人當《りあた》りの比較《ひかく》は正確《せいかく》に兩市民《りやうしみん》の經濟力《けいざいりよく》を表《あらは》すものではない。只右《たゞみぎ》の事實《じじつ》に依《よ》つて、東京市民《とうきやうしみん》は、市税《しぜい》としては、必《かなら》ずしも重《おも》い負擔《ふたん》をしてゐないが、國税《こくぜい》、府税《ふぜい》、區税《くぜい》を通《つう》じて見《み》ると單《たん》に市税《しぜい》だけを見《み》た場合《ばあい》よりも重《おも》い負擔《ふたん》をしてゐる事《こと》だけは確《たし》かである。之《これ》を以《もつ》て市税《しぜい》の負擔《ふたん》の重《おも》くない事《こと》は、直《たゞち》に市税《しぜい》に彈税力《だんぜいりよく》がある事《こと》にはならない。これは東京市税《とうきやうしぜい》の負擔力《ふたんりよく》を見《み》る場合《ばあい》に考慮《かうりよ》せねばならぬ點《てん》である。

第二　當を得ない租税政策

東京市民《とうきやうしみん》の租税負擔《そぜいふたん》は、至極大《しごくおほ》ザッパの見方《みかた》であるが、市税《しぜい》だけに就《つ》いて——國税《こくぜい》、府税《ふぜい》、區税《くぜい》の關係《くわんけい》を離《はな》れて云《い》へば、市民全體《しみんぜんたい》の負擔《ふたん》としてはそう重《おも》い負擔《ふたん》ではない。

課税の理想條件

重《おも》い負擔《ふたん》でないと云《い》ふ事《こと》は必《かなら》ずしも、市民間《しみんかん》の負擔《ふたん》が均衡《きんかう》を得《え》てゐる事《こと》を示《しめ》すものではない。よく引用《いんよう》せられる比喩《ひゆ》だが馬《うま》に荷物《にもつ》を積《つ》むとしても、首《くび》にブラ下《さ》げるのと背中《せなか》に荷《にな》ふのとでは同《おな》じ重《おも》さでも馬《うま》の方《はう》の負擔力《ふたんりよく》は違《ちが》ふ。等《ひと》しく千九百萬圓《まんゑん》の市税《しぜい》を東京《とうきやう》市民《しみん》が負擔《ふたん》するとしても、其租税《そのそぜい》の課《くわ》し方《かた》によつて市民《しみん》の受《う》ける苦痛《くつう》の程度《ていど》が違《ちが》ふ。茲《こゝ》に於《おい》て成《な》るべく負擔《ふたん》しやすいやうに租税《そぜい》を課《くわ》する事《こと》が必要《ひつえう》になつて來《く》る。云《い》ふまでもなく市税賦課《しぜいふくわ》の理想的條件《りさうてきでうけん》は、都市政策《としせいさく》の効果《かうくわ》と市民負擔力《しみんふたんりよく》の相互關係《さうごくわんけい》を慮《おもんばか》る事《こと》である。課税《くわぜい》の爲《た》め、即《すなは》ち市民《しみん》の負擔《ふたん》に依《よ》つて都市《とし》の行政《ぎやうせい》を助長《じよちやう》し、都市行政《としぎやうせい》の効果《かうくわ》に依《よ》つて、市民《しみん》の負擔力《ふたんりよく》を涵養《かんやう》するやうにせねばならぬ。

應能と受益の併課　この意味《いみ》に於《おい》て、市税課税《しぜいくわぜい》の主義《しゆぎ》としては應能課税主義《おうのうくわぜいしゆぎ》に加味《かみ》するに受益者課税主義《じゆえきしやくわぜいしゆぎ》を以《もつ》てする必要《ひつえう》がある。蓋《けだ》し都市《とし》の發展並《はつてんならび》に都市行政就中其計畫事業《としぎやうせいなかんづくそのけいくわくじげふ》の進展《しんてん》に伴《ともな》ひ、其處《そこ》に有利《いうり》なる影響《えいきやう》を蒙《かうむ》るものが出《で》て來《く》る。電車《でんしや》が敷設《ふせつ》せられて、地價《ちか》が上《あが》つたり、水道《すゐだう》が通《つう》じて家賃《やちん》が上《あが》つたりするのは其《その》一例《れい》である。土地成金《とちなりきん》、借地權成金《しやくちけんなりきん》の輩出《はいしゆつ》、デパートメントストーアの繁昌《はんじやう》、銀座《ぎんざ》、淺草等《あさくさとう》の盛《さか》り場《ば》の殷賑《いんしん》など其大《そのおほ》きな部分《ぶぶん》が都市行政殊《としぎやうせいこと》に都市事業《としじげふ》の整備改善《せいびかいぜん》に負《お》ふものと云《い》ふてよい。かくて都市《とし》の發展《はつてん》、都市行政《としぎやうせい》の進展《しんてん》の爲《た》めに利益《りえき》を受《う》ける人々《ひとびと》が出來《でき》る。しかもその利益《りえき》は、何《いづ》れも不勞利得《ふらうりとく》か獨占利得《どくせんりとく》か又《また》は奢侈的出費《しやしてきしゆつぴ》に關《くわん》するものであるから、比較的《ひかくてき》に擔税力《たんぜいりよく》に富《と》むものと見做《みな》してよい。

現在の受益者負擔　所《ところ》が東京市《とうきやうし》では、そうした都市《とし》の發展《はつてん》、都市事業《としじげふ》の進行《しんかう》に伴《ともな》ふ受益《じゆえき》者《しや》に對《たい》する課税《くわぜい》と目《もく》すべきものは、租税《そぜい》の名目《めいもく》に於《おい》ては都市計畫特別税《としけいかくとくべつぜい》として普通市税《ふつうしぜい》の外《ほか》に

地租附加税	百分の十二・五
宅地以外附加税	百分の二百二十
營業收益税附加税	百分の十六
家屋税附加税	百分の卅二
府税營業税附加税	百分の卅二
雜種税附加税	百分の卅二

を課《くわ》し、二百三十二萬餘圓《まんよゑん》の收入《しうにふ》を擧《あ》げて居《を》るだけである。租税以外《そぜいいぐわい》に於《おい》ては負擔金《ふたんきん》の名目《めいもく》の下《もと》に、

一、路面改良費負擔金	四二六、五六七（單位圓）
二、側溝費負擔金	六〇、五四四

三、都市計畫事業四谷區燒失跡地負擔金	五三、五二二
四、都市計畫事業裏參道修築費負擔金	一三、六〇〇
五、下水道改良費負擔金	七九六、九九〇
六、都市計畫事業街路修築負擔金	二〇〇、三九六
七、都市計畫事業古川筋改修費負擔金	二一一、六〇〇
合　計	一、五七二、七七九

を課《くわ》してゐるのと、東京電燈《とうきやうでんとう》、東京瓦斯《とうきやうがす》に對《たい》する報償金《はうしやうきん》百二十九萬餘圓《まんよゑん》を課《くわ》してゐる位《くらゐ》であつて、最《もつと》も都市《とし》の發展《はつてん》、都市事業《としじげふ》の整備《せいび》に恩典《おんてん》を蒙《かうむ》る所《ところ》の厚《あつ》い地主《ちぬし》、借地權者等《しやくちけんしやとう》には、地租《ちそ》の附加税《ふかぜい》として前述《ぜんじゆつ》の如《ごと》く普通市税《ふつうしぜい》の附加税《ふかぜい》と都市計畫《としけいくわく》、特別税《とくべつぜい》を併《あは》せて宅地《たくち》が本税《ほんぜい》の百分《ぶん》の四十六、六其《そ》の他《た》が本税《ほんぜい》百分《ぶん》の九十三を課《くわ》するのみであるのは、都市《とし》の租税政策《そぜいせいさく》として甚《はなは》だ當《たう》を得《え》ないものと云《い》はねばならない。

法定地價と時價　其不當《そのふたう》を如實《によじつ》に示《しめ》すものは、法定地價《はうていちか》と時價《じか》の開《ひら》きである。即《すなは》ち現在《げんさい》地租《ちそ》の課税標準《くわぜいへうじゆん》となつてゐる地價《ちか》は、半世紀《はんせいき》前《ぜん》の制定《せいてい》に係《かゝ》り、從來《じうらい》明治《めいぢ》四十三年《ねん》桂公《かつらこう》の大藏大《おほくらだい》時代《じだい》に宅地價《たくちか》をチョツと許《ばか》り修正《しうせい》した以外殆《いぐわいほとん》ど變更《へんかう》を見《み》ないで今日《こんにち》に至《いた》つてゐる。其間《そのあひだ》に東京《とうきやう》の地價《ちか》は鰻上《うなぎのぼ》りに上《のぼ》つて來《き》てゐる。其結果《そのけつくわ》として、そこに法定地價《はふていちか》と時價《じか》との間《あひだ》に非常《ひじやう》な懸隔《けんかく》が出來《でき》て來《き》た。

先《ま》づ東京市《とうきやうし》の法定地價《はふていちか》の現狀《げんじやう》を述《の》ぶれば、市内《しない》で最高《さいかう》の法定地價《はふていちか》は東京稅務監督局調査《とうきやうぜいむかんとくきよくてうさ》に依《よ》れば、坪當《つぼあた》り日本橋區室町《にほんばしくむろまち》一丁目同通《ちやうめどうどほり》一丁目《ちやうめ》の百二十圓《えん》であつて、最低《さいてい》は本郷區駒込坂下町《ほんがうくこまごめさかしたまち》一小石川區氷川下町《こいしかわくひかわしたまち》の各《かく》一圓十錢《えんせん》である。念《ねん》の爲《た》めに市内各區《しないかくく》の最高《さいかう》、最低《さいてい》の法定地價《はふていちか》を示《しめ》せば次《つぎ》の如《ごと》くである。

東京稅務監督局調査各區坪當最高低表

	最高	最低
麹町區	五〇、〇〇圓	五、〇〇圓
神田區	七〇、〇〇	七、〇〇
日本橋區	一二〇、〇〇	一一、〇〇
京橋區	八七、五〇	三、六〇

芝区	五六、〇〇〇	一、三〇〇
麻布区	三〇、〇〇〇	一、三〇〇
四谷区	三八、五〇〇	二、〇〇〇
牛込区	三七、〇〇〇	二、四〇〇
赤坂区	三二、〇〇〇	二、六〇〇
本郷区	四六、〇〇〇	一、一〇〇
小石川区	二七、〇〇〇	一、一〇〇
下谷区	五八、〇〇〇	一、八〇〇
淺草区	六〇、〇〇〇	二、〇〇〇
深川区	三四、〇〇〇	一、二〇〇
本所区	三四、〇〇〇	一、二〇〇

時價は約五七倍　之《これ》に對《たい》して現在《げんざい》の時價《じか》は幾干《いくばく》かと見《み》るに、昭和《せうわ》二年中《ねんちう》東京市《とうきやうし》に於《おい》て區《く》劃整理《くわくせいり》其他《そのた》の爲《た》めに買收《ばいしう》した土地《とち》中《ちう》、各區《かくく》に於《お》ける最高最低《さいかうさいてい》を示《しめ》せば左《さ》の如《ごと》し。（單位圓）

	最高	最低
麴町	二三〇（富士見町）	一九〇（中六番町）
神田	二三〇（山本町）	二二五（山本町）
日本橋	五一五（小傳馬町）	四三四（濱町）
芝	一七八（田町）	一六〇（高輪南町）
四谷	四三〇（新宿）	八〇（旭町）
牛込	一〇五（東榎町）	六五（榎町）
本郷	二三五（元町）	
下谷	一八〇（金杉上町）	一七〇（茅町）
淺草	一八二（今戸町）	一〇〇（橋場町）
本所	一四五（太平町）	八二（小梅瓦町）
深川	一三九（靈岸町）	六五（東平井町）

備考　本鄕區に最低のなきは買收が一ヶ所のみなりしに由る

第三　借地權課稅營業稅輕減の必要

京《きやう》にも田舍《ゐなか》ありとは、「いろは」かるたの數《をし》へる所《ところ》であるが、稅務署《ぜいむしよ》の地籍簿《ちせきぼ》は、吾々《われ〳〵》に東京《とうきやう》の眞中《まんなか》に山林原野《さんりんげんや》があると云《い》ふ事《こと》を數《をし》へる。

地主の負擔は輕い　東京稅務監督局《とうきやうぜいむかんとくきよく》の調《しらべ》で東京市内《とうきやうしない》には現在《げんざい》八町《ちやう》七畝步《せぶ》の山林原野《さんりんげんや》がある。昭和《せうわ》の今日《こんにち》東京《とうきやう》の眞中《まんなか》に山林原野《さんりんげんや》があると云《い》ふ事《こと》は、眞晝間《まひるま》化物《ばけもの》が出《で》る以上《いじやう》の奇怪事《きくわいじ》だがその實際《じつさい》は山林原野《さんりんげんや》に非《あら》ずして多《おほ》くは大家權門《たいかけんもん》の庭園屋敷《ていゑんやしき》になつてゐるのだが、地租《ちそ》の地目別《ちもくべつ》では山林原野《さんりんげんや》となつてゐる次第《じだい》である。

近頃稅務署《ちかごろぜいむしよ》が矢釜《やかま》しく云《い》ふて、地目《ちもく》の變更《へんかう》を圖《はか》つてゐるので年々減少《ねん〳〵げんせう》の傾向《けいかう》にあるが、それでも尙東京市《なほとうきやうし》内《ない》の有租《いうそ》地面積《ちめんせき》四千二百四十町步《ちやうぶ》に對《たい》して一分《ぶ》九厘《りん》を占《し》めてゐる。而《しか》して其地價《そのちか》は一圓《ゑん》十錢《せん》とか一圓《ゑん》二十錢《せん》とか兎《と》も角思《かくおも》ひ切《き》り安《やす》くなつてゐる。山林原野《さんりんげんや》の例《れい》は極端《きよくたん》としても現在《げんざい》の東京《とうきやう》の法定價値《はうていかち》は、時價《じか》に比《ひ》して不當《ふたう》に安《やす》い。それは局部的《きよくぶてき》であり、土地收用法《とちしうようはふ》を背景《はいけい》とした特殊的《とくしゆてき》のものではあるが、前《さき》に掲載《けいさい》した法定地價表《はうていちかへう》と東京市《とうきやうし》の買收時價表《ばいしうじかへう》とを參照《さんせう》して見《み》ても解《わか》る。従《したが》つて安《やす》い地價《ちか》を標準《へうじゆん》として課《くわ》した現在《げんざい》の地租《ちそ》なり、地租附加税《ちそふかぜい》なりが、負擔《ふたん》の均衡《きんかう》を得《え》て居《ゐ》ない事《こと》は云《い》ふを待《ま》たぬ。

借地權課税必要　かくて地租《ちそ》——地主《ぢぬし》に對《たい》する課税《くわぜい》を重《おも》くする必要《ひつえう》ありと同樣《どうやう》、所《ところ》に依《よ》つては、地主《ぢぬし》に劣《おと》らない不當利得《ふたうりとく》不勞利得《ふらうりとく》を得《え》てゐる借地權者《しやくちけんしや》にも相當《さうたう》の負擔《ふたん》を負《お》はしむる必《ひつ》要《えう》がある。地主《ぢぬし》に對《たい》しては現在《げんざい》輕微《けいび》ながらも地租《ちそ》を課《くわ》してゐるが、借地權者《しやくちけんしや》に對《たい》しては今日《こんにち》何《なん》の課税《くわぜい》をもしてゐない。借地權《しやくちけん》による利得《りとく》も都市《とし》の繁榮《はんえい》、都市《とし》の各種施設《かくしゆしせつ》の整備《せいび》に負《お》ふ事《こと》は、地主《ぢぬし》の場合《ばあひ》と何等《なんら》異《こと》る所《ところ》がない。故《ゆゑ》に地主重課《ぢぬしぢうくわ》の精神《せいしん》は當然《たうぜん》、借地權者《しやくちけんしや》にも及《およ》ぶ必要《ひつえう》がある。我國《わがくに》の租税制度《そぜいせいど》の網《あみ》は愈々《いよ〳〵》出《い》でて愈々《いよ〳〵》精緻《せいち》を極《きは》めて、細鱗雜魚《さいりんざつぎよ》は免《まぬか》るゝ術《すべ》もないやうだが、やゝもすれば呑舟《どんしう》の魚《うを》を逸《いつ》せんとする嫌《きら》ひがある。東京市《とうきやうし》に於《おい》て借地權《しやくちけん》に對《たい》する課税《くわぜい》を逸《いつ》してゐるのも亦其類《またそのるゐ》と云《い》ふべきである。

營業税輕減の要　都市《とし》の發展《はつてん》、都市《とし》の施設《しせつ》は、千山萬嶽《せんざんばんがく》の水《みづ》が大洋《たいやう》に注《そゝ》ぐ如《ごと》く結局土地《けつきよくとち》に反映《はんえい》するものである。故《ゆゑ》に土地《とち》に密接《みつせつ》なる關係《くわんけい》を持《も》つ地主《ぢぬし》、借地權者等《しやくちけんしやとう》が、市税《じぜい》を多《おほ》く負擔《ふたん》するのは當然《たうぜん》である。殊《こと》に現在輕微《げんざいけいび》なる負擔《ふたん》しかせない地主《ぢぬし》、全然負擔《ぜんぜんふたん》を免《まぬか》れてゐる借地權者《しやくちけんしや》を重課《ちうくわ》するの必要《ひつえう》は、市税政策《しぜいせいさく》として當然爲《たうぜんな》さねばならぬ所《ところ》である。かくて租税負擔《そぜいふたん》の能力《のうりよく》あり、しかも都市發展《としはつてん》の利益《りえき》を多分《たぶん》に受《う》くる方面《はうめん》の負擔《ふたん》を重課《ちうくわ》する必要《ひつえう》がある。

一方《ほう》租税《そぜい》の負擔力《ふたんりよく》の乏《とぼ》しく、又假《またか》りに負擔力《ふたんりよく》あるも、其課税《そのくわぜい》が市民《じみん》の生活《せいくわつ》を壓迫脅威《あつぱくけふゐ》する方面《はうめん》の課税《くわぜい》、例《たと》へば營業收益税《えいげうしうえきぜい》、府營業税《ふえいげうぜい》、雜種税《ざつしゆぜい》の附加税《ふかぜい》の如《ごと》きは、出來《でき》るならば之《こ》れを廢止《はいし》し、廢止《はいし》と行《ゆ》かないまでも輕減《けいげん》の必要《ひつえう》がある。營業收益税《えいげうしうえきぜい》、府税營業税《ふぜいえいげうぜい》は、企業及消費《きげうおよびせうひ》に對《たい》する租税《そぜい》であつて、之《これ》が課税《くわぜい》は市民生活《しみんせいくわつ》を壓迫《あつぱく》するものである。又其擔税力《またそのたんぜいりよく》も大體弱《だいたいよわ》い。故《ゆゑ》に營《えい》業收益税《げうしうえきぜい》、府税營業税《ふぜいえいげうぜい》の附加税《ふかぜい》は、都市《とし》の發展《はつてん》に伴《ともな》ふて不勞利得《ふらうりとく》の氣味《きみ》あるデパートメントストーアなどを除《のぞ》いては、市税《じぜい》より之《これ》を全然除去《ぜんぜんぢよきよ》するか、除去《ぢよきよ》せないまでも輕減《けいげん》を圖《はか》るべきものであらう。

税制整理の必要　一體《たい》日本《にほん》の租税《そぜい》の多《おほ》くは、戰時《せんじ》の急要《きふえう》に應《おう》ずる爲《た》めに設《まう》けられたものである。其後《そのご》屢々《しばしば》變改《へんかい》を見《み》たけれども、誰《たれ》やらの歌《うた》の文句《もんく》じやないが、『それにつけても金《かね》の欲《ほ》しさよ』の下《しも》の句《く》に引掛《ひつか》り、何時《いつ》も財源《さいげん》の點《てん》で行詰《ゆきつ》まつて、思《おも》ひ切《き》つた改正《かいせい》が行《おこな》はれないで來《き》てゐる。故《ゆゑ》に之《これ》を理論的《りろんてき》に見《み》て——理論《りろん》の根據《こんきよ》は人《ひと》に依《よ》り政黨《せいたう》の立場《たちば》に依《よ》り異《こと》るが、何《いつ》れにするも、現在《げんざい》の税制《ぜいせい》は不徹底不完全《ふてつていふくわんぜん》たることは一般《ぱん》に認《みと》めてゐる所《ところ》である。これは國税地方税《こくぜいちはうぜい》を通《つう》じての現象《げんしやう》であるが、地方税《ちはうぜい》が附加税主義《ふかぜいしゆぎ》であるが爲《た》めに、最近《さいきん》まで、輕視《けいし》されがちであつた事《こと》が其傾向《そのけいかう》を殊《こと》に強《つよ》くしてゐる。斯様《かやう》な次第《しだい》で地方税制《ちはうぜいせい》は、改善整理《かいぜんせいり》の必要《ひつえう》がある。わけて東京市《とうきやうし》の税制《ぜいせい》は前述《ぜんじゆつ》の如《ごと》く不合理《ふがふり》極《きは》まるものなる點《てん》に於《おい》て、一大整理《だいせいり》の必要《ひつえう》ありと云《い》はねばならぬ。即《すなは》ち應能課税《おうのうくわぜい》の立場《たちば》から、又受益者課税《またじゆえきしやくわぜい》の立場《たちば》から、市税制《じぜいせい》の一大整理《だいせいり》の必要《ひつえう》がある。

第三章　市債の展望

第一　市債の現在と將來

東京市《とうきやうし》の税制《ぜいせい》については尚云《なほい》ふべき事《こと》はあるが、それは他日市財政立直《たじつじさいせいたてなほ》しに就《つ》いて論及《ろんきふ》する機會《きくわい》に讓《ゆづ》り、今《いま》は河岸《かし》を變《か》へて、市《し》の歳入中市税《さいにふちうじぜい》に劣《おと》らず市民《じみん》に利害關係《りがいくわんけい》ある市債《じさい》の現狀將來《げんじやうしやうらい》について說明《せつめい》しやう。

市財政の弱點　市債額《しさいがく》の多《おほ》いこと、年々《ねんねん》の募債《ぼさい》が多《おほ》いこと、伴《つ》れて元利金《ぐわんりきん》の支拂《じはらひ》の遞増《ていぞう》を招來《せうらい》しつゝある事《こと》は市《し》財政《さいせい》の一大弱點《だいじやくてん》である。

之《これ》を昭和《せうわ》三年度《ねんど》豫算《よさん》について云《い》ふも、市債收入《しさいしうにふ》は純計歳入中《じゆんけいさいにふちう》の首位《しゆゐ》に座《ざ》し、其額《そのがく》驚《おどろ》く勿《なか》れ一億《おく》二千七百十四萬《まん》九千餘圓《よえん》の巨額《きよがく》を算《さん》し、純計歳入《じゆんけいさいにふ》の四割《わり》五分《ぶ》七厘《りん》に當《あた》つてをり、普通經濟《ふつうけいざい》だけに就《つ》いて見《み》るも、四千四百萬圓《まんえん》に上《のぼ》り、市稅收入《しぜいしうにふ》の二倍以上《ばいいじやう》に上《のぼ》り同經濟歳入中《どうけいざいさいにふちう》二割《わり》四分《ぶ》を占《し》むると云《い》ふ狀態《じやうたい》である。

之《これ》を大阪市《おほさかし》が、昭和《せうわ》三年度《ねんど》の起債豫定額《きさいよていがく》三千九十三萬餘圓《まんよえん》純計歳入《じゆんけいさいにふ》に對《たい》する割合《わりあひ》三割《わり》三分《ぶ》餘《よ》、普通經濟《ふつうけいざい》の募債額《ぼさいがく》三百萬圓前後《まんえんぜんご》にして普通經濟歳入《ふつうけいざいさいにふ》の約《やく》一分《ぶ》に過《す》ぎないに對照《たいせう》して、如何《いか》に東京市《とうきやうし》が借金《しやくきん》に浮《う》き身《み》をやつしてゐるかを想察《さうさつ》すべしである。

市債一戸當り千圓　右《みぎ》は昭和《せうわ》三年度《ねんど》の公債《こうさい》について云《い》ふたのであるが、東京市《とうきやうし》には此外《このほか》に昭和《せうわ》三年度末《ねんどまつ》に於《おい》て四億《おく》四千五百十四萬圓《まんえん》の未償還市債《みしやうくわんしさい》を有《いう》してゐる。仍《よ》つて東京市民《とうきやうしみん》一戸《こ》當《あた》り九百五十一圓《えん》八十錢《せん》、一人當《にんあた》りは二百七圓《えん》七十錢《せん》となつて、横濱市《よこはまし》と借金《しやくきん》の多《おほ》さを競《きそ》つてゐる形《かたち》である。我《わ》が物《もの》と思《おも》へば輕《か》ろし笠《かさ》の雪《ゆき》と云《い》へども、借金許《しやくきんばか》りは我《わが》ものと思《おも》ふてもそう有《あり》難《がた》くない。因《ちなみ》に六大都市《たいとし》の市債額並《しさいがくならび》に一人當《にんあた》りを擧《あ》ぐれば左《さ》の如《ごと》し。

市債額（昭和二年度末）		（一人當り）
東京	四四五、一四六千圓	二〇七、七〇二圓
大阪	三四五、九三三	一五三、〇七五
京都	三四、三九六	四七、九一〇
横濱	一〇三、一五七	二〇四、三四一
神戸	九七、一五五	一四七、四〇七
名古屋	五〇、七五七	六〇、七三七

未起債の市債　所《とこ》が東京市《とうきやうし》の市債《じさい》は以上《いじやう》の四億《おく》四千五百萬圓《まんゑん》だけではない。其外《そのほか》に既定《きてい》の豫定起債分《よていきさいぶん》で、未募債《みぼさい》もの及《およ》び起債許可《きさいきよか》を申請中《しんせいちう》のものが、昭和《せうわ》三年《ねん》九月末現在《ぐわつまつげんざい》で左《さ》の如《ごと》く十一種《しゆ》三億《おく》五千五百萬圓《まんゑん》ある。

一、河港改良事業公債	七、〇一一千圓
一、教育公債	一、四二〇
一、道路公債	一、二七五

一、	都市計畫事業公債（街路修築）	八、九二六
一、	同　（改良下水道）	三、一七八
一、	復興事業公債	二七、一八三
一、	水道事業公債	二四、九二六
一、	第三回電氣事業公債（電氣事業擴張費）	二四、九二六
一、	第六回電氣事業公債（第二次復興費）	四五、〇三一
一、	第七回電氣事業公債（高速鐵道建設費）	二〇四、〇〇〇
一、	第八回電氣事業公債（電氣供給事業擴張費）	七、七一九
	合　計	三五五、五九五

之《これ》を前述《ぜんじゆつ》の未償還額《みしやうくわんがく》四億四千五百十四萬《まん》五千圓《ゑん》に併《あは》せば八億《おく》七十四萬圓《まんゑん》である。

市債の特質　或意味《あるいみ》から云《い》へば、借金《しやきん》も財産《ざいさん》と云《い》へない事《こと》はないから、借金《しやきん》の殖《ふ》えると云《い》ふ事《こと》もあながち排斥《はいせき》せねばならぬ事《こと》はない。殊《こと》に市債《しさい》は國債《こくさい》と違《ちが》ひ、國債《こくさい》には時《とき》として軍事費《ぐんじひ》其他《そのた》不生産的《ふせいさんてき》に流用《りうよう》せられる事《こと》もあるが、市債《しさい》は多《おほ》く生産的《せいさんてき》と見《み》てよいから、元利金《ぐわんりきん》の支拂《しはらひ》の目途《もくと》さへ確實《かくじつ》に樹《た》つてをれば、必《かなら》ずしも一概《がい》に批難《ひなん》するに當《あた》らぬが、東京市《とうきやうし》の場合《ばあい》に於《おい》ては、其肝腎《そのかんじん》の元利《ぐわんり》金償還《きんしやうくわん》の道《みち》がどうも堅實《けんじつ》を缺《か》き妥當性《だたうせい》を缺《か》くの嫌《きら》ひがある。そこへ、徒《いたづら》に募債《ぼさい》計畫《くわく》を樹《た》つる事《こと》は、どうしても感心出來《かんしんでき》ぬ。市來前市長《いちきぜんしちやう》は、それにも係《かゝ》はらず、起債事業《きさいじげふ》の擴張《くわくちやう》を目論見《もくろみ》たが、堀切市長《ほりきりしちやう》に至《いた》つて市財政《しざいせい》の行詰《ゆきつまり》と政府《せいふ》の緊縮政策《きんしゆくせいさく》に鑑《かんが》み、殆《ほとん》ど公債財源《こうさいざいげん》の計畫《けいくわく》を中止《ちうし》したのは、時機《じき》に適《てき》した所置《しよち》である。そは兎《と》も角東京市債《かくとうきやうしさい》の元利《ぐわんり》金償還計畫《きんしやうくわんけいくわく》が如何《いか》に堅《けん》實《じつ》を缺《か》き妥當《だたう》を缺《か》くかは次《つぎ》に說明《せつめい》しやう。

第二　大阪の堅實に及ばず

東洋《とうやう》一の東京《とうきやう》よ
それはどなたがしたのです
とうさま、かあさましたのです
（東京市童謡の一齣）

無《む》心《しん》な東京《とうきやう》の兒童達《じどうたち》は、日本《にほん》一の東京《とうきやう》には爺樣婆樣《ぢいさまばあさま》がして呉《く》れたものであり、東洋《とうやう》一の東京《とうきやう》には、父樣母樣《とうさまかあさま》がしたものだ、世界《せかい》一にはまだならぬ、それはわたしがするのですと謡《うた》ふ如《ごと》くに思《おも》ふてゐやうが、何《なん》ぞ知《し》らぬ、この可憐《かれん》の少年《せうねん》の肩《かた》の上《うへ》にも一人當《にんあた》り、昭和《せうわ》二年度《ねんど》末《まつ》二百七圓餘《ゑんよ》(昭和《せうわ》三年度《ねんど》末《まつ》二百十八圓餘《ゑんよ》)の市債《じさい》が負《お》はされてをるのである。

東洋《とうやう》一は東洋《とうやう》一だが借金《しやきん》の東洋《とうやう》一である。

不堅實な償還計畫　しかも、父様母様《とうさまかあさま》の選《えら》んだ市會議員《じくわいぎゐん》、其市會議員《そのしくわいぎゐん》の選《えら》んだ市長市當《じちやうしたう》局者《きよくしや》が、一時《じ》逃《のが》れの窮策《きうさく》として市債《じさい》の償還《しやうくわん》を成《な》るべく後《あと》へ〱と繰延《くりの》ばす工夫《くふう》をしたが爲《た》めにこれ等兒童《らじどう》が大《おほ》きくなるに伴《つ》れて、公債《こうさい》の壓迫《あつぱく》が大《だい》となるのである。實《じつ》に罪《つみ》の深《ふか》い現在《げんざい》の父様《とうさま》方《がた》である。試《こゝろ》みに昭和《せうわ》三年度《ねんど》以降《いかう》十ケ年間《ねんかん》の東京市《とうきやうし》の市債《じさい》の元利金《ぐわんりきん》の支拂額《しはらひがく》を擧《あ》ぐれば左《さ》の如《ごと》くであつて、年《とし》を重《かさ》ぬる毎《ごと》に其支拂額《そのしはらひがく》が大《だい》となつてゐる。

年度	元金	利子
	千圓	
昭和三年	九、一九七	二三、七〇四
同　四年	六、九一一	三三、〇二八
同　五年	一二、九五四	三七、一七四
同　六年	一〇、〇二八	三九、七八五

同七年	一二、七三二	四一、二八二
同八年	一五、三七五	四二、〇二七
同九年	一六、八三八	四二、五五一
同十年	一七、九五六	四二、九六八
同十一年	一八、五二八	四三、二四三
同十二年	一八、六九四	四三、四四七

昭和《せうわ》三年度《ねんど》に於《おい》て元利《ぐわんり》金支拂《きんしはらひ》三千百九十萬圓《まんゑん》であるものが、十年後《ねんご》の昭和《せうわ》十二年《ねん》には其《その》約《やく》二倍《ばい》の六千二百十四萬圓《まんゑん》の元利《ぐわんり》金支《きんし》拂を要《えう》するのである。

大阪市との對照　茲《こゝ》で又大阪市《またおほさかし》を引合《ひきあひ》に出《だ》して見《み》やう。大阪市《おほさかし》の昭和《せうわ》三年度《ねんど》から十年間《ねんかん》の市債《じさい》の元利《ぐわんり》金《きん》の支拂《しはらひ》は左《さ》の如《ごと》くなつてゐる。

年度	元金	利子
昭和三年	九、四四五	二三、二八四
同四年	一〇、三六一	二三、八三八

同	五年	一一、二九六	二三、八三七
同	六年	一二、三八四	二二、八二一
同	七年	一二、五四六	二三、五七六
同	八年	一四、九四〇	二三、五六一
同	九年	二一、五三八	二三、二三九
同	十年	一八、六三三	二三、一〇三
同	十一年	一七、六〇三	二一、一二七
同	十二年	一七、六六二	二〇、二二〇

東京《とうきやう》と大阪《おほさか》とを比較《ひかく》して知《し》る事《ごと》は、市債額《しさいがく》の尠《すくな》い大阪市《おほさかし》の元金償還額《げんきんしやうくわんがく》が、東京市《とうきやうし》に譲《ゆづ》らないのみならず却《かへ》つて多《おほ》い時《とき》すらある。それも年度《ねんど》の近《ちか》い所《ところ》に其傾《そのかたむ》きあるのを以《もつ》て、大阪市《おほさかし》の償還《しやうくわん》計畫《けいくわく》が東京市《とうきやうし》よりも堅實《けんじつ》な事《こと》を語《かた》るものと云《い》はねばならぬ。かくて昭和《せうわ》三年度《ねんど》に於《おい》て元利金《ぐわんりきん》の支拂《しはらひ》が三千二百七十三萬圓《まんゑん》とあつて、東京市《とうきやうし》の同《どう》三千百九十萬圓《まんゑん》と大《たい》した開《ひら》きのない大阪市《おほさかし》は、十年後《ねんご》には元利金《ぐわんりきん》の支拂《しはらひ》は東京市《とうきやうし》の六千二百十四萬圓《まんゑん》に對《たい》して約半額《やくはんがく》の三千七百八十七萬圓《まんゑん》

となり利子《りし》だけに就《つ》いて云《い》へば東京《とうきやう》の半額《はんがく》以下《いか》に其負擔《そのふたん》は輕減《けいげん》せられる事《こと》になつてゐる。此公《このこう》債計畫《さいけいくわく》から見《み》ると、世界《せかい》一は東京市《とうきやうし》の兒童《じどう》に依《よ》つてなされないで、どうやら大阪市《おほさかし》の兒童《じどう》に持《も》つて行《い》かれそうである。

償還財源の貧弱　東京市《とうきやうし》の公債計畫《こうさいけいくわく》の大阪《おほさか》に比《ひ》して堅實《けんじつ》を缺《か》くのは、一に歷代當局《れきだいたうきよく》の無《む》責任《せきにん》に依《よ》るもので、市《し》の財布尻《さいふしり》の事《こと》を考《かんが》へないで、無暗《むやみ》と借金《しやきん》したからである。云《い》ふまでもなく植《うゑ》たものは刈《か》らねばならず、借《か》りたものは返《かへ》さねばならぬ。敢《あへ》て東京市《とうきやうし》の當局《たうきよく》は市債《しさい》を返《かへ》す心配《しんぱい》をしなかつたとは云《い》はないが、之《これ》を大阪市《おほさかし》の當局《たうきよく》に比《ひ》し戒心《かいしん》と注意《ちうい》が足《た》らないとせねばならぬ。蓋《けだ》し市債償還《しさいしやうくわん》の財源《ざいげん》は、市役所《しやくしよ》に打出《うちで》の小槌《こづち》の備《そな》へ付《つけ》がない以上《いじやう》、市稅《しぜい》か、使用料《しようれう》、手《て》數料收入《すうれうしうにふ》か、受益者負擔金《じゆえきしやふたんきん》(偶《たま》には物品賣却代《ぶつぴんばいきやくだい》もある)に依賴《いらい》せねばならぬが、今《いま》市債額《しさいがく》と市債《しさい》償還《しやうくわん》の財源《ざいげん》たるべき市稅《しぜい》、使用料《しようれう》、手數料收入受益者負擔金《てすうれうしうにふじゆえきしやふたんきん》との對照《たいせう》を示《しめ》せば左《さ》の如《ごと》し。

	東京市	大阪市
市債	四四五、一四六 千圓	三四五、九三三 千圓
(一)市稅	一九、七九四	一九、八三一

(二)使用料及手數料	五一、五九一	四八、五四七
(三)受益者負擔金	一、五七二	五、五〇八
(一)(二)(三)の合計	七二、九五七	七三、八八六
市債と(一)(二)(三)合計の割合	六倍一分	四倍七分

一、市債額は昭和二年首め、市税、使用料、手數料、受益者負擔金は昭和三年度豫算

之《これ》に依《よ》つて之《これ》を見《み》るまでもなく、大阪市《おほさかし》の市債計畫《しさいけいくわく》に無理《むり》がなく、東京市《とうきやうし》に無理《むり》がある事《こと》が判《わか》る。

第三　市財政行詰の主因

借金《しやくきん》を返《かへ》す元手《もとで》が少《すくな》くて、借金《しやくきん》を多《おほ》くしたら、遂《つひ》に行詰《ゆきつ》まる事《こと》は火《ひ》を見《み》るよりも明《あきら》かな事《こと》である。

市財政行詰の主因　東京市《とうきやうし》の市債《しさい》の場合《ばあひ》がそれである。市債《しさい》の元利金《ぐわんりきん》を支拂に充當《じうたう》すべき市税《しぜい》、手數料《てすうれう》、使用料《しようれう》、受益者負擔《じゆえきしやふたん》等に依《よ》る收入《しうにふ》が大阪《おほさか》に比《ひ》して少《すくな》くて、市債《しさい》が多《おほ》いとあつ

ては結局元利《けつきよくぐわんり》金《きん》の支拂《しはら》に窮《きう》するは、當然《たうぜん》の成行《なりゆき》である。現在市《げんざいし》が財政《ざいせい》の行詰《ゆきつま》りに當面《たうめん》し、昭和《せうわ》四年度《ねんど》以降同《いかうどう》十年度《ねんど》間《かん》に於《おい》て前述《ぜんじゆつ》の如《ごと》く復興事業費《ふくこうじげうひ》納付《なふふ》金《きん》を除《のぞ》いて歳入不足無慮《さいにふふそくむりよ》一億《おく》一千四百六十萬圓《まんゑん》、更《さら》に復興事業納付《ふくこうじげうなふふ》金《きん》を加《くは》ふる場合《ばあひ》には、同期間《どうきかん》に於《お》ける歳入不足《さいにふふそく》一億《おく》五千二百七十八萬圓《まんゑん》に達《たつ》するが、其原因《そのげんいん》の重《おも》なるものゝ一つに、市來前市長《いちきぜんしちやう》が臨時財政調査會《りんじざいせいてうさくわい》に於《お》ける財政計《ざいせいけい》畫策《くわくさく》の說明《せつめい》に云《い》へる如《ごと》く『公債借入金《こうさいかりいれきん》の元利《ぐわんり》支拂《しはら》に要《えう》する經費《けいひ》の逐年增加《ちくねんぞうか》するあり』にあるのである。或意味《あるいみ》に於《おい》て、歷代當局《れきだいたうきよく》の無暴無《むばうむ》責任《せきにん》なる公債政策《こうさいせいさく》が東京市《とうきやうし》の財政《ざいせい》を行詰《ゆきつ》まらせたと極《きよく》言《げん》し得《う》るのである。これ記者《きしや》が東京市《とうきやうし》の市債《しさい》を以《もつ》て市財政《しざいせい》の弱點《じやくてん》となす所以《ゆえん》である。

財源別に見た市債　次《つぎ》に市財政行詰《しざいせいゆきつ》まりの重要原因《ちうえうげんいん》をなす市債《しさい》は何《なん》の爲《た》めに募債《ぼさい》せられたかと云《い》ふに、其重《そのおも》なる費目《ひもく》は(一)復興事業費《ふくこうじげうひ》(二)電氣事業費《でんきじげうひ》並《ならび》に(三)震災復舊費《しんさいふくきうひ》並《ならび》に上下水《じやうかすゐ》道隅田《だうすみだ》川河《がわか》口改良《こうかいりやう》住宅建設《ぢうたくけんせつ》其他《そのた》の社會《しやくわい》事業費《じげうひ》であつて、之《これ》を市《し》の各經濟別《かくけいざいべつ》に分《わか》てば左《き》の如《ごと》し。

(昭和三年度十一月末現在)

	千圓
普通經濟	二〇一、三五〇
水道經濟	五二、九一九

電氣經濟		一九六、八七九
轉貸關係分		一七、七三一
計		四六八、八八一

備考　右の內轉貸關係分と云ふのは、大藏省預金部よりの借入を勞働賃金並立替及就職旅費貸付金經濟、土地區劃整理淸算金經濟、復興建築貸付金資金經濟、水道經濟等に貸付けたものである。

尙右の內、外債額は左の如し。

		邦貨換算現在額 千圓
事業公債（英貨）		七、五九〇
電氣事業公債	英貨	三八、五三九
	佛貨	三一、六七三
復興事業公債	英貨	五八、五七八
	米貨	四〇、六九〇

市債の膨脹趨勢　右《みぎ》の表《へう》に依《よ》つて現在市《げんざいし》の公債《こうさい》は電氣《でんき》、水道等《すゐだうとう》の公營事業《こうえいじげう》並《ならび》に震災《しんさい》に依《よ》る復興復舊事業《ふくこうふくきうじげう》に依《よ》るものなる事《こと》を知《し》り得《う》る。市當局《したうきよく》は、財政上都合《ざいせいじやうつがふ》の惡《わる》い事《こと》は悉《ことごと》く震災《しんさい》にかこつける傾向《けいかう》がある。市債《しさい》の增發償還計畫《ぞうはつしやうくわんけいくわく》の不堅實《ふけんじつ》なども亦罪《またつみ》を震災《しんさい》に嫁《か》せんとするもの〻如《ごと》くであるが東京市《とうきやうし》の市債《しさい》は、成《な》る程震災《ほどしんさい》の爲《た》めに增加《ぞうか》した事《こと》は事實《じじつ》であるがそれは盾《たて》の一面《めん》

を見たものであつて、震災《しんさい》がなくとも或程度《あるていど》の膨脹《ぼうちやう》は免《まぬか》れざるの數《すう》である。蓋《けだ》し東京市《とうきやうし》債《さい》の膨《ばう》脹《ちやう》は震災前《しんさいぜん》に於《おい》ても左《さ》の如《ごと》く著《いちじる》しいものがあつた。

東京市債未償還現在額 （各年度末現在）

	千圓
昭和二年度	四四五、一四六
同　元年度	三三五、五五二
大正十四年度	二八九、一三九
同　十三年度	二六五、九七三
同　十二年度	二〇八、四八〇
同　十一年度	一九二、三九八
同　十年度	一四二、一三五
同　九年度	一二九、五八八
同　八年度	一二一、七五〇
同　七年度	一一六、九七一

即《すなは》ち大正《たいしやう》十二年《ねん》より昭和《せうわ》二年《ねん》に至《いた》る五ケ年間《ねんかん》に市債《じさい》は約《やく》二倍《ばい》一分《ぶ》四厘《りん》の増加《ぞうか》を示《しめ》して居《ゐ》るが之《こ》れに對《たい》して、震災前年《しんさいぜんねん》の大正《たいしやう》十一年以前《ねんいぜん》の五ケ年間《ねんかん》に於《おい》ても尚《な》ほ一倍《ばい》六分《ぶ》六厘《りん》の増加《ぞうか》を示《しめ》してゐる點《てん》から見《み》て、市債増加《しさいぞうか》の原因《げんいん》を單《たん》に震災《しんさい》のみに歸《き》するは當《たう》を得《え》たものでなく、殊《こと》に震災《しんさい》のドサクサ紛《まぎ》れに放漫《はうまん》、無暴《むばう》の公債計畫《こうさいけいかく》を樹立實施《じゆりつじつし》する事《こと》は嚴《げん》に愼《つゝし》まねばならぬ。

タコ事業と市債　特《とく》に之《これ》を云《い》ふのは、市《し》の市債事業中《しさいじげふちう》には――電氣局《でんききよく》は特《とく》に激《はげ》しい――市債《じさい》の貸借《たいしやく》の調節《てうせつ》といふ事《こと》を無視《むし》して無理《むり》な算段《さんだん》をして居《ゐ》る。即《すなは》ち卅年《ねん》の期限《きげん》の市債《じさい》で十年《ねん》か二十年《ねん》しか保《たも》たぬ軌條《きでう》や車輛《しやりやう》に投資《とうし》する。其際《そのさい》は當然《たうぜん》卅年後《ねんご》に元金《ぐわんきん》を返《かへ》す爲《た》めに減債基金《げんさいききん》なり減價銷却金《げんかせうきやくきん》なりを積立《つみた》てゝ置《お》かねばならぬ所《ところ》を積立《つみた》てない、其處《そこ》で軌條《きでう》や車輛《しやりやう》の命數《めいすう》が盡《つ》きると、之《これ》に代《かは》る爲《た》めに新《あらた》に購入《こうにふ》した車輛軌條《しやりやうきでう》に舊車輛《きうしやりやう》や舊軌條《きうきでう》の價格《かかく》を附加《ふか》するのである。こうした空《くう》な事業《じげふ》のために市債《しさい》が可《か》なり濫用《らんよう》せられて居《ゐ》る事《こと》は東京市債《とうきやうしさい》を見《み》る上《うへ》に強《つよ》く銘記《めいき》せねばならぬ點《てん》である。震災《しんさい》、震災《しんさい》で相槌《あいづち》を打《う》つて居《ゐ》たら、赤《あか》い舌《した》を出《だ》して居《ゐ》るものが其處《そこ》いらに居《ゐ》そうである。これが記者《きしや》の東京市債《とうきやうしさい》の増加《ぞうか》は單《たん》に震災《しんさい》の爲《た》めにのみ依《よ》るものとなす事《こと》が出來《でき》ぬ理由《りいう》である。

第四　排すべき政府の干渉

東京市《とうきやうし》債《さい》について更《さら》に一言《げん》附加《ふか》せねばならぬ事《こと》がある。

正貨政策と市債　それは政府《せいふ》が東京市《とうきやうし》の市債《しさい》に種々《しゆ〴〵》干渉《かんせふ》する點《てん》である。其干渉《そのかんせふ》には良《よ》い意味《いみ》の干渉《かんせふ》もあるが悪《わる》い意味《いみ》の干渉《かんせふ》が仲々多《なか〳〵おほ》い。その尤《もつと》も弊害《へいがい》の大《だい》なるものとして、政府《せいふ》の正《せい》貨政策《くわせいさく》に東京市《とうきやうし》の市債《しさい》を利用《りよう》する事《こと》である。東京市《とうきやうし》は痩《や》せても枯《か》れても日本《にほん》一の大都市《だいとし》である。東京《とうきやう》の名《な》はゲイシヤガールと共《とも》に世界《せかい》に響《ひゞ》き渡《わた》つてゐる。故《ゆゑ》に其市債《そのしさい》と云《い》へば、外國《ぐわいこく》でも相當《さうたう》信用《しんよう》して買《か》ふて呉《く》れる所《ところ》から、東京市《とうきやうし》の信用《しんよう》を利用《りよう》し悪用《あくよう》して、政府《せいふ》の在外正貨《ざいぐわいせいくわ》の補充策《ほじうさく》に役《やく》立《た》てる事《こと》である。東京市《とうきやうし》の外債《ぐわいさい》は、元《もと》より市《し》の必要《ひつえう》もあるにはあるが、ヨリ以上《いじやう》に政府《せいふ》の正貨《せいくわ》政策《せいさく》の必要《ひつえう》に出《い》でてゐる事《こと》は否《いな》む事《こと》の出來《でき》ぬ事實《じじつ》である。悉《こと〴〵》くと云《い》へないまでも多《おほ》くはそうである。電車買收《でんしやばいしう》の際《さい》の外債《ぐわいさい》、震災後《しんさいご》の外債《ぐわいさい》などは其顯著《そのけんちよ》なる例《れい》である。

尾崎咢堂の回顧談　其證據《そのしようこ》の一つは、前《まへ》に市長《しちやう》の職《しよく》にあつた尾崎行雄《をざきゆきを》氏《し》の自叙傳《じじよでん》に記載《きさい》せられた左《さ》の述懐談《じゆつくわいだん》である。

『私《わたし》が東京市長在職中《とうきやうしちやうざいしよくちう》に爲《な》した仕事《しごと》の中《うち》、最《もつと》も重大《ぢうだい》なものは電車《でんしや》の市有《しいう》である。又最《またもつと》も困難《こんなん》な仕事《しごと》も之《こ》れであつた……私《わたし》は屢《しば〳〵》電車市有《でんしやしいう》の計畫《けいくわく》を樹《た》てたが政府《せいふ》は何時《いつ》も動《うご》かなかつた。然《しか》るに此度《このたび》に限《かぎ》つて政府《せいふ》が贊成《さんせい》したのは……全《まつた》く兌換準備《だくわんじゆんび》の正貨《せいくわ》が欲《ほ》しかつた爲《ため》である。政府《せいふ》は正金《しやうきん》は欲《ほ》しい、私《わたし》は電車《でんしや》を取上《とりあ》げたい、其《それ》には金《かね》が要《い》る。目的《もくてき》が違《ちが》ふが金《かね》を要求《えうきう》する點《てん》だけは一致《ち》した。一億《おく》と纒《まと》まつた正金《しやうきん》を外國《ぐわいこく》から取入《とりい》れるには電車市有《でんしやしいう》の爲《た》めに外債《ぐわいさい》を募《つの》るに越《こ》した便法《べんはふ》は當時《たうじ》なかつた。是《これ》まで幾度《いくど》試《こゝろ》みても出來《でき》なかつた電車《でんしや》の市有《しいう》が今度《こんど》に限《かぎ》つて政府《せいふ》の援助《えんじよ》を得《え》た所以《ゆえん》である。』

高價な犠牲料　震災《しんさい》の場合《ばあひ》も事情《じじやう》が違《ちが》ふが、ヤハリ政府《せいふ》の正貨政策《せいくわせいさく》が多分《たぶん》に含《ふく》まれてゐる。田中内閣時代在外正貨《たなかないかくじだいざいぐわいせいくわ》の窮乏《きうはふ》を訴《うつた》ふるに至《いた》つて、今《いま》まで殆《ほと》ど問題《もんだい》とせなかつた市《し》の地下鐵道債《ちかてつだうさい》を許可《きよか》し之《これ》を外債《ぐわいさい》に仰《あふ》がしむる肚《はら》があるやうに傳《つた》へられた事《こと》がある。之《こ》れ等《ら》は市《し》の交通《かうつう》や財政状態《ざいせいじやうたい》を考慮《かうりよ》しての許可《きよか》でなくして、政府《せいふ》の在外正貨補充《ざいぐわいせいくわほじう》の犠牲《ぎせい》としての許可《きよか》である。市營《しえい》の地下鐵道《ちかてつだう》が如何《いか》なる財政状態《ざいせいじやうたい》になるかは後《のち》に說《と》くとして、政府《せいふ》の懷中具合《ふところぐあひ》から市債《しさい》の許否《きよひ》を決《けつ》せられては實《じつ》に東京市民《とうきやうしみん》こそいゝ迷惑《めいわく》である。前述《ぜんじゆつ》した尾崎行雄氏時代《をざきゆきをしじだい》の電車市債《でんしやしさい》は、當局《たうきよく》と會社側《くわいしやがは》との交渉《かうせふ》もまづかつた點《てん》もあらうが、それよりも政府《せいふ》本位《ほんゐ》に働《はたら》いて、無理《むり》な買收《ばいしう》を企《くはだ》てたが爲《た》めに、東京市民《とうきやうしみん》は買收後《ばいしうご》二回《くわい》の電車賃《でんしやちん》の値上《ねあげ》と云《い》ふニガイ汁《しる》を飲《の》まされてゐる。實《じつ》に其犠牲《そのぎせい》や高價《かうか》である。此上再《このうへふたゝ》び地下《ちか》鐵道債《てつだうさい》に依《よ》つて、電車市有《でんしやしいう》の二の舞《まひ》を演《えん》ずる事《こと》は、斷《だん》じて拒絶《きよぜつ》せなければならぬ。

地方債の薄遇　一體《たい》政府《せいふ》は、地方債《ちはうさい》に對《たい》して不親切《ふしんせつ》である。これは東京市《とうきやうし》のみではない全國《ぜんこく》の市町村《しちやうそん》に關《くわん》する問題《もんだい》であるが、政府《せいふ》の地方債《ちはうさい》に對《たい》する態度《たいど》は宛《ゑん》として繼子《まゝこ》扱《あつか》ひである。實子《じつし》たる國債《こくさい》には所得税《しよとくぜい》を免除《めんぢよ》する、貯蓄銀行《ちよちくぎんかう》の供託物《きようたくぶつ》にも指定《してい》すると云《い》ふ具合《ぐあひ》に厚遇《こうぐう》至《いた》らざるなしであるが、地方債《ちはうさい》はそうした優遇《いうぐう》には殆《ほとん》ど浴《よく》してゐない。從《したが》つて其消化力《そのせうくわりよく》の範圍《はんゐ》が狭《せま》く啻《たゞ》さへ信用《しんよう》の乏《とぼ》しい地方債《ちはうさい》は益々《ますく》信用《しんよう》を脆弱《ぜいじやく》にし、延《ひ》いて其起債條件《そのきさいでうけん》を不利《ふり》ならしめ、地方公共團體《ちはうこうきようだんたい》の負擔《ふだん》を加重《かちう》してゐる。

地方債優遇必要　思《おも》ふに地方債《ちはうさい》の用途《ようと》は、之《これ》を國債《こくさい》に比《ひ》せば概《がい》して云《い》へば生産的《せいさんてき》であり開發的《かいはつてき》である。のみならず今《いま》や地方公共團體《ちはうこうきようだんたい》の發達《はったつ》は公營事業《こうえいじげう》の擴張《くわくちやう》を招來《せうらい》し、從《したが》つて之《これ》が財《ざい》源《げん》たる地方債《ちはうさい》の増加《ぞうか》は大勢《たいせい》と云《い》はねばならぬ。而《しか》して之等《これら》公營事業《こうえいじげう》の財源《さいげん》たる公債《こうさい》は所謂生産《いはゆるせいさん》公債《こうさい》であつて、民間《みんかん》の株式或《かぶしきあるひ》は社債《しやさい》に代《かは》るべき性質《せいしつ》を持《も》つてゐる。尤《もつと》も地方債中《ちはうさいちう》にも無謀《むぼう》な計畫《けいくわく》に基《もと》いて不生産的《ふせいさんてき》のものもあるから或程度《あるていど》の統制《とうせい》を加《くは》へる事《こと》は必要《ひつえう》であらうが、それは國債《こくさい》本位《ほんゐ》の立場《たちば》から見《み》ての政策《せいさく》であつてはならぬ。地方債《ちはうさい》、國債民間《こくさいみんかん》の金融界全般《きんゆうかいぜんぱん》を達觀《たつくわん》した上《うへ》の統制《とうせい》ならば心得《こゝろえ》るが、從來政府《じうらいせいふ》の公債政策《こうさいせいさく》は只中央財政《たゞちうあうざいせい》のみの立場《たちば》からしての統制《とうせい》の嫌《きら》ひがある。之《これ》が爲《た》めに地方債《ちはうさい》は、其實力實價《そのじつりよくじつか》以下《いか》に割引《わりびき》せられて、世間《せけん》に通用《つうよう》してゐる傾向《けいかう》にある。今少《いますこ》しく地方債《ちはうさい》を優遇《いうぐう》し發行條件《はつかうでうけん》を有利《いうり》に導《みちび》くことは必要《ひつえう》な事《こと》と思《おも》ふ。これは東京市《とうきやうし》だけの問《もん》題《だい》じやない、全國市町村《ぜんこくしちやうそん》の問題《もんだい》であるが、東京市《とうきやうし》債《さい》が往々《わうくわう》政府《せいふ》の干渉《かんせふ》、政府《せいふ》の意圖《いと》の下《もと》に動《うご》かされ、延《ひ》いて市財政《しざいせい》に餘殃《よわう》を來《きた》す點《てん》の尠《すくな》くない事《こと》に關聯《くわんれん》して一言《げん》した次第《しだい》である。

第四章　市歳入の大觀

第一　一割八分を占むる補助金

説明《せつめい》は元《もと》に戻《もど》る。東京市《とうきやうし》の昭和《せうわ》三年度《ねんど》の純計歳入《じゆんけいさいにふ》は二億《おく》七千八百五十萬圓《まんゑん》であつて、其内《そのうち》の一億《おく》二千七百十四萬《まん》九圓《ゑん》(四割《わり》五分《ぶ》七厘《りん》)は市債《しさい》、一千九百七十九萬《まん》四千圓《ゑん》(七分《ぶ》一厘《りん》)が市税《しぜい》であることは前述《ぜんじゆつ》の通《とほ》りである。

市歳入の大観　殘餘《ざんよ》の一億《おく》三千五百五十五萬《まん》八千圓《ゑん》は、何《なん》に依《よ》つて埋《う》め合《あは》せられてゐるかと云《い》ふに左《さ》の如《ごと》くである。

昭和三年度市純計歳入內譯

種目	金額（千圓）	純歳入に對する割合
一、財産より生ずる收入	二、四〇三	〇・八
一、使用料並手數料	五一、五九一	一八・五
一、國庫下渡金交付金	二、一三六	・八
一、國庫補助金	四五、六二三	一六・四
一、府補助金	一、六〇一	・六
一、納附金	七、八四一	二・八
一、報償金	一、二九七	・五

一、受益者負擔金	一、五七二	・六
一、寄附金	二六二	・一
一、財産賣拂代	二、八五九	一・〇
一、補償金	三、六九四	一・三
一、雜收入	一〇、六七二	三・八
一、市税	一九、七九四	七・一
一、市債	一二七、一四九	四五・七

目立つ補助金　使用料《しようれう》並《なら》に手數料《てすうれう》の多《おほ》いのは既述《きじゆつ》の如《ごと》く現行市制《げんかうしせい》の財政《ざいせい》の機構《きこう》が、租税《そぜい》從《じう》、財産收入《ざいさんしうにふ》使《し》用料收入本位《ようれうしうにふほんゐ》であるのと、今《いま》一つ近代都市《きんだいとし》の傾向《けいかう》である電車電燈水道等《でんしやでんとうすゐだうとう》の公營《こうえい》事業《じげう》が多《おほ》い爲《た》めである。從《したが》つて其金額《そのきんがく》が五千萬圓《まんゑん》を超《こ》え純計歳入《じゆんけいさいにふ》の一割《わり》八分《ぶ》五厘《りん》を占《し》むるのも敢《あへ》て異《い》とするに足《た》らないが、補助金《ほじよきん》が國庫補助金《こくこほじよきん》四千五百六十二萬圓《まんゑん》の外東京府《ほかとうきやうふ》の補助金《ほじよきん》百六十萬餘圓《まんよゑん》、國庫下渡金並交付金《こくこさげわたしきんならびかうふきん》二百十三萬餘圓《まんよゑん》三者併《しやあは》せて金額《きんがく》四千九百三十五萬《まん》九千圓《ゑん》に上《のぼ》り純計歳入《じゆんけいさいにふ》の一割《わり》七分《ぶ》八厘《りん》に當《あた》り、歳入中《さいにふちう》、公債《こうさい》、手數料《てすうれう》に次《つ》ぎ第《だい》三位《ゐ》を占《し》めてゐる事《こと》が大《おほ》いに

目立《めだ》つてゐる。

補助と政府の干渉　東京市《とうきやうし》の國庫補助金《こくこほじよきん》の多《おほ》いのは震災復興《しんさいふくこう》の爲《た》めと、都市計畫《としけいくわく》の爲《た》めである。故《ゆゑ》に現在《げんざい》は四千九百萬圓《まんゑん》の巨額《きよがく》に上《のぼ》つてゐる補助金《ほじよきん》も、震災前《しんさいぜん》に於《おい》ては殆《ほと》ど云《い》ふに足《た》らず五百萬圓前後《まんゑんぜんご》のものであつた。

本來東京《ほんらいとうきやう》の如《ごと》き一國《こく》の首府《しゆふ》である市《し》としては、其《そ》の施設《しせつ》には國家的經費《こくかてきけいひ》も尠《すくな》くないから、之《これ》に對《たい》して國家《こくか》が補助《ほじよ》を與《あた》ふる事《こと》は、國家當然《こくかたうぜん》の責務《せきむ》であつて、自由主義《じいうしゆぎ》の本場《ほんば》である英國《えいこく》でも倫敦行政縣《ろんどんぎやうせいけん》に對《たい》しては補助費《ほじよひ》を支出《ししゆつ》してをり、米國《べいこく》の華盛頓《わしんとん》、佛蘭西《ふらんす》の巴里《ぱりー》の如《ごと》きは、何《いづ》れも國家《こくか》が創設改造《さうせつかいざう》した都市《とし》であつて、現在《げんざい》でも中央政府《ちうあうせいふ》より巨額《きよがく》の經費《けいひ》の補助《ほじよ》を受《う》けてをる程《ほど》であるから、首府《しゆふ》の場合《ばあい》の補助金《ほじよきん》は、一般《ぱん》の場合《ばあい》と異《こと》る見方《みかた》を必要《ひつえう》とするが、自治團體《じちだんたい》たる市《し》としては成《な》るべく之《これ》を避《さ》けるが良《よ》い事《こと》は云《い》ふまでもない。

蓋《けだ》し補助金《ほじよきん》は、補助金《ほじよきん》を通《とほ》して往々中央政府《わうわうちうあうせいふ》の干渉《かんせふ》を招來《せうらい》し易《やす》く、其《そ》れが爲《た》めに分不相應《ぶんふさうおう》の事業施設《じげふしせつ》をなす事《こと》を珍《めづ》しとしない。三分《ぶん》の一或《あるひ》は四分《ぶん》の一の補助金《ほじよきん》と云《い》ふ鰕《えび》に釣《つ》られる鯛《たひ》の愚《おろか》さを示《しめ》してゐる市《し》、町《ちやう》、村《そん》は現在日本《げんざいにほん》に餘《あま》り多《おほ》い。日本《にほん》一の東京《とうきやう》としては鯛《たひ》の仲間入《なかまいり》だけは御《ご》免《めん》を蒙《かうむ》らねばならぬ。

電燈瓦斯の報償金　市《じよ》の歳入中金額《さいにふちうきんがく》は尠《すくな》いが比較的重要視《ひかくてきぢうえうし》すべきは報償金收入《はうしやうきんしうにふ》である。金額《きんがく》は百二十九萬《まん》七千圓《ゑん》の小額《せうがく》で歳入全體《さいにふぜんたい》に對《たい》する割合《わりあい》は、僅《わづ》かに五厘《りん》を占《し》むるに過《す》ぎない小《せう》額《がく》であるが、之《これ》に依《よ》つて、嚴密《げんみつ》に云《い》へば報償金《はうしやうきん》を生成《せいせい》すべき源《みなもと》である報償契約《はうしやうけいやく》を通《つう》じて、市民《しみん》生活《せいくわつ》と密接《みつせつ》の關係《くわんけい》ある電燈事業並《でんとうじげふならび》に瓦斯事業《がすじげふ》を統制監督《とうせいかんとく》しやうと云《い》ふのだから輕視《けいし》出來《でき》ぬ。報《はう》償契約《しやうけいやく》に依《よ》つて現在東京市《げんざいとうきやうしよ》に報償金《はうしやうきん》を納《をさ》むるものは、東京瓦斯會社《とうきやうがすくわいしや》と東京電燈會社《とうきやうでんとうくわいしや》である。前《ぜん》者《しや》は昭和《せうわ》三年度豫算《ねんどよさん》に於《おい》て三十九萬《まん》三千圓《ゑん》、後者《こうしや》は同《どう》九十萬《まん》四千圓《ゑん》を納《をさ》めてゐる。

報償契約《はうしやうけいやく》は都市《とじよ》が、瓦斯事業者《がすじげふしや》なり電燈事業者《でんとうじげふしや》なりの其經營上當然必要《そのけいえいじやうたうぜんひつえう》とする道路《だうろ》、橋梁《けうりやう》、堤塘《ていたう》、公園等《こうゑんとう》の公共營造物《こうきようえいざうぶつ》の使用又《しようまた》は占用《せんよう》の許可《きよか》と之《これ》に對《たい》する報償《はうしやう》とを主《しゆ》たる内容《ないよう》としたものであつて、沿革的《えんかくてき》には、都市《としよ》の財源捻出上《ざいげんねんしゆつじやう》の必要《ひつえう》を主《しゆ》とし、從《じう》として之等《これら》獨占事業《どくせんじげふ》の統制監督《とうせいかんとく》を行《おこな》ふにあつたが、其後都市財政事情《そのごとしざいせいじじやう》の變化《へんくわ》、都市行政《としぎやうせい》の社會政策化《しやくわいせいさくくわ》に伴《ともな》ふて、最初主《さいしよしゆ》とした財源《ざいげん》の點《てん》は從《じう》となり、最初《さいしよ》に於《おい》ては從《じう》であつた瓦斯業《がすげふ》なり、電燈業《でんとうげふ》なりの監督統制《かんとくとうせい》が主《しゆ》と變《かは》つて來《き》た。故《ゆゑ》に今日報償金《こんにちはうしやうきん》に關聯《くわんれん》する問題《もんだい》としては市《しよ》が收納《しうなふ》すべき金額《きんがく》よりも寧《むし》ろ會社《くわいしや》が市民《しみん》に提供《ていきやう》する、料金其他《れうきんそのた》サービスの問題《もんだい》から延《ひ》いて、其經營方法《そのけいえいはうはふ》の利害《りがい》即《すなは》ち市營《しえい》か私營《しえい》かと云《い》ふやうな點《てん》が中心問題《ちうしんもんだい》と變化《へんくわ》して來《き》てゐる。

第二　貧弱なる財産收入

かくて報償金問題《はうしやうきんもんだい》は、財政問題《ざいせいもんだい》よりも、社會問題的性質《しやくわいもんだいてきせいしつ》が多《おほ》くなつて來《き》たのが最近《さいきん》の傾向《けいかう》である。社會問題《しやくわいもんだい》としての報償問題《はうしやうもんだい》は報償契約《はうしやうけいやく》と電氣事業法《でんきじげふはふ》、瓦斯事業法《がすじげふはふ》、道路事業法等《だうろじげふはふとう》に關聯《くわんれん》して法理上《はふりじやう》、經濟上《けいざいじやう》、行政上《ぎやうせいじやう》、社會上種々《しやくわいじやうしゆじゆ》の複雜《ふくざつ》な問題《もんだい》があるが、これは特殊問題《とくしゆもんだい》として心《こゝろ》ある讀者《どくしや》の研究《けんきう》に委《ゆだ》ねて茲《こゝ》では觸《ふ》れぬ。

重要な使用料收入　東京市《とうきやうし》の歳入中金額《さいにふちうきんがく》も多《おほ》く重要《ちうえう》なものは手數料並《てすうれうならび》に使用料收入《しようれうしうにふ》である。使用料《しようれう》と云《い》ふのは市制《しせい》の明文《めいぶん》に從《したが》つて、用語《ようご》で碎《くだ》いて云《い》へば、電車代水道代學校授業料《でんしやだいすゐだうだいがくかうじゆげふれう》と云《い》ふやうな公業公營事業《こうげふこうえいじげふ》に對《たい》する料金《れうきん》である。手數料《てすうれう》と云《い》ふのは證明手數料《しようめいてすうれう》、戸籍手數料《こせきてすうれう》と云《い》ふ種類《しゆるゐ》の者《もの》である。其金額《そのきんがく》が昭和《せうわ》三年度豫算《ねんどよさん》では前述《ぜんじゆつ》の如《ごと》く五千百九十九萬《まん》一千圓《ゑん》に上《のぼ》り歳入《さいにふ》純計《じゆんけい》の一割《わり》八分《ぶ》を占《し》め、市債《しさい》に次《つ》いで歳入額《さいにふがく》の多《おほ》い者《もの》となつてゐる。その主《おも》なる費目《ひもく》左《さ》の如《ごと》し。

	千圓
一、水道使用料並手數料	六、八四四
一、電氣軌道事業使用料（電車賃）	二九、一八七
一、電氣供給事業使用料（電燈料）	七、五〇五
一、乘合自動車事業使用料（乘合自動車賃）	四、二三七
一、普通經濟に屬する使用料並手數料	二、五三四

市有財産收入　次《つぎ》に見逃《みのが》し難《がた》いのが財産《ざいさん》より生《しやう》ずる收入《しうにふ》である。何處《どこ》の市《じ》でも町《まち》でも村《むら》でもの豫算《よさん》で歳入《さいにふ》の劈頭《へきとう》に掲《かゝ》げてあるのが、この財産收入《ざいさんしうにふ》――である。

之《これ》は前述《ぜんじゆつ》した如《ごと》く現行市《げんかうし》町村制《ちやうそんせい》の財政主義《ざいせいしゆぎ》が佛蘭西《ふらんす》流《りう》で財産收入《ざいさんしうにふ》と使用料手數料《しようれうてすうれう》で、自治團體《じちだんたい》は賄《まかな》ふべきものとした立法當時《りつぽうたうじ》の理想《りさう》に端《たん》を發《はつ》してゐる。所《ところ》が、其立法者《そのりつぽうしや》の理想通《りさうどほ》りに行《い》つてゐるのが全國《ぜんこく》一萬《まん》二千に上《のぼ》る市《し》、町《ちやう》、村《そん》の中《うち》で僅《わづ》かに三四ケ所《しよ》、其中《そのうち》の白眉《はくび》は靜岡縣《しづをかけん》の白濱《しらはま》村《むら》で、基本財産《きほんざいさん》三十餘萬圓《よまんゑん》を有《いう》し、村費《そんぴ》を支辨《しべん》して尚剩《なほあま》りが出《い》で、戸數《こすう》四百二十五戸《こ》中《ちう》三百幾《いく》戸《こ》とかは村《むら》から配當《はいたう》を受《う》けてゐると云《い》ふ。之《こ》れに比《くら》べると東京市《とうきやうし》は二億《おく》八千萬圓《まんゑん》からの大世帶《おほじよたい》を張《は》つてゐるだけに一年《ねん》の財産收入《ざいさんしうにふ》だけが前記《ぜんき》の如《ごと》く昭和《せうわ》三年度《ねんど》で二百四十萬《まん》三千圓《ゑん》――一年《ねん》の收入《しうにふ》だけで白濱村《しらはまむら》の基本財産《きほんざいさん》の八倍以上《ばいいじやう》を占《し》めてゐるが、長袖《ちやうしう》好《よ》く舞《ま》ひ多錢《たせん》よく散《さん》じて、歲《さい》入《にふ》に對《たい》しては、それこそ九牛《ぎう》の一毛僅《まうわづ》かに八厘《りん》を占《じ》めるに過《す》ぎない。以《もつ》て東京市《とうきやうし》の財政《ざいせい》と云《い》ふものが大《おほ》きい事《こと》が解《わか》る。

市有財産五億　そこで問題《もんだい》となるのは二百四十萬《まん》三千圓《ゑん》の財産收入《ざいさんしうにふ》がどんな財産《ざいさん》から出《で》て來《く》るか、一歩進《ほすゝ》んで東京市《とうきやうし》はどれだけの財産《ざいさん》を持《も》つてゐるかである。此點《このてん》に關《くわん》し市《し》の調査《てうさ》に依《よ》れば、昭和《せうわ》二年《ねん》十一月末現在《ぐわつまつげんざい》の市有財産《しいうざいさん》の累計《るゐけい》は、驚《おどろ》くなかれ五億《おく》三千百九十八萬《まん》二千圓《ゑん》ある。其種別《そのしゆべつ》は左《さ》の如《ごと》くなつてゐる。

土地	坪數	二六、三一一千坪
	價格	二五五、八三四千圓
建物	坪數	一五二千坪
	價格	二五、二八三千圓
有價證券		一、一七九千圓
現金		二七、一二五千圓

其他の財産　一二一五、五五九千圓

之《これ》を所屬《しよぞく》事業別《じげうべつ》に分《わか》てば左《さ》の如《ごと》し。

一般財産	一三、一九五千圓
教育	二、九一九
土木	一二、三四二
保健	一二、二一四
社會事業	一一、七七三
養育院	五、四三三
公園	六〇、八六〇
墓地	三三、六六六
上水道	七九、三五三
下水道	四四、六二六
電氣	一五八、五九七

計　　五三四、九八二

市の蓄積金　右《みぎ》の表《へう》に依《よ》つて明《あきら》かな如《ごと》く東京市《とうきやうし》には五億《おく》四千萬圓近《まんゑんちか》い財産《ざいさん》がある。しかし前項《ぜんかう》に述《の》べた財産收入《ざいさんしうにふ》の出《で》るのは、五億圓《おくゑん》の全財産《ぜんざいさん》ではなくして主《しゆ》として左《さ》の如《ごと》き蓄積金《ちくせききん》から生《しやう》ずるものである。即《すなは》ち市内諸々《しないもろもろ》の事業《じげふ》を遂行《すゐかう》する上《うへ》に於《おい》て、便宜上特定《べんぎじやうとくてい》の收入《しうにふ》を蓄積《ちくせき》して夫《それ》より生《しやう》ずる金額《きんがく》を特定《とくてい》の目的《もくてき》の爲《た》めに支出《ししゆつ》すべく、基本財産又《きほんざいさんまた》は積立金若《つみたてきんもし》くは減債補塡金《げんさいほてんきん》の名稱《めいしやう》の下《もと》に蓄積《ちくせき》し、之《これ》を運用《うんよう》したものが財産收入《ざいさんしうにふ》となるものである。それが昭和《せうわ》二年度末現在《ねんどまつげんざい》に於《おい》て其數《そのすう》廿二種《しゆ》其總金額《そのそうきんがく》千八百九十二萬《まん》八千餘圓《よゑん》ある、即《すなは》ち左《さ》の如《ごと》し。

	千圓
基本財産	二八九、八四五
教育基本財産	三八四、五八一
養育院基本財産	一、〇八〇、〇六五
築地病院基本財産	一七一、〇八一
公園積立金	九〇九、二五二
墓地積立金	三〇三、五七一

水道積立金	二五二、八八八
奠都五十年記念事業積立金	五〇〇、〇〇〇
据置資金	一九、四〇四
退隠料並遺族扶助料基金	二四四、四八一
社會事業基本財産	八五、八九六
公衆食堂積立金	三〇、八二一
公債償還基金	八、九一一、七九二
災害救護基本財産	二〇〇、〇〇〇
隣保事業基本財産	四二〇、〇〇〇
電氣軌道事業準備積立金	九七六、五〇〇
同　減損補塡金	一七一
電氣供給事業積立金	八〇二、三五三
同　減損補塡金	六一四、五五九

乘合自動車事業　五四八、五四八
同　減損補塡金　三七二、〇〇〇
電氣局研究所減損補塡金　二五、一四九

以上《いじやう》を以《もつ》て至極大《しごくおほ》ザツパながら東京市《とうきやうし》歳入《さいにふ》の內容《ないよう》を一通《ひとほ》り當《あた》つて見《み》た。次《つぎ》に問題《もんだい》を一轉《てん》して東京市《とうきやうし》の歳出《さいしゆつ》を檢討《けんたう》しやう。

第五章　歳出の大觀

第一　利權の種の物件費

日本人《にほんじん》はどうしたものか、稅金《ぜいきん》を增《ま》すとか、電車賃《でんしやちん》を値上《ねあげ》するとでも云《い》ふと兎角騷《とかくさわ》ぎ立《た》てるが、扨《さ》て其增《そのま》した稅金《ぜいきん》、値上《ねあ》げせられた電車賃《でんしやちん》がどう運用《うんよう》せられどんな方面《はうめん》に使《つか》はれるかと云《い》ふ點《てん》になると一向《かう》氣《き》を留《と》めない。お互《たがひ》の懷中《くわいちう》から出《で》て行《ゆ》く事《こと》も元《もと》より問題《もんだい》であるが、出《で》て行《い》つた金《かね》の使《つか》ひ道《みち》、使《つか》ひ方《かた》は、より以上《いじやう》に問題《もんだい》である。電車《でんしや》の値上《ねあげ》による收入《しうにふ》は設備《せつび》の改善《かいぜん》に使《つか》ふと稱《しよう》して居《ゐ》ながら、電車《でんしや》のサービスが少《すこ》しも改《あらた》まらないのを默《だま》つて見《み》てゐる東京市民《とうきやうしみん》は、餘程《よほど》何《ど》うかしてゐる。お互《たがひ》の納《をさ》める税金《ぜいきん》、手數料《てすうれう》或《あるひ》はお互《たがひ》の信用《しんよう》に依《よ》つて得《え》た市債《しさい》が、利權屋《りけんや》の懐《くわい》中《ちう》を温《あたゝ》めるとしたら、取《と》られる方《はう》だけを何《な》んぼ矢釜《やかま》しく云《い》ふても、其効果《そのかうくわ》は薄《うす》い。かくて財政《ざいせい》上歳出《じやうさいしゆつ》の問題《もんだい》は歳入《さいにふ》に劣《おと》らず、或《あるひ》は歳入《さいにふ》以上《いじやう》に注意《ちうい》し警戒《けいかい》せなくてはならぬ。殊《こと》に東京市《とうきやうし》の如《ごと》く、利權屋活躍《りけんやくわつやく》の餘地《よち》のある市財政《しざいせい》に於《おい》ては殊《こと》に然《しか》りと云《い》はねばならぬ。

英國の女中の見識

歳出《さいしゆつ》の監視《かんし》について一つの面白《おもしろ》い挿話《さふわ》がある。それは現日本銀行理《げんにほんぎんかうり》事《じ》にして大阪支店長《おほさかしてんちやう》を兼《か》ねてゐる中根貞彦君《なかねさだひこくん》が、倫敦監督役《ろんどんかんとくやく》をしてゐた時代《じだい》の事《こと》である。或時《あるとき》何《なに》かの用事《ようじ》で英國政府《えいこくせいふ》から中根君《なかねくん》に一通《つう》の手紙《てがみ》が來《き》た。見《み》ると其封筒《そのふうとう》の差出《さしだ》し人《にん》たる役所名《やくしよめい》の所《ところ》は、紫《むらさき》インクで消《け》して別《べつ》に新《あら》たに紫《むらさき》のゴム版《はん》で名前《なまへ》が書《か》いてある。これを見《み》た中根君《なかねくん》は持《も》つて來《き》た女中《ぢよちう》にからかい半分《はんぶん》に『大英國政府《だいえいこくせいふ》も愈々貧乏《いよ〳〵びんぼう》になつて封筒《ふうとう》まで、舊物《ふるもの》を使《つか》ふな…』と冷《ひや》かした所《ところ》女中君《ぢよちうくん》は威丈高《ゐたけだか》になつて辯《べん》じて曰《いは》く『政府《せいふ》は貧乏《ひんぼう》にならなくとも一厘《りん》の無駄《むだ》は許《ゆる》せない。その些細《ささい》な封筒《ふうとう》と雖《いへど》も又吾々《またわれ〳〵》の税金《ぜいきん》から成《な》り立《た》つてゐるものである。名前《なまへ》を消《け》して二重《ちう》に使《つか》ふべきは當然爲《たうぜんな》さねばならぬ事《こと》です』と逆襲《ぎやくしふ》せられて、中根君《なかねくん》も今更英國人《いまさらえいこくじん》の財政的見《ざいせいてきけん》識《しき》に敬服《けいふく》したとの事《こと》である。

放漫な遣ひ振り　古封筒《ふるふうとう》を使《つか》ふ英國政府《えいこくせいふ》の金《かね》の使《つか》ひ振《ふ》りから見《み》れば、東京市《とうきやうし》の金《かね》の使《つか》ひ振《ふ》りは贅澤三昧《ぜいたくざんまい》、放漫極《はうまんきは》まるものと云《い》ふべきである。英國政府《えいこくせいふ》の歳出生活《さいしゆつせいくわつ》を乞食生活《こじきせいくわつ》とすれば東京市《とうきやうし》の歳出生活《さいしゆつせいくわつ》は殿様生活《とのさませいくわつ》である。殿様生活《とのさませいくわつ》と云《い》へば昔仙臺《むかしせんだい》の殿様《とのさま》は伽羅《きやら》の下駄《げた》を履《は》いたと傳《つた》へられてゐるが、東京市《とうきやうし》の小學校《せうがくかう》の中《なか》には楢《なら》で堂々《だうだう》たる下駄箱《げたはこ》を造《つく》つてる所《ところ》があるそうな。市《し》の小學校《せうがくかう》の備品《びひん》は區費《くひ》、父兄會《ふけいくわい》、同窓會等《どうそうくわいとう》で負擔《ふたん》する事《こと》となつてゐるから直接市《ちよくせつし》の歳出《さいしゆつ》に影響《えいきやう》ないとしても、楢《なら》の下駄箱《げたはこ》と萬事《ばんじ》釣合《つりあひ》の採《と》られるやうに學校《がくこう》を建築《けんちく》せねばならぬとせば、自然《しぜん》凡《すべ》てが贅澤《ぜいたく》になる。從《したが》つて市《し》の歳出《さいしゆつ》を必要以上《ひつえういじやう》に膨脹《ばうちやう》せしめないと誰《たれ》が保證出來《ほしようでき》よう。楢《なら》の下駄箱《げたはこ》と敎育《けういく》、其處《そこ》に何《なん》の因果關係《いんぐわくわんけい》があらう。東京市政概要《とうきやうしせいがいえう》に『建築費《けんちくひ》四百萬圓《まんゑん》を投《とう》じた市立《しりつ》一中及《ちうおよ》二中校舍《ちうかうしや》は昭和《せうわ》二年《ねん》三月落成《らくせい》し、その堂々《だうだう》たる校舍《かうしや》と完備《くわんび》せる内容《ないよう》とは都下《とか》中等敎育《ちうとうけういく》に恐《おそ》らく冠《くわん》たるものがあらう』と自慢《じまん》してゐるなども楢《なら》の下駄箱式《げたばこしき》ではないか。

利權屋の喰物　一事《じ》が萬事《ばんじ》である。獨《ひと》り小學校費《せうがくかうひ》許《ばか》りではない、市全體《じぜんたい》を通《つう》じて其處《そこ》に楢製下駄箱式《ならせいげたばこしき》の贅澤虚榮放漫《ぜいたくきよえいはうまん》がある。しかし贅澤虚榮《ぜいたくきよえい》の程度《ていど》ならば未《いま》だ可愛《かあい》い方《はう》だ。更《さら》に一歩《ぽ》突込《つきこ》んで見《み》ると市歳出《しさいしゆつ》の幾分《いくぶん》かと云《い》ふものは一部《ぶ》の利權屋《りけんや》利權《りけん》ブローカーの喰《く》ひ物《もの》になつてゐるのである。紐育市政《にゆーよーくしせい》に巣喰《すく》ふてゐたタマニーホールは、トウヰドと云《い》ふ男《をとこ》の調査《ちようさ》に據《よ》ると千八百六十九年《ねん》から同《どう》七十二年《ねん》の三年間《ねんかん》に紐育《にゆーよーく》州相手《しうあいて》の諸種《しよしゆ》の不正契約《ふせいけいやく》に依《よ》つて一億弗《おくどる》を騙取《へんしゆ》したとの事《こと》である。東京市《とうきやうし》が利權屋《りけんや》、利權《りけん》ブローカーの喰《く》ひ物《もの》になつた金額《きんがく》については記録《きろく》の徴《ちよう》すべきものがないが、これ又相當《またさうたう》の額《がく》に上《のぼ》らう。

請負と物品購入高　市《し》の經費中《けいひちう》の幾分《いくぶん》が利權屋《りけんや》の懷中《くわいちう》に入《はい》るかまでは、記者《きしや》も解剖《かいばう》し兼《かね》るが、凡《およ》その見當《けんたう》のフミ材料《ざいれう》を二つ紹介《せうかい》すると、第一《だいゝ》は市《し》の請負契約《うけおひけいやく》であり、第二《だい》は市《し》の物品《ぶつぴん》購買《かうばい》である。請負契約《うけおひけいやく》、物品購買《ぶつぴんかうばい》が幾干《いくばく》あるかと見《み》るに、昭和元年下半期《せうわぐわんねんしもはんき》昭和《せうわ》二年上半期《ねんかみはんき》の兩《りやう》期《き》に於《お》ける合計額《がふけいがく》は左《さ》の如《ごと》くである。

養育院電氣局以外の分

	件數	金額 (千圓)
工事請負契約	七九九	一三、〇六五
物件購買並修理契約	二四、一五三	一三、二九八

勞力供給其他契約	四、九四三	三、三〇二
計	二九、八九五	二九、六六六
電氣局の分		
直營並請負工事		七、九九〇
物品直購入	二〇、一九二	三、五八一
（昭和元年十月より同年十一月間）		
養育院の分		
工事		三三八
總計		四一、五六五

右《みぎ》の外《ほか》に電氣《でんき》研究所《けんきうしよ》の物品費《ぶつぴんひ》、養育院《やういくわん》の物品費《ぶつぴんひ》があるが大《たい》した事《こと》はない。右《みぎ》は前述《ぜんじゆつ》の如《ごと》く昭《せう》和《わ》元年下半期《ぐわんねんしもはんき》同《どう》二年上半期《ねんかみはんき》の實績《じつせき》である。實績《じつせき》と豫算《よさん》との間《あひだ》に多大《ただい》の開《ひら》きあるを常《つね》として居《ゐ》る東京市《とうきやうし》豫算《よさん》の事《こと》であり、殊《こと》に其頃《そのころ》よりも膨脹《ばうちやう》してゐる大正《たいしやう》三年度《ねんど》豫算《よさん》では、右《みぎ》の四千百五十萬《まん》圓以上《えんいじやう》に出《で》る事《こと》は疑《うたが》ひない。而《しか》して其内《そのうち》の幾割幾分《いくわりいくぶん》が利權屋《りけんや》の喰《く》ひ物《もの》になるのであるか、扨《さ》て

如何《いか》にして利權屋《りけんや》の喰《く》ひ物《もの》になるか、其手品《そのてじな》の程《ほど》は次《つぎ》のお慰《なぐさ》みとしやう。

第二　追加工事と設計變更

泰山《たいざん》は土壤《どじやう》を撰《えら》ばず、大《おほ》きな堤《つゝみ》も蟻《あり》の穴《あな》から崩《くづ》れると云《い》ふ。財政《ざいせい》の要訣《えうけつ》は、蟻《あり》の穴《あな》のやうな小《ちひ》さな事《こと》にも注意《ちうい》して冗費《じやうひ》放漫《はうまん》を戒《いまし》むるにある。況《いはん》や利權屋《りけんや》の喰物《くひもの》になるなどは嚴《げん》に戒《いまし》めねばならぬ。

利權屋の附け目　本來市《ほんらいし》の財政《ざいせい》の執行《しつかう》は豫算《よさん》に從《したが》ふ事《こと》になつてゐて、豫算《よさん》は一定《てい》の規矩《きく》準繩《じゆんぜう》に依《よ》つて律《りつ》せられ、豫算金額《よさんきんがく》の下《もと》には一々單價《たんか》を記載《きさい》してあるから、そう表面《へうめん》から見《み》て不《ふ》都合《つがふ》な値段《ねだん》で物《もの》を賣《う》つたり、請負《うけお》ふたりする事《こと》は出來《でき》ぬ。そこで利權屋《りけんや》、利權《りけん》ブローカーの苦《く》肉《にく》の計《けい》として採用《さいよう》する手段《しゆだん》の第《だい》一は工事《こうじ》の追加《つゐか》であり、第《だい》二が工事《こうじ》の變更《へんかう》である。

設計變更の裏面　追加工事《つゐかこうじ》と云《い》ふのは、例《たと》へば小學校《せうがくこう》の校舍《こうしや》を請負《うけお》ふとせば始《はじ》めは市《し》の注文通《ちうもんとほ》りの設計《せつけい》にして、他《た》の請負人《うけおひにん》よりも幾分安《いくぶんやす》く入札《にふさつ》する。安《やす》いから當然落札《たうぜんらくさつ》する。落札《らくさつ》して工事《こうじ》を可《か》なり進《すゝ》めた上《うへ》で、市將來《ししやうらい》の發展《はつてん》を思《おも》ふと、教室《けうしつ》を今《いま》二三級豫備《きうよび》をして置《お》く必要《ひつえう》がある。コンクリート工事《こうじ》では、後《のち》に追加《つゐか》工事《こうじ》をするとせば大變《たいへん》な出費《しゆつぴ》である。此際《このさい》同時《どうじ》に施工《しこう》したが宜《よ》ろしい……なんかんと旨《うま》い口實《こうじつ》を設《もう》けて、追加《つゐか》工事《こうじ》をせがむ。元《もと》より其間《そのかん》要所《えうしよ》要所《えうしよ》には程《ほど》よく手《て》を廻《まは》しておくから追加《つゐか》工事《こうじ》必要《ひつえう》、請負《うけおひ》は從來の工事の關係もあり同一人に……と云《い》ふ事《こと》になる。今度《こんど》は競爭者《きやうさうしや》はないから、始《はじ》めの損《そん》を取《と》り返《かへ》すだけの高《たか》い價格《かかく》で請負《うけお》ふ。玆《こゝ》で最初《さいしよ》の損《そん》を取《と》り返《かへ》して却《かへつ》てお剩《つ》りが來《く》ると云《い》ふ事《こと》になる。これだから市《し》の請負《うけおひ》は止《や》められぬと云《い》ふ事《こと》になる。

設計變更の内情　次《つぎ》に設計變更《せつけいへんかう》も追加《つゐか》工事《こうじ》と同功異曲《どうこういきよく》である。例《たと》へば橋梁《けうりやう》を請負《うけお》ふとする。最初《さいしよ》の入札《にふさつ》は一般《ぱん》より割安《わりやす》にする。而《しか》して工事《こうじ》を進《すゝ》めて見《み》て、どうも地盤《ぢばん》が思《おも》つたよりも惡《わる》い、何《な》んだ彼《か》だと、都合《つがふ》のよい口實《こうじつ》を並《なら》べて、工事費《こうじひ》の追加《つゐか》を要求《えうきう》する。これも、乘《の》り掛《かゝ》つた舟《ふね》だ、殊《こと》に魔藥《まやく》が各方面《かくはうめん》に廻《まは》してあるからマンマと請負者《うけおひしや》の望《のぞ》み通《とほ》りに行《ゆ》く。よく新聞《しんぶん》で、何處《どこ》〳〵の道路《だうろ》が陷沒《かんぼつ》した、何處《どこ》の橋《はし》の地盤《ぢばん》工事《こうじ》が惡《わる》いと書《か》く事《こと》があるが、大抵《たいてい》は皆《みな》この手《て》から來《き》たもので眉唾物《まゆつばもの》だ。そして此事《このこと》は請負《うけおひ》の方《はう》でも請負《うけお》はす方《はう》でも百も承知《しようち》萬《まん》も承知《しようち》の件《けん》なのである。硬骨《かうこつ》な市《し》の理事者《りじしや》があつても、初《はじ》めの程《ほど》はこんなからくりが解《わか》らない。追加《つゐか》工事《こうじ》或《あるひ》は設計變更《せつけいへんかう》の申出《まをしいで》があると、そうか、そう地盤《ちばん》が惡《わる》ければ追加《つゐか》を遣《や》らねばなるまいと來《く》る。それがこれは怪《あや》しいぞと覺《さと》る時代《じだい》になると、市會《しくわい》では不信任決議《ふしんにんけつぎ》が出《で》るか追出《おひだ》し策《さく》を講究《かうきう》される時《とき》だから、半年《はんねん》や一年《ねん》たとへ眞面目《まじめ》な人《ひと》が市《し》の局《きよく》に立《た》つても仲々利《なか〳〵り》權屋《けんや》退治《たいぢ》は出來《でき》ぬ。

追加豫算頻出

右《みぎ》の如《ごと》く工事《こうじ》の追加《つゐか》をやつたり設計《せつけい》の變更《へんかう》をする結果《けつくわ》は、玆《こゝ》に市《し》の追加《つゐか》豫算《よさん》の膨大《ばうだい》を招來《せうらい》する事《こと》となる。云《い》ふまでもなく豫算制度《よさんせいど》の本旨《ほんし》から云《い》へば追加豫算《つゐかよさん》は變則《へんそく》であるから努《つと》めて避《さ》け其金額《そのきんがく》も少《すくな》くせねばならぬ。所《ところ》が市《し》は前述《ぜんじゆつ》の如《ごと》き事情《じじやう》と一方《はう》追加豫算《つゐかよさん》は世《せ》間《けん》の耳目《じもく》に強《つよ》く響《ひゞ》かぬ點《てん》もあるので兎角《とかく》追加豫算《つゐかよさん》に依賴《いらい》する傾《かたむ》きがある。世間《せけん》を騷《さわ》がした板舟《いたぶね》權問題《けんもんだい》などもやはり追加豫算《つゐかよさん》である。この追加豫算《つゐかよさん》の額《がく》の多《おほ》い事《こと》は一方《はう》決算《けつさん》と豫算《よさん》との開《ひら》きある點《てん》と共《とも》に、市《し》の豫算制度《よさんせいど》の缺點《けつてん》を爲《な》して居《ゐ》る。

可笑《をかし》な事《こと》には市《し》には豫算《よさん》の種類《しゆるゐ》を（一）當初豫算（二）當初の當初の豫算と(三)實行豫算の三つに分《わ》けてゐる。一口《くち》に何年度《なんねんど》の豫算《よさん》と云《い》ふが、嚴密《げんみつ》な意味《いみ》には右《みぎ》の三つの意味《いみ》がある。之《これ》を昭和《せうわ》三年度《ねんど》豫算《よさん》に例《れい》を採《と》れば、普通經濟《ふつうけいざい》の當初の當初の歳出豫算《さいしゆつよさん》は九千八十三萬圓《まんゑん》であつたものが、年度《ねんど》初《はじ》めの當初豫算《よさん》は一億《おく》一千六百萬圓《まんゑん》となつてゐる。

當初《たうしよ》の豫算《よさん》と當初《たうしよ》の當初《たうしよ》の豫算《よさん》との開《ひら》き三千五百萬圓《まんゑん》が即《すなは》ち追加豫算《つゐかよさん》である。所《ところ》が當初豫算《たうしよよさん》に對《たい》して其後《そのご》本年《ほんねん》十一月末《ぐわつすゑ》まで更《さら》に追加豫算《つゐかよさん》が百四十二萬《まん》九千餘圓《よゑん》あると云《い》ふ次第《じだい》である。之等《これら》の追加豫算《つゐかよさん》を加算《かさん》せば當初《たうしよ》の當初《たうしよ》の豫算《よさん》に對《たい》して三分《ぶん》の一以上《いじやう》の追加《つゐか》である。これは單《たん》に昭和《せうわ》三年度《ねんど》に限《かぎ》らない、常《つね》にそうである。茲《こゝ》に引用《いんよう》した小學校《せうがくこう》の建築《けんちく》の場合《ばあい》でも立案當時《りつあんたうじ》の大正《たいしやう》十三年度《ねんど》では五ケ年《ねん》の繼續事業《けいぞくじげう》として四千四百七十八萬圓《まんゑん》の計畫《けいくわく》であつたが、其後《そのご》になつて豫算《よさん》不足《ふそく》として四百三十四萬圓約《まんゑんやく》一割《わり》の追加豫算《つゐかよさん》を要求《えうきう》してゐると云《い》ふ類《たぐひ》である。

非科學的物品購賣　こうして請負工事《うけおひこうじ》に依《よ》つてつまらぬ工費《こうひ》を徒費《とひ》してゐる東京市《とうきやうし》は、又《また》物品購賣《ぶつぴんかうばい》に就《つい》ても浪費《らうひ》がある。物品《ぶつぴん》の購賣《かうばい》に就《つい》ては産業合理化《さんげうがふりくわ》の唱《とな》へられる米國《べいこく》に於《おい》ては、各方面《かくはうめん》の商事會社《しやうじくわいしや》や公共事業《こうきようじげう》に於《おい》て綿密《めんみつ》なる科學的研究《くわがくてきけんきう》を遂《と》げ、購買學《かうばいがく》なるものゝ概要《がいえう》は既《すで》に構成《こうせい》されてゐて其《そ》れに依《よ》つて購賣事務《かうばいじむ》を取《と》るものが多《おほ》いが、東京市《とうきやうし》の購買《かうばい》は大體《だいたい》に於《おい》て非科學的《ひくわがくてき》であるのみならず其間往々《そのかんわう〳〵》不正《ふせい》が介在《かいざい》してゐる。先年《せんねん》の砂利《じやり》喰事件《くひじけん》などはそれである。最近《さいこん》も某課長《ぼうくわちやう》が、セメントを安《やす》く購入《かうにふ》せんとして、市議《じぎ》の反撃《はんげき》を受《う》け解職《かいしよく》されたと稱《しよう》せられてゐる。市《し》でも其弊害《そのへいがい》を知《じ》つて、セメント試驗所《じけんしよ》を設《もう》けたり、直營工場《ちよくえいこうぢやう》を設《もう》けたり、或《あるひ》は用品包括購《ようひんはうくわつかう》賣《ばい》制度《せいど》を樹《た》てたりして制度《せいど》の改善《かいぜん》を圖《はか》つてゐるが、利權屋《りけんや》市會議員《しくわいぎゐん》の實勢力《じつせいりよく》が強《つよ》いから、實際《じつさい》は旨《うま》く行《い》つてゐないものが多《おほ》いやうだ。かくて不正《ふせい》がないにしても能率的《のうりつてき》でなく、之《これ》が爲《た》め市《し》費《ひ》の浪費徒費《ろうひとひ》を促《うなが》してゐる事《こと》は少《すくな》くなからう。

第三　浪費の禍根！　市會議員

市費《しひ》の浪費《ろうひ》、むだ遣《つか》ひは、物件費《ぶつけんひ》許《ばか》りではない。人件費《じんけんひ》にもある。

人件費にも無駄　人件費《じんけんひ》は計算《けいさん》の仕方《しかた》に依《よ》つて種々《しゆ〻》の數字《すうじ》が出《で》る。記者《きしや》が試《こゝろ》みに、昭和《せうわ》三年度當初豫算《ねんどたうしよよさん》につき市《し》の普通經濟特別經濟《ふつうけいざいとくべつけいざい》の經常部《けいじやうぶ》、臨時部並《りんじぶなら》に繼續費《けいぞくひ》中《ちう》の昭和《せうわ》三年度《ねんど》支出《ししゆつ》額《がく》の中《なか》から人件費《じんけんひ》として給料《きふれう》、日當手當《につたうてあて》、旅費《りよひ》、車舟馬賃《しやしうばちん》、慰安會費《いあんくわいひ》、退職給《たいしよくきふ》、休職給《きうしよくきふ》、費用《ひよう》辨濟《べんさい》等《とう》をひろつて見《み》たら、普通經濟《ふつうけいざい》に於《おい》て約《やく》二千二百餘萬圓《よまんゑん》、電氣局《でんきゝよく》（軌道《きだう》、供給《きようきふ》、乘合《のりあひ》、高《かう》速度《そくど》、研究所《けんきうしよ》、工場用品各經濟《こうぢやうようひんかくけいざい》）に於《おい》て約《やく》二千餘萬圓《よまんゑん》、水道局約《すゐだうきよくやく》五百萬圓《まんゑん》、其他《そのた》の特別經濟約《とくべつけいざいやく》八九十萬圓《まんゑん》と云《い》ふ所《ところ》であつた。大《おほ》ザツパに見《み》て四千八百萬圓前後《まんゑんぜんご》であつた。

附記。市政調査會の東京市財政統計諸表では昭和元年の東京市人件費四千四百十六萬七千圓としてある。

四千八百萬圓《まんゑん》の金《かね》を使《つか》ふのだから、市《じ》の遣方《やりかた》から見《み》て當然其處《たうぜんそこ》に無駄《むだ》がある事《こと》が想像出來《さうざうでき》る。

非ずものデモ囑託　何《なん》でも昭和《せうわ》二年度《ねんど》三月末現在《ぐわつまつげんざい》に於《お》ける市役所《しやくしよ》の職員《しよくゐん》は、左《さ》の如《ごと》くである。

吏員	三千二百十三人
囑託	六百二十九人
雇員	三千九百十九人
傭員	二萬五千百八十人
區役所吏員	六百五十八人
同雇員	九百四十三人
同傭員	一千四百二十四人

と云《い》ふ事《こと》である。之《これ》を大阪市《おほさかし》に比較《ひかく》すると、年代《ねんだい》は少《すこ》し違《ちが》ふが、昭和元年《せうわぐわんねん》まで大阪市《おほさかし》の市役所《じやくしよ》及《およ》び區役所《くやくしよ》の吏員《りゐん》(雇員傭員《こいんようゐん》を除《のぞ》く)は千九百四十四人《にん》とある。比較《ひかく》の期《き》は違《ちが》ふし、又大阪《またおほさか》市《じ》は廳舍《ちやうしや》が近代式《きんだいしき》の事務《じむ》を採《と》るに便《べん》になつてゐるが、東京《とうきやう》は舊式《きうしき》で不便《ふべん》で其上各局各所《そのうへかくきよくかくしよ》に離《はな》れ

〳〵になつて事務《じむ》を採《と》る等《とう》の事情《じじやう》もあるから、一概《がい》に數《すう》だけで用無用《ようむよう》を判《はん》ずる譯《わけ》に行《ゆ》かぬが、大體大阪《だいたいおほさか》に比《ひ》して多《おほ》いと云《い》へる。殊《こと》に六百何《なん》十人《にん》もゐる囑託中《しよくたくちう》には、駒込病院《こまごめびやういん》の二木博士《きはくし》のやうな專門家《せんもんか》で市《し》になくてはならぬ人《ひと》もあるが、又中《またなか》には市《し》の有力者《いうりよくしや》の縁引《えんひき》で、尸位素餐《しゐそさん》の徒《と》も少《すくな》くないと云《い》ふ次第《しだい》で、其間整理《そのかんせいり》の餘地《よち》はあると云《い》はねばならぬ。

綱紀肅正の急務　しかし市役所《しやくしよ》の人事問題《じんじもんだい》の要點《えうてん》は人《ひと》の數《すう》や、經費《けいひ》の問題《もんだい》もさる事乍《ことなが》ら更《さら》に深《ふか》く潛《ひそ》んだ點《てん》を考慮《かうりよ》せねばならぬ。それは綱紀《かうき》の肅正《しゆくせい》と政務事務制度《せいむじむせいど》の分立《ぶんりつ》である。この兩者《りやうしや》は互《たがひ》に因果《いんぐわ》の關係《くわんけい》があり其源《そのみなもと》は惡市會議員《あくしくわいぎゐん》である、惡市會議員《あくしくわいぎゐん》が事務員《じむゐん》を政務官化《せいむくわんくわ》せしめ、それが綱紀《かうき》の弛廢《しはい》を來《きた》さしむるものである。かくて醜市議《しうしぎ》の影《かげ》には往々《わう〳〵》醜吏員《しうりゐん》が控《ひか》へてゐるのである。之等《これら》惡市議《あくしぎ》と惡因縁《あくいんねん》ある吏員《りゐん》を一掃《さう》する一方《ぱう》、公正善良《こうせいぜんりやう》なる事務員《じむゐん》をして安《やす》んじて其職《そのしよく》に當《あた》り得《う》る制度《せいど》、即《すなは》ち政務官制度《せいむくわんせいど》と事務官制度《じむくわんせいど》の區別《くべつ》を確然《かくぜん》たらしむる事《こと》が必要《ひつえう》である。經費《けいひ》の問題《もんだい》も忽緒《ゆるがせ》に附《ふ》せらないが、更《さ》らに市内部《しないぶ》の空氣《くうき》の廓淸《くわくせい》を圖《はか》ることも必要《ひつえう》である。さるにても、惡市會議員《あくしくわいぎゐん》の餘弊《よへい》の及《およ》ぶ所實《ところじつ》に深《ふか》く廣《ひろ》いのに驚《おどろ》かざるを得《え》ぬ。

亂暴な會議費　市會議員《しくわいぎゐん》が如何《いか》に亂暴《らんばう》、滅茶苦茶《めつちやくちや》なるかを財政上示《ざいせいじやうしめ》すものは、市會議費《しくわいぎひ》の遣《つか》ひ振《ぶ》りである。

市會並《しくわいなら》に市參事會《しさんじくわい》の經費《けいひ》は市《し》の豫算《よさん》では普通經濟《ふつうけいざい》の歳出經常部《さいしゆつけいじやうぶ》第《だい》四款《くわん》に會議費《くわいぎひ》として計上《けいじやう》してある。昭和《せうわ》三年度《ねんど》豫算《よさん》では其額《そのがく》十九萬《まん》七千圓《ゑん》に上《のぼ》つてゐる。大阪市《おほさかし》の昭和《せうわ》三年度《ねんど》豫算《よさん》に於《お》ける市會費《しくわいひ》八萬《まん》三千八百圓《ゑんし》市參事會費《さんじくわいひ》七千六百圓合計《ゑんがふけい》九萬《まん》一千圓《ゑん》に對照《たいせう》せば東京市《とうきやうし》の會議費《くわいぎひ》は大阪《おほさか》の二倍《ばいい》以上《じやう》の豫算《よさん》を取《と》つてゐるのだ。議員《ぎゐん》の數《すう》は大阪《おほさか》は六十六、東京《とうきやう》は八十八で廿二人多《にんおほ》いが、如何《いか》に勉强《べんきやう》するとしても二倍《ばいい》以上《じやう》とは少《すこ》し腑《ふ》に落《お》ちぬ。其上怪《そのうへけ》しからぬ事《こと》は、何時《いつ》だつて豫算《よさん》だけで濟《す》ました事《こと》がない。昭和《せうわ》二年度《ねんど》の決算《けつさん》では一萬《まん》五千圓《ゑん》の足《あし》を出《だ》し、大正《たいしやう》十四年《ねん》の決算《けつさん》では一萬《まん》八千圓《ゑん》の足《あし》を出《だ》してゐる、それは世間《せけん》の非難《ひなん》の的《まと》の大名旅行《だいみやうりよかう》が主因《しゆいん》である。そして兩年度《りやうねんど》共豫備金《ともよびきん》で尻拭《しりぬぐ》ひをしてゐる。

下民可欺上天不欺　二億《おくい》以上《じやう》の市《し》の歳計《さいけい》から見《み》れば一萬《まん》五千や一萬《まん》八千は問題《もんだい》でないと云《い》へば、云《い》へない事《こと》もなからうが市民《しみん》の代表《だいへう》として豫算決算《よさんけつさん》の監督《かんとく》に當《あた》る第《だい》一の責任《せきにん》ある市會《しくわい》議員《ぎゐん》が自《みづか》ら豫算制度《よさんせいど》を沒却《ぼつきやく》して、濫費《らんぴ》、浪費《らうひ》の範《はん》を垂《た》れるに至《いた》つては實《じつ》に其無責任《そのむせきにん》、曠職《くわうしよく》の甚《はなは》だしいものと云《い》はねばならぬ。汝之俸、汝之祿、民之脂、民之膏、下民可欺、上天不欺。市民《しみん》を欺《あざむ》いて、其膏血《そのかうけつ》を吸《す》うてゐた市會議員《しくわいぎゐん》も、遂《つひ》に不正事件《ふせいじけん》を動機《どうき》として解散《かいさん》の悲運《ひうん》に遭《あ》ふなどは、所謂《いはゆる》下民欺《かみんあざむ》く可《べ》きも上天欺《じやうてんあざむ》くべからざるを證《しよう》したもので今更天意《いまさらてんい》の偶然《ぐうぜん》ならざるを知《し》るのである。知《し》らず解散後新選《かいさんごしんせん》せられたる議員《ぎゐん》に斯《かゝ》くの如《ごと》き醜態《しうたい》ありやなしや。

第四　市歳出の細別

神《かみ》、國《くに》を作《つく》り、人《ひと》、市《まち》を作《つく》る。狹《せま》い汚《きたな》い町々《まち〳〵》埃《ほこ》りだけで不衞生不便不愉快《ふゑいせいふべんふゆくわい》である原始都市《げんしとし》をして、住《す》み、働《はたら》くに適《てき》した、安全《あんぜん》で健康《けんかう》で快《こゝろよ》い都市《とし》に改造《かいざう》するのは、現代市民《げんだいしみん》に課《くわ》せられた責《せき》任《にん》である。啻《たゞ》に現代市民《げんだいしみん》の必要《ひつえう》を充《みた》すのみならず將來市民《しやうらいしみん》の爲《た》め、その最高《さいかう》の効果《かうくわ》をもたらすべく愼重《しんちやう》の注意《ちうい》を以《もつ》て造《つく》らねばならぬのが現代《げんだい》の都市《とし》である。それには金《かね》が要《い》るだけに無用《むよう》な事《こと》に一厘《りん》でも浪費《らうひ》する事《こと》を愼《つゝし》んで有用《いうよう》の事《こと》に充當《じうたう》せねばならぬ。只徒《たゞいたづ》らに舊式《きうしき》の經濟家《けいざいか》のやうに勤儉《きんけん》を說法《せつぱふ》し儉約《けんやく》を強制《きやうせい》し、出《だ》すものならば舌《した》でも嫌《いや》と云《い》ふのではいけない。

市歳出の大觀　かゝる見地《けんち》に立《た》つて東京市《とうきやうし》の歳出《さいしゆつ》を人件費《じんけんひ》と特別費《とくべつひ》に區分《くぶん》して見《み》ると前述《ぜんじゆつ》の如《ごと》き不仕鱈《ふしだら》、不謹愼《ふきんしん》の沙汰《さた》がある。次《つぎ》に經費《けいひ》を支出《ししゆつ》して營《いとな》む事業《じげふ》を標準《へうじゆん》として市《し》の歳出《さいしゆつ》が如何《いか》になつてゐるかを見《み》れば、昭和《せうわ》三年度《ねんど》の純計歳出豫《じゆんけいさいしゆつよ》算《さん》二億《おく》八千三百五十一萬圓《まんゑん》の内容《ないよう》は左《さ》の如《ごと》し。

三年度純計歳出内容

種別	金額（千圓）	割合
廳費	七、三三七	二・六
教育費	一五、三六七	五・四
土木費	七〇、二三一	二四・八
保健費	一九、二四五	六・八
產業費	二、三九二	〇・八
市債費	六九、〇六三	二四・四
積立金	二、五七九	〇・九
公園墓地費	三、四四三	一・二
社會事業費	三、一一四	一・一

財産費	三九二	〇・一
火災共濟費	一、〇一七	〇・四
養育院費	六一四	〇・二
水道事業費	一七、五五三	六・二
電氣事業費	六四、九七四	二三・九
其他	六、一八一	二・二
合計	二八三、五一〇	一〇〇

市歳出《しさいしゆつ》の第《だい》一位《ゐ》は土木費《どぼくひ》、第《だい》二位《ゐ》は、市債費《しさいひ》、第《だい》三位《ゐ》電氣事業費《でんきじげうひ》この三つで市費《じひ》の七割《わり》二分《ぶ》一厘《りん》を占《し》むる勘定《かんぢやう》である。之《これ》に次《つ》いでは保健費《ほけんひ》、水道事業費《すゐだうじげうひ》、教育費《けういくひ》と云《い》ふ順《じゆん》で、前《ぜん》三者《しや》に後《あと》の三者《しや》を加《くは》へると市《し》の經費《けいひ》の九割《わり》五厘《りん》を占《し》める事《こと》となる。

紐育の歳出　東京市《とうきやうし》の比較《ひかく》としては、これまで人口《じんこう》、面積制度《めんせきせいど》其他《そのた》最《もつと》も近似《きんじ》せるものとして主《しゆ》として大阪《おほさか》を引合《ひきあひ》に出《だ》して來《き》たが、茲《こゝ》では飛《と》び違《ちが》つた例《れい》として紐育市《にゆーよーくし》の歳出豫算《さいしゆつよさん》を擧《あ》ぐれば左《さ》の如《ごと》し。

紐育市歳出の内容

歳出総額	五三八、九二八千弗
内譯	
市債務償却	一六〇、〇〇〇
教育費	一〇五、〇〇〇
警察消防費	六七、〇〇〇
一般市政費	三七、〇〇〇
市吏員退職基金	五、二〇〇
感化院費	三、〇〇〇
水道瓦斯電氣事業費	一四、五〇〇
市郡裁判所	二〇、〇〇〇
公園費	七、七〇〇
街路掃除費	三一、〇〇〇

市營市有物件維持改善費　　五〇、〇〇〇

どの數字《すうじ》を見《み》ても驚異《きやうい》であり、快心《くわいしん》である。

震災と市費　そは兎《と》も角《かく》東京市《とうきやうし》歳出《さいしゆつ》の第《だい》一位《ゐ》を占《し》むる土木費《どぼくひ》は震災《しんさい》に基《もと》く復興費《ふくこうひ》復舊費《ふくきうひ》が主《しゆ》である。即《すなは》ち昭和《せうわ》三年度《ねんど》土木費《どぼくひ》總額《そうがく》七千二十三萬圓《まんゑん》の內《うち》、震災關係《しんさいくわんけい》のものは五千五百萬《まん》二千圓《ゑん》に上《のぼ》り、全土木費《ぜんどぼくひ》の約《やく》八割弱《わりじやく》に當《あた》つてゐる。因《ちな》みに前各費《ぜんかくひ》目中《もくちう》震災《しんさい》の復舊復興《ふくきうふくこう》の爲《た》めに增嵩《ぞうすう》した額《がく》を示《しめ》せば左《さ》の如《ごと》し。

昭和三年度市歳出純計中震災關係費目

	千圓
廳費	一、五八四
敎育費	三、五七三
土木費	五五、〇〇二
保健費	一二、一四七
產業費	二、〇四八
市債費	九、六九〇

公園墓地費	二、六七五
社會事業費	七〇三
水道事業費	五、五一三
電氣事業費	七、二四〇
其他	四、七一二
計	一〇四、八八九

依是觀之《これによってこれをみれば》、東京市《とうきやうし》の昭和《せうわ》三年度《ねんど》歳出《さいしゆつ》の約《やく》三割《わり》七分《ぶ》は震災關係《しんさいくわんけい》に基《もと》くものなる事《こと》が判《わか》る。

最近市歳出の推移 更《さら》に震災以來《しんさいいらい》、震災《しんさい》の應急施設復舊復興費《おうきふしせつふくきうふくこうひ》の爲《た》めに支出《じしゆつ》した額《がく》と全體《ぜんたい》の歳出《さいしゆつ》とを對照《たいせう》せば左《さ》の如《ごと》し。

	震災關係歳出 千圓	全部の歳出 千圓
大正十一年度	—	一一五、四二一
同　十二年度	四九、〇四三	一三七、七〇七
同　十三年度	三五、六四一	一四六、二九八

同　十四年度	三六、九一五	一五五、七四一
昭和元年度	八六、四八六	二〇三、五七〇
同　二　年度	八八、四七二	二六九、九七五
同　三　年度	一〇四、八八九	二八三、五一〇

次《つぎ》に、震災《しんさい》前年《ぜんねん》の大正《たいしやう》十一年度《ねんど》と昭和《せうわ》三年度《ねんど》との間《あひだ》に於《お》ける各費目《かくひもく》の消長並《せうちやうならび》に總歳出《そうさいしゆつ》に對《たい》する割合《わりあひ》の變化《へんくわ》を示《しめ》せば、左《さ》の如《ごと》くである。

	十一年度 千圓	割合	三年度 千圓	割合
廳費	四、二〇一	三・八	七、三三七	二・六
教育費	八、九三六	七・七	一五、三六七	五・四
土木費	一一、八九八	一〇・三	七〇、二三二	二四・八
保健費	八、五三五	七・四	一九、二四五	六・八
産業費	一〇三	・一	二、三九二	・八
市債費	一三、四七三	一一・七	六九、〇六三	二四・四

積立金	七、四〇七	六・四	二、五七九	・九
公園墓地費	七二九	・六	三、四四三	一・二
社會事業費	一、四三七	一・二	三、一一四	一・一
財産費	一九九	・二	三九二	・一
火災共濟金	六九	・一	一、〇一七	・四
養育院費	一、三七九	一・二	六一四	・二
水道事業費	一五、一五七	一三・一	一七、五五二	六・二
電氣事業費	四一、一六三	三五・八	六四、九七四	二三・九
其他	七三〇	・六	六、一八一	二・二
合計	一一五、四二一	―	二八三、五一〇	―

大正《たいしやう》十一年《ねん》と比較《ひかく》して昭和《せうわ》三年度《ねんど》に於《おい》て金額《きんがく》の減少《げんせう》してゐるのは養育院費《やういくゐんひ》と積立金位《つみたてきんくらゐ》で他《た》は皆増加《みなぞうか》してゐる。養育院《やういくゐん》の減《へ》つたのは擴張計畫《くわくちやうけいくわく》の一段落《だんらく》の爲《た》めであり、積立金《つみたてきん》の減《へ》つたのは電氣局積立金《でんきよくつみたてきん》を以《もつ》て震災《しんさい》の損失補塡《そんしつほてん》に充當《じうたう》した爲《た》めである。増加《ぞうか》の方《はう》は金額《きんがく》から云《い》へば土木費《どぼくひ》、

市債費《じさいひ》、電氣事業費《でんきじげふひ》、教育費《けういくひ》と云《い》ふ順《じゆん》である。市債費《しさいひ》は市債《じさい》の増加《ぞうか》の爲《た》め其元利金《そのぐわんりきん》の支拂が多《おほ》くなつた爲《た》めである。其他《このた》は主《しゆ》として震災《しんさい》の影響《えいきやう》に依《よ》る復舊復興《ふくきうふくこう》の爲《た》めである。金額《きんがく》は小《ちひ》さいが膨脹率《ばうちやうりつ》の著《いちじる》しいものは産業費《さんげふひ》で約《やく》二十三倍《ばい》してゐる、これは小賣市場《こうりしぢやう》、卸賣市場《おろしうりしぢやう》、青物市場《あをものしぢやう》の創設復舊復興《さうせつふくきうふくこう》の爲《た》めである、

尚歳出《なほさいしゆつ》の大部分《だいぶぶん》は繼續費《けいぞくひ》で昭和《せうわ》三年度豫算《ねんどよさん》について云《い》へば、歳出純計《さいしゆつじゆんけい》二億《おく》七千八百五十萬圓《まんゑん》中《ちう》、一億《おく》三千百八十七萬圓《まんゑん》が該年度《がいねんど》繼續費割當額《けいぞくひわりあてがく》となつてゐる。

第六章　繼續費――決算

第一　巨額の繼續費

かくて東京市《とうきやうし》の歳出《さいしゆつ》を見《み》る上《うへ》に於《おい》て注目《ちうもく》すべきものゝ一つに繼續費《けいぞくひ》が來《く》る。

繼續費殘額五億圓　既述《きじゆつ》の昭和《せうわ》三年度豫算《ねんどよさん》に於《お》ける普通經濟《ふつうけいざい》、特別經濟《とくべつけいざい》を通《つう》じて繼續費割當額《けいぞくひわりあてがく》は合計《がふけい》一億《おく》三千百八十七萬圓《まんゑん》の巨額《きよがく》に達《たつ》し同歳出總計《どうさいしゆつそうけい》二億《おく》八千三百五十萬圓《まんゑん》に對《たい》して約《やく》四

割《わり》六厘《りん》を占《し》めてゐる、然《しか》らば全體《ぜんたい》の繼續費《けいぞくひ》總額《そうがく》は幾何《いくばく》かと云《い》へば昭和《せうわ》三年《ねん》四月《ぐわつ》一日現在《にちげんざい》に於《おい》て

	千圓
普通經濟十八種	四一六、五二一
特別經濟十二種	四二一、五六九
合計三十種	八三八、〇九四

ザツト八億《おく》四千萬圓近《まんゑんちか》い。其中《そのうち》昭和《せうわ》二年度《ねんど》末迄《まつまで》に既《すで》に支出《ししゆつ》したる金額《きんがく》は二億《おく》九千五百二十一萬《まん》三千餘《よ》圓《ゑん》であつて、殘額《ざんがく》五億《おく》四千二百八十八萬《まん》一千圓《ゑん》となり、其年度《そのねんど》割《わり》は左《さ》の如《ごと》くである。

	千圓
昭和三年度	一三一、八七〇
同四年度	七八、五七一
同五年度	四五、九四三
同六年度	三六、一九〇
同七年度	一九、九五〇
同八年度	一七、〇五〇
同九年度	一七、〇五〇

同	十年度	一六、五八〇
同	十一年度	一五、七五〇
同	十二年度	一六、三五〇
同	十三年度	一三、七七〇
繰越額（既往年度）		一三三、八〇一

事業繰延一億三千　右《みぎ》の繰越額《くりこしがく》一億《おく》三千三百八十萬圓《まんゑん》と云《い》ふのは、昭和《せうわ》三年度《ねんど》以前《いぜん》の既《き》往年度《わうねんど》に於《お》いて支出《ししゆつ》すべかりしものであるが、事業未施行《じげうみしかう》の爲《た》め昭和《せうわ》三年度《ねんど》以降《いかう》に遞次《ていじ》繰越《くりこ》されたものである。云《い》ふまでもなく繼續事業《けいぞくじげう》は之《これ》が執行《しつかう》に付《つ》いては、其《そ》の事業《じげう》の目的《もくてき》、豫算總額《よさんそうがく》年《ねん》期《き》及《およ》び支出方法《ししゆつはうはふ》、財源等《ざいげんとう》を豫定《よてい》し市會《しくわい》の議決《ぎけつ》を求《もと》めて置《お》く可《べ》きものである、市會《しくわい》の議決《ぎけつ》の範圍《はんゐ》内《ない》に於《おい》ては事業《じげう》の進行《しんかう》の模様《もやう》或《あるひ》は財源調達《ざいげんてうたつ》の狀勢《じやうせい》に依《よ》り年度割《ねんどわり》を變更《へんかう》し得《う》るものではあるが、豫算制度《よさんせいど》の本旨精神《ほんしせいしん》からすれば、其變更《そのへんかう》は努《つと》めて之《これ》を避《さ》くべきものである。止《や》むを得《え》ず繰延《くりのべ》とするも其程度《そのていど》は努《つと》めて小額低率《せうがくていりつ》でなければならぬ。然《しか》るに右《みぎ》の繰延額《くりのべがく》一億《おく》三千三百萬圓《まんゑん》は既定《きてい》支出額《ししゆつがく》の三割以上《わりいじやう》に當《あた》る。三割以上《わりいじやう》も繰延《くりの》べるが如《ごと》きは豫算制度《よさんせいど》の本旨《ほんし》を沒却《ぼつきやく》し、市政事務《しせいじむ》を

澁滯《じうたい》せしめたものと云《い》はねばならぬ。

繰延發生の原因　抑《そもそ》も東京市《とうきやうし》の繼續費《けいぞくひ》繰延《くりのべ》が多額《たがく》に上《のぼ》る原因《げんいん》は之《これ》を分《わ》けて、歳出方面《さいしゆつはうめん》の事情《じじやう》に依《よ》るものと、歳入方面《さいにふはうめん》の事情《じじやう》に依《よ》るものとになす事《こと》が出來《でき》る。歳出方面《さいしゆつはうめん》に關《くわん》するものゝ重《おも》なるものは雨《あめ》、風《かぜ》、雪《ゆき》、地震等《ぢしんとう》の天災《てんさい》と區劃整理《くくわくせいり》の場合《ばあい》などの立退《たちの》きが旨《うま》く行《ゆ》かぬと云《い》ふ式《しき》の人爲的《じんゐてき》のものである。此種《このしゆ》我利的《がりてき》市民《しみん》の無理解《むりかい》な態度《たいど》が繼續事業《けいぞくじげふ》の進捗《しんちよく》を阻害《そがい》し、延《ひ》いて繰延額《くりのべがく》を増加《ぞうか》せしめる一因《いん》をなしてゐることは東京市民《とうきやうしみん》の名譽《めいよ》ではない。

この歳出方面《さいしゆつはうめん》の天變人爲《てんぺんじんゐ》に基《もと》く事業《じげふ》の不進行《ふしんかう》は一面歳入方面《めんさいにふはうめん》に影響《えいきやう》し、歳入方面《さいにふはうめん》の影響《えいきやう》が又《また》歳出《さいしゆつ》に影響《えいきやう》し、互《たがひ》に因《いん》となり果《くわ》となつて繰延増加《くりのべぞうか》の傾向《けいかう》を助長《じよちやう》するものである。蓋《けだ》し東京市《とうきやうし》の繼續事業《けいぞくじげふ》の歳入財源《さいにふざいげん》は、之《こ》れを大別《たいべつ》して(一)上級官廳《じやうきふくわんちやう》より來《きた》るもの(二)市自身《しじしん》で調達《てうたつ》するものゝ二つになる。

分不相應の事業慾　(一)の上級官廳《じやうきふくわんちやう》より來《きた》るものは更《さら》に分《わか》ちて(イ)國庫補助金《こくこほじよきん》、(ロ)府《ふ》補助金《ほじよきん》、(ハ)國庫貸付金《こくこかしつけきん》となす事《こと》が出來《でき》、(二)の市自身《しじしん》で調達《てうたつ》するものは(イ)市債《しさい》、(ロ)借入金《かりいれきん》、(ハ)受益者負擔金《じゆえきしやふたんきん》、(ニ)事業收入《じげうしうにふ》、(ホ)普通市費《ふつうしひ》、(ヘ)寄附金等《きふきんとう》となす事《こと》が出來《でき》る。上級《じやうきふ》官廳《くわんちやう》より來《きた》るものは補助金《ほじよきん》、貸付金《かしつけきん》共《とも》に大概《たいがい》事業《じげふ》の進行《しんかう》に隨《したが》つて下附《かふ》する事《こと》になつてゐるが、概《がい》して下附《かふ》の手續《てつゞき》が敏速《びんそく》を缺《か》いて、財政《ざいせい》に餘裕《よゆう》のない東京市《とうきやうし》としては、之《これ》が爲《ため》に繼續事業《けいぞくじげふ》の進《しん》捗《ちよく》を滯《とゞこほ》らす嫌《きらひ》がないでもない。

(二)の市自身《しじしん》で調達《てうたつ》するものゝ中《うち》で市債《しさい》を財源《ざいげん》とするものにあつては、市債《しさい》の發行《はつかう》について一々監督官廳《かんとくくわんちやう》の許可《きよか》を必要《ひつえう》とするが、屢說《るせつ》の如《ごと》く監督官廳《かんとくくわんちやう》の許可《きよか》が急速《きふそく》に運《はこ》ばず、財源《ざいげん》がない所《ところ》から自然仕事《しぜんしごと》が遲《おく》れる事《こと》となる。中《なか》には許可《きよか》がないのに豫備金其他《よびきんそのた》を流用《りうよう》して仕事《しごと》を進《すゝ》めて見《み》たが後援續《こうゑんつゞ》かず、窮境《きうきやう》に立《た》つ塲合《ばあい》もある。既述《きじゆつ》の如《ごと》き市《し》の財政缺陷《ざいせいけつかん》千七百萬圓《まんゑん》は一部《ぶ》からした事情《じじやう》に原因《げんいん》してゐる。

繼續費《けいぞくひ》の財源《ざいげん》に事業收入《じげふしうにふ》を目論見《もくろみ》、豫定《よてい》の收入《しうにふ》を擧《あ》げ得《え》ないで事業《じげふ》の進捗《しんちよく》を滯《とゞこほ》らすものもある。彼之《かれこれ》の事情《じじやう》が相俟《あいま》つて巨額《きよがく》の繰延《くりのべ》を來《きた》すものだが、其根本《そのこんぽん》は市當局《したうきよく》の計畫《けいくわく》が實際的《じつさいてき》でない爲《た》めと、市《し》の事業執行能力《じげふしつかうのうりよく》には程度《ていど》があるに拘《かゝ》はらず、分不相應《ぶんふさうおう》に事業《じげふ》を後《あと》から〳〵と目論《もくろ》む爲《た》めと云《い》はねばならぬ。

震災關係繼續費　因《ちなみ》に震災關係《しんさいくわんけい》の繼續費《けいぞくひ》の實狀《じつじやう》を示《しめ》せば左《さ》の如《ごと》くである。

	帝都復興費 千圓	震災復舊費 千圓	街路修築土地整理費 千圓
總額	一三三、九一九	二六、一八八	一七六、〇六二
繰越額	三〇、一三一	七、六七二	三九、二四七
昭和三年度年割額	一五、六六五	六、九七二	五三、一〇四
昭和四年度年割額	一五、九八三	一、四九一	一六、〇四六
昭和五年度年割額	二、二九一	九七二	二、三六四

財源別

右三種事業費總額	三三六、一七一
國庫府助成金	一四五、二九二
國貸付金	六五、二九四
借入金	一〇、一六六
市公債	八八、一〇五
其他(寄附金補償金市費負擔等)	一七、三一一

とあつて昭和《せうわ》四年中《ねんちう》には一通《とほ》りの片《かた》はつく筈《はづ》である。

第二　豫算決算の相違

前述《ぜんじゆつ》の如《ごと》き繼續費《けいぞくひ》の繰延《くりのべ》の多《おほ》いことは、やがて豫算《よさん》と決算《けつさん》との喰《く》ひ違《ちが》ひを來《きた》す一つの原因《げんいん》となつてゐる。

歳入豫算と決算　昔《むかし》江《え》戸《ど》の名物《めいぶつ》は、火事《くわじ》と喧嘩《けんくわ》と聞《き》くが現在《げんざい》東京市《とうきやうし》財政《ざいせい》の名物《めいぶつ》は、豫算《よさん》と決算《けつさん》との相異《さうい》の多《おほ》いことである。云《い》ふまでもなく豫算《よさん》は其文字《そのもじ》の示《しめ》す如《ごと》く豫算《よさん》であつて決算《けつさん》でない。故《ゆゑ》に豫算《よさん》を執行《しつかう》して見《み》て幾分《いくぶん》の狂《くる》いの來《く》ることは止《や》むを得《え》ない所《ところ》であるが、東京市《とうきやうし》の場合《ばあひ》の如《ごと》く、多《おほ》い年度《ねんど》には二割《わり》三割《わり》、甚《はなは》だしい年度《ねんど》は歳出豫算《さいしゆつよさん》などで五割《わり》からの狂《くる》ひが來《く》るのでは、豫算《よさん》は何《なん》の爲《た》めに編成《へんせい》するのかを疑《うたが》ひたくなる。

試《こゝろ》みに最近《さいきん》に於《お》ける歳入豫算《さいにふよさん》と決算《けつさん》との差異《さい》を舉《あ》げると左《さ》の如《ごと》くである。

	歳入豫算	歳入決算	差額
大正十一年度	三二八、七四九千圓	二〇一、四八三千圓	二七、三一一千圓
大正十二年度	二九〇、七三三	二一一、二八九	七九、三四三

大正十三年度	二八七、三一五	二五二、四五九	三三、八五五
大正十四年度	三二八、五〇六	二三四、一八五	九四、三二〇
昭和元年度	三五〇、六四一	三二〇、一〇五	三〇、五三六
昭和二年度	三八六、三一三	三七四、一五〇	一二、一六二

右《みぎ》の表《へう》に明《あきら》かな如《ごと》く毎年度《まいねんど》少《すくな》くとも千二百萬圓《まんゑん》、多《おほ》い時《とき》には九千三百萬圓《まんゑん》、割合《わりあひ》にして最低《さいてい》三分《ぶ》一厘《りん》、最高《さいかう》二割《わり》八分《ぶ》六厘餘《りんよ》の歳入不足《さいにふふそく》である。

歳出豫算と決算　次《つぎ》に歳出豫算《さいしゆつよさん》と同決算《どうけつさん》との關係《くわんけい》になると、更《さら》に開《ひら》きが大《おほ》きくなつてゐる。即《すなは》ち左《さ》の如《ごと》し。（單位百萬圓）

	豫算	繼續費繰越額	決算	差額
大正十一年度	二一〇	五五	一五七	一〇八
同十二年度	二七二	五六	一七七	一五一
同十三年度	二八三	七五	一八九	一六九
同十四年度	三一一	五八	一八八	一八〇

昭和元年度	三四五	八二	二六四	一五八
同　二年度	三八〇	一一三	三〇六	一八七

豫《よ》算《さん》と決算《けっさん》とその開《ひら》きが少《すくな》いのが大正《たいしょう》十一年度《ねんど》でそれでも一億《おく》八百萬圓《まんえん》、多《おほ》い方《はう》では昭和《せうわ》二年度《ねんど》の如《ごと》きは一億《おく》八千七百萬圓《まんえん》からの開《ひら》きがある。割合《わりあひ》にすれば常《つね》に五割前後《わりぜんご》の違《ちが》ひである。随分思《ずゐぶんおも》ひ切《き》つた喰《く》ひ違《ちが》ひだ、それを一年《ねん》ならず毎年續《まいねんつゞ》けてゐるのだから呆《あき》れざるを得《え》ぬ。

勘定合つて錢不足　かくて右《みぎ》の歳入決算《さいにふけっさん》と歳出決算《さいしゅつけっさん》とを對照《たいせう》すると、左《さ》の如《ごと》き剩餘金《じょうよきん》が出《で》て來《く》る勘定《かんぢやう》である。

累年決算歳入歳出對照表

	歳出決算	歳入決算	差引剩餘
大正十一年度	二〇一、四八三千圓	一五七、四六六千圓	四四、〇一七千圓
同十二年度	二一一、三八九	一七七、九九四	三三、三九五
同十三年度	二五二、四五九	一八九、五六三	六二、八九五
同十四年度	二三四、三一八	一八八、九六六	四三、三五一

昭和元　年度	三二〇、一〇五	二六九、四六六	五〇、六三三
昭和二　年度	三七四、一五〇	三〇六、四一九	六七、七三一

所《ところ》が右《みぎ》の差引残金勘定《さしひきざんきんかんぢやう》は、勘定合《かんぢやうあ》ふて錢足《ぜにた》らず、實際《じつさい》はそんな純粹《じゆんすゐ》の意味《いみ》の剩餘金《じやうよきん》でなくて其大部分《そのたいぶぶん》は既定經費《きていけいひ》の爲《た》めに後年度《こうねんど》に於《おい》て其財源《そのざいげん》たるべき約束《やくそく》にしばられてゐる金《かね》である。

差額發生の原因　右《みぎ》に示《しめ》すが如《ごと》く實《じつ》に馬鹿々々《ばか〱》しい程《ほど》の豫算《よさん》と決算《けつさん》との開《ひら》きであるが、抑《そもそ》もそれは何《なに》に依《よ》つて生《しやう》ずるかと云《い》へば、繼續費《けいぞくひ》の繰延《くりのべ》についても述《の》べたやうに、それには市《し》役所側《やくしよがは》と上級官廳側《じやうきふくわんちやうがは》と市民側《しみんがは》の三方面《はうめん》の事情《じじやう》に依《よ》るものである。

市役所側《しやくしよがは》の事情《じじやう》としては(一)事業計畫《じげうけいかく》の不備《ふび》(二)關係局課《くわんけいきよくくわ》の連絡《れんらく》の不充分《ふじゆうぶん》であり、上級官廳《じやうきふくわんちやう》の事情《じじやう》としては、市側《しがは》から申請《しんせい》したものゝ許可承認特許《きよかしようにんとくきよ》が遲《おく》れたり或《あるひ》は補助金《ほじよきん》などの交付《かうふ》が手間取《てまと》る點《てん》である。市民側《しみんがは》の事情《じじやう》としては、區劃整理《くくわくせいり》其他《そのた》市《し》の施設《しせつ》に反對《はんたい》或《あるひ》は妨害《ばうがい》、租税《そぜい》、手數料《てすうれう》の遲退《ちたい》、滯納等《たいなふとう》の點《てん》にあるが、結局問題《けつきよくもんだい》は市當局《したうきよく》が豫算《よさん》の編成並《へんせいならび》に執行《しつかう》に誠意《せいい》を缺《か》き市會《しくわい》の監督《かんとく》が充分《じゆうぶん》でない爲《た》めである。之《こ》れは豫算制度上《よさんせいどじやう》の根本的缺陷《こんぽんてきけつかん》であつて最《もつと》も重大《ぢうだい》なる缺點《けつてん》と云《い》はねばならぬ。

第七章　特別經濟の概况

第一　水道經濟の現狀

東京市《とうきやうし》財政《ざいせい》に關《くわん》する總括的解剖《そうくわつてきかいぼう》は、不完全《ふくわんぜん》乍《なが》ら以上《いじやう》を以《もつ》て打切《うちき》り、以下《いか》各經濟《かくけいざい》の重《おも》なるものにつき聊《いさゝ》か說明《せつめい》しやう。

普通經濟特別經濟　東京市《とうきやうし》の財政《ざいせい》は、既述《きじゆつ》の如《ごと》く普通經濟《ふつうけいざい》と十八の特別經濟《とくべつけいざい》に分《わ》けてあるが、各經濟《かくけいざい》の昭和《せうわ》三年度《ねんど》の豫算《よさん》は左《さ》の如《ごと》し。（單位千圓）

經濟別	總歳入（純歳入）	總歳出（純歳出）
普通經濟	一二六、一五一（一二三、二〇六）	一二六、一五一（一二一、五一四）
水道	二三、〇四七（二一、八五九）	二三、〇二四（一七、五一四）
公衆食堂費	五〇二（五〇二）	四七七（四七五）

賃屋費	九七一（五九八）	六七四（六七三）
労働賃銀立替及就職旅費貸付金	一、三二五（一五）	一、三二五（二九）
公債償還金	三二、〇二五（三二、九八一）	三二、〇二五（三二、九一三）
職員貸付資金	三二六（三二六）	三二六（三二六）
火災共済金	一、〇一七（一二〇）	一、〇一七（一、〇一七）
用品及工場	六、九六六 —	六、六六九 —
復興建築貸付資金	八〇八（八〇八）	八〇八（八〇八）
土地区劃整理清算金	四、七五三（四、七五三）	四、七五三（四、七五三）
養育院	七一〇（五九一）	七一〇（六一四）
電気軌道事業費	四七、九四〇（四六、〇五七）	四七、九四〇（三五、六三四）
電気供給事業費	一二、二五六（一〇、八二四）	一二、二五六（九、三八六）

乗合自動車事業費	五、六〇五 (四、三七九)	五、六〇五 (四、七〇五)
高速鐵道事業費	一六、二六〇〇 (一六、二六〇〇)	一五、五八九 (一四、九九九)
電氣事業減債金	四一、三四五 (二五、〇一〇)	三七、〇七二 (三五、二七六)
電氣事業工場勘定及貯藏物品費	八、九〇〇 —	八、九〇〇 —
電氣研究所費	二七九 (二〇四)	二五七 (二四八)
計	三三一、一九四 (二七八、五〇八)	三二五、八八〇 (二八〇、九三一)

備考 一、總歳入は前年度より繰越、他經濟より繰入、別途財産繰入を含み、又總歳出は他經濟へ繰入、別途積立財産へ積立を含む。

一、用品及工場、電氣事業工場、勘定及貯藏物品費の二經濟の金額は他經濟の繰替なるを以て純歳入には之を省く。

右各經濟《みぎかくけいざい》の純歳入《じゆんさいにふ》につき金額《きんがく》の多《おほ》い方《はう》から擧《あ》げると第《だい》一普通經濟《ふつうけいざい》、第《だい》二電氣軌道經濟《でんききだうけいざい》、第《だい》三電氣事業減債金《でんきじげふげんさいきん》、第《だい》四公債償還金《こうさいしやうくわんきん》、第《だい》五水道經濟《すゐだうけいざい》と云《い》ふ順《じゆん》である。經濟別《けいざいべつ》から見《み》た市《し》の大《おほ》きな事業《じげふ》は普通經濟《ふつうけいざい》の外《ほか》は先《ま》づ電氣事業《でんきじげふ》と水道事業《すゐだうじげふ》と云《い》ふ所《ところ》である。第《だい》一番《ばん》に水道經濟《すゐだうけいざい》から說明《せつめい》しやう。

水道投資八千萬　東京市《とうきやうし》の水道事業《すゐだうじげう》の沿革《えんかく》は舊《ふる》い。市外井《じぐわいゐ》の頭《かしら》に湧《わ》く清水《しみづ》を市中《じちう》に導《みちび》いたのが、今《いま》から三百三十餘年《よねん》の昔後陽成天皇《むかしごやうぜいてんのう》の天正《てんしやう》十八年徳川家康時代《ねんとくがはいへやすじだい》の事《こと》である。その後《ご》六十三年《ねん》を經《へ》て四代將軍家綱《だいしやうぐんいへつな》の時代《じだい》に松平伊豆守《まつだひらいづのかみ》が、多摩川《たまがは》の清流《せいりう》を西多摩《にしたま》の羽村《はむら》に取入口《とりいれくち》を設《もう》け、それより十餘里《より》の水路《すゐろ》を開鑿《かいさく》して市内《しない》に導《みちび》くと云《い》ふ大計畫《だいけいくわく》を立《た》て、一年餘《ねんよ》にして完成《くわんせい》したのが現在《げんざい》の玉川上水路《たまがはじやうすゐろ》である。それが近代式《きんだいしき》の水道《すゐだう》に改築《かいちく》の議《ぎ》が決《けつ》したのが明治《めいぢ》二十三年《ねん》、それより二年遲《ねんおく》れて明治《めいぢ》二十五年《ねん》に起工《きこう》し、從來前後《じうらいぜんご》廿有餘《いうよ》の歳月《さいげつ》を閲《けみ》して近代式設備《きんだいしきせつび》が略完成《ほゞくわんせい》した頃《ころ》には、所定《しよてい》の給水能力《きふすゐのうりよく》の八百萬立方尺《まんりつぱうしやく》では夏《なつ》の日《ひ》などは一日《にち》で消費《せうひ》し盡《つく》すと云《い》ふ狀態《じやうたい》であつたので、それではと大正《たいしやう》二年《ねん》十一月擴張工事《くわくちやうこうじ》を起《おこ》し從來震災《じうらいしんさい》の復興工事《ふくこうこうじ》や、其他《そのた》で金《かね》を注《つ》ぎ込《こ》んだのが、水道《すゐだう》の維持改良費《ゐぢかいりやうひ》を除《のぞ》いて

一、創設費　九百十八萬圓
一、擴張費　六千六百九十四萬圓
内自大正二年至昭和元年擴張　二千五百五十二萬圓

震災復興費	五百十三萬圓
自昭和二年至昭和七年擴張	二千四百六十四萬圓
水源林涵養費	約二百萬圓
境濾過池	百六十五萬圓

とあるからザット八千萬圓《まんゑん》である。

水道普及率九十七　右《みぎ》八千萬圓《まんゑん》の資金《しきん》を投《とう》じた水道《すゐだう》の現状《げんじやう》はどうかと云《い》へば、昭和《せうわ》二年《ねん》末《まつ》現在《げんざい》の給水栓並《きふすゐせんならび》に給水戸《きふすゐこ》口數《とうすう》は左《さ》の如《ごと》くである。

給水栓數	廿六萬三千二百五栓
給水戸數	卅五萬二百一戸
給水人口	二百九萬五千八百六十人

で東京《とうきやう》の人口《じんこう》の九十七%までは、水道《すゐだう》の水を使《つか》ふてゐる勘定《かんぢやう》になつてゐる。之《こ》れを京都《きやうと》、大《おほ》阪《さか》、横濱《よこはま》、神戸《かうべ》、名古屋《なごや》の六大都市《だいとし》の水道普及率《すゐだうふきふりつ》と比較《ひかく》すると左《さ》の如《ごと》くで、東京市《とうきやうし》は一番好《ばんよ》く行《ゆ》き渡《わた》つてゐる。

東京	九七%	京都	八二%
大阪	九四%	横濱	八〇%
神戸	八九%	名古屋	五四%

備考　大阪は元の四區の普及率名古屋は大名古屋の普及率

水道料金は如何　何事《なにごと》にも大阪《おほさか》に劣《おと》つてゐる東京市《とうきやうし》も、水道《すゐだう》の普及率《ふきふりつ》だけは、幾分《いくぶん》勝《まさ》つてゐる。次《つぎ》に肝腎《かんじん》の料金《れうきん》はどうかと六大都市《だいとし》を比較《ひかく》して見《み》ると左《さ》の如《ごと》くである。（家事《かじ》專用水《せんようすゐ》道單位《だうたんゐ》口徑《こうけい》十二サンチメートル）

	基本數量（立方米）	基本料金月額（錢）	超過水量一立方米料金（錢）
東京	一〇	九三、〇〇	七、〇〇
京都	一二	六六、〇〇	五、五〇
大阪	一〇	五八、〇〇	六、〇〇
横濱	一〇	一〇〇、〇〇	六、五〇
神戸	一三	八〇、〇〇	六、四五

名古屋	一、六〇〇	七、八〇

基本料金月額《きほんれうきんつきがく》十立方米突《りつぱうめーとる》で九十三錢《せん》、超過料《てうくわれう》一立方米突《りつぱうめーとる》七錢《せん》は、横濱《よこはま》に次《つ》いで高《たか》い方《はう》である普及率《ふきふりつ》で大阪《おほさか》に勝《か》つた東京《とうきやう》の水道《すゐだう》は料金《れうきん》の安《やす》い方《はう》では又《また》一籌《ちう》を輸《ゆ》した次第《しだい》であるが、それには水源地《すゐげんち》の關係《くわんけい》や種々《しゆ〴〵》他《た》の事情《じじやう》を掬《く》まねばならぬ。大阪《おほさか》や京都《きやうと》は、琵琶湖《びはこ》と云《い》ふ天然《てんねん》の大貯水地《だいちよすゐち》を至極近《しごくちか》い所《どころ》に持《も》つてゐるが、東京《とうきやう》では村山《むらやま》の貯水地《ちよすゐち》に七百五十二萬圓《まんゑん》、今度施設《こんどしせつ》する山口貯《やまぐちちよ》水地《すゐち》には六百廿萬圓《まんゑん》も金《かね》を掛《か》けねばならぬと云《い》ふ具合《ぐあひ》に、大阪《おほさか》が三千萬圓位《まんゑんくらゐ》の投資《とうし》に對《たい》し八千萬圓《まんゑん》も投資《とうし》してゐるから、水道料金《すゐだうれうきん》の幾分高《いくぶんたか》いのも仕方《しかた》がない。

水道豫算の現狀　次《つぎ》に現在《げんざい》の水道《すゐだう》の豫算《よさん》はどうなつてゐるかを見《み》るに、歳入《さいにふ》は、使用料《しようれう》(水道料金《すゐだうれうきん》)納付金《なふふきん》(給水工費代《きふすゐこうひだい》)市債《しさい》が重《おも》なるもので昭和《せうわ》三年度豫算《ねんどよさん》では左《さ》の如《ごと》くなつてゐる。

	千圓
歳入總額	一二、〇四七
内財産より生ずる收入	一九
使用料手數料	六、八四四
納付金	五、〇九八

國庫補助金	四三三
府補償金	二、五七二
寄附金	一〇
繰越金	一八七
雜收入	二〇六
市債	七、〇四〇

之《これ》に對《たい》し歳出《さいしゆつ》は左《さ》の如《ごと》くで、歳入出差引殘金《さいにふしゆつさしひきざんきん》二萬《まん》三千三十四圓《ゑん》は水道準備積立金《すゐだうじゆんびつみたてきん》に編入《へんにふ》してゐる。

歳出	二三、〇二四 千圓
經常部	六、八三二
臨時部	一五、一九二

從來東京市《じうらいとうきやうし》の水道《すゐだう》の供給《きようきふ》は常《つね》に需要《じゆえう》に追《お》はれがちであつて現在《げんざい》の擴張計畫《くわくちやうけいかく》が一切完成《さいくわんせい》すれば一日《にち》の給水能力約《きふすゐのうりよくやく》千八百萬立方尺《まんりつぱうしやく》となり、昭和《せうわ》三年《ねん》の最大送水量《さいだいそうすゐりやう》千六百五十萬立方尺《まんりつぱうしやく》に對《たい》すれ

ば、餘裕《よゆう》がある次第《じだい》であるが、市《し》の從來《じうらい》の發展《はつてん》から見《み》て未《いま》だ安心《あんしん》と云《い》ふ譯《わけ》に行《ゆ》かぬ。

第二　行詰の市電の實情

埃及人《えぢぷとじん》が、我輩《わがはい》の國《くに》には象形文字《しやうけいもじ》と云《い》ふ難解《なんかい》なものがあると云《い》つたら、英國人《えいこくじん》は我輩《わがはい》の國《くに》には、鐵道時間表《てつだうじかんへう》と云《い》ふ難解《なんかい》なものがある、鐵道《てつだう》の時間表《じかんへう》が判《わか》れば博士號《はくしがう》が貰《もら》へると云《い》つたとは前《まへ》に引用《いんよう》した話《はなし》。英國《えいこく》は自由主義《じいうしゆぎ》の天國《てんごく》、鐵道《てつだう》なども系統《けいとう》も組織《そしき》もなく滅茶苦茶《めつちやくちや》に敷設《ふせつ》した結果《けつくわ》が鐵道時間表《てつだうじかんへう》の難解《なんかい》となつたものである。所《ところ》が、英國《えいこく》の時間表《じかんへう》、埃及《えぢぷと》の象形文字《しやうけいもじ》に劣《おと》らず難《なん》解《かい》なものに東京市《とうきやうし》の電氣局《でんききよく》の豫算《よさん》がある。由來《ゆらい》紊亂《ぶんらん》してゐる會社《くわいしや》の會計《くわいけい》と云《い》ふものは大抵《たいてい》難解《なんかい》でやゝつこしい。其處《そこ》で難解《なんかい》でやゝこしいものは紊亂《ぶんらん》してゐると云《い》ふ逆定理《ぎやくていり》が成《な》り立《た》つかどうかを、難解《なんかい》でやゝこしい市電氣局《しでんききよく》の會計《くわいけい》――財政《ざいせい》について檢討《けんたう》しやう。

電氣局各事業大觀　一口《くち》に市電氣局《しでんききよく》の財政《ざいせい》と云《い》ふがそれには市役所《しやくしよ》の制度《せいど》としては七つの特別經濟《とくべつけいざい》があり、通俗《つうぞく》の意味《いみ》に於《おい》ても電車事業《でんしやじげふ》、電燈事業《でんとうじげふ》、乘合自動車《のりあひじどうしや》、地下鐵道《ちかてつだう》の四種《しゆ》がある。大觀《たいくわん》して云《い》へば電車事業《でんしやじげふ》が一番大規模《ばんだいきぼ》で現在約《げんざいやく》一億《おく》八千万圓《ゑん》の投資《とうし》をしてゐるが一番成《ばんせい》績《せき》が惡《わる》い。電燈事業《でんとうじげふ》は電車《でんしゃ》に次《つ》いで今《いま》の所資本《ところしほん》を喰《く》ふて三千六百萬圓《まんゑん》の投資《とうし》となつてゐるが相《さう》當《たう》の成績《せいせき》を擧《あ》げてゐる。乘合自動車《のりあひじどうしゃ》はまだ二百餘萬圓《よまんゑん》の投資《とうし》で一番成績《ばんせいせき》が良《よ》い。地下鐵道《ちかてつだう》は、澁谷線《しぶやせん》と池袋線《いけぶくろせん》のボーリングを遣《や》つた許《ばか》りで、今《いま》の所海《ところうみ》のものとも山《やま》のものとも解《わか》らないと云《い》ふ狀態《じやうたい》である。かくて尾張名古屋《をはりなごや》は城《しろ》で持《も》ち、東京市電氣局《とうきやうしでんききよく》は電氣軌道事業《でんききだうじげふ》で持《も》つて、電車事業《でんしゃじげふ》こそ市《し》電氣局《でんききよく》の根幹《こんかん》をなすものであるが、この肝腎《かんじん》の電氣事業《でんきじげふ》が、一番成績《ばんせいせき》が惡《わる》い。成績《せいせき》が惡《わる》い程度《ていど》でなく大《おほい》に行詰《ゆきつ》まり、將《まさ》に破綻《はたん》に瀕《ひん》してゐるのだから困《こま》つたものだ。

表面の計算は利益　先《ま》づ、七むづかしく込《こ》み入《い》つた電氣局《でんききよく》の各豫算《かくよさん》を丹念《たんねん》に調《しら》べて見《み》ると、次《つぎ》の事《こと》が解《わか》る。昭和《せうわ》三年度豫算《ねんどよさん》では電車事業《でんしゃじげふ》の收入《しうにふ》は乘車料其他《じやうしゃれうそのた》を併《あは》せて三千二百八十三萬圓《まんゑん》の收入《しうにふ》に對《たい》して二千二百六十八萬圓《まんゑん》の經營費《けいえいひ》を支出《ししゆつ》し、差引利益金《さしひきりえききん》として一千十五萬圓《まんゑん》を上《あ》げてゐる。而《しか》して右利益金《みぎりえききん》を減損補塡金積立《げんそんほてんきんつみたて》に九十五萬圓減債金繰入《まんゑんげんさいきんくりいれ》に九百廿萬圓《まんゑん》を繰入《くりい》るゝ事《こと》になつてゐる。單《たん》にこれだけの數字《すうじ》を見《み》てゐると其處《そこ》に何《なん》の變哲《へんてつ》もないが、更《さら》に一步《ぽ》突《つ》き込《こ》んで見《み》ると種々《しゆく》の缺點《けつてん》を發見《はつけん》する。

貧弱なる銷却　右《みぎ》の內減債金繰入《うちげんさいきんくりいれ》れと云《い》ふのは其文字《そのもじ》だけから見《み》ると市債《しさい》の元金繰入《ぐわんきんくりいれ》の

如《ごと》く見《み》えるが、市債《じさい》の元金《ぐわんきん》の繰入《くりい》れもあるにはあるが、市債元金《しさいぐわんきん》の繰入《くりいれ》はホンの名丈《なだけ》で其大部分《そのだいぶぶん》九百萬圓《まんゑん》と云《い》ふものは、電氣軌道經濟《でんききだうけいざい》の投下資本《とうかしほん》の原本《げんぽん》たる市債《じさい》一億《おく》八千萬圓《まんゑん》の利子《りじ》である。元金《ぐわんきん》は一部《ぶ》で利子《りじ》が大部分《だいぶぶん》を占《し》むる減債金繰入《げんさいきんくりいれ》ではあるが、是《これ》を前《まへ》の利益金《りえききん》の中《うち》から取除《とりのぞ》くと殘金《ざんきん》は九十五萬圓《まんゑん》の減損補塡積立《げんそんほてんつみたて》だけとなる。九十五萬圓《まんゑん》の減損補塡積立《げんそんほてんつみたて》——普通《ふつう》の事業會社《じげふくわいしや》ならば銷却金《せうきやくきん》に當《あた》る減損補塡積立《げんそんほてんつみたて》が、投下資本《とうかしほん》に對《たい》してどれだけの割合《わりあひ》に當《あた》つてゐるかと云《い》ふと、昭和《せうわ》三年度《ねんど》首《はじめ》の電車事業《でんしやじげふ》の投資《とうし》々本額《ほんがく》は一億《おく》七千四百六十六萬圓《まんゑん》であるから僅《わづ》かに百七十四分《ぶ》ノ一である。一方電氣軌道事業投資《はうでんききだうじげふとうし》の主《おも》なるものは軌條《きでう》、架線《かせん》、車輛土地《しやりやうとち》と云《い》ふ所《ところ》であるが、之等《これら》の生命《せいめい》は軌條普通物約《きでうふつうぶつやく》十年《ねん》カーブ用《よう》二三年架線《ねんかせん》三四年車輛中車臺《ねんしやりやうちうしやだい》は廿年乃至《ねんないし》廿五年《ねん》と云《い》ふのが先《ま》づ標準《へうじゆん》とせられてゐる。尤《もつと》も改修々繕《かいしうくぜん》を加《くは》ふれば幾分生命《いくぶんせいめい》は永《なが》くなるものもある。又廢物《またはいぶつ》となつても地方鐵道其他《ちはうてつだうそのた》へ幾干《いくばく》かの値段《ねだん》で賣《う》れ行《ゆ》くものもあつて、生命《せいめい》が來《き》たからとて必《かなら》ずしもゼロになるとは限《かぎ》らない、又土地《またとち》の如《ごと》く價格《かかく》が騰貴《とうき》するものもある。彼此《かれこ》れの事情《じじやう》を綜合《そうがふ》して見《み》ても、昭和《せうわ》三年度《ねんど》のやうに投下資本《とうかしほん》に對《たい》して百七十四分《ぶん》ノ一の銷却《せうきやく》では到底追《たうていお》ひ付《つ》かぬ事《こと》だけは明《あきら》かである。

精算せば赤字　假《か》りに之《これ》を對投下資本《たいとうかしほん》三十分《ぶん》ノ一銷却《せうきやく》、三十年銷却計畫《ねんせうきやくけいくわく》とすれば、昭和《せうわ》三年度《ねんど》の銷却積立《せうきやくつみたて》――減損補塡積立《げんそんほてんつみたて》は五百八十萬圓《まんゑん》を計上《けいじやう》せねばならぬ。之《これ》を同《おな》じく五十分《ぶん》ノ一の銷却《せうきやく》五十年銷却計畫《ねんせうきやくけいくわく》としても三百四十八萬圓《まんゑん》、百分《ぶん》ノ一百年銷却計畫《ねんせうきやくけいくわく》としても百七十四萬《まん》圓《ゑん》を必要《ひつえう》とし、昭和《せうわ》三年度《ねんど》豫算《よさん》の減損補塡積立《げんそんほてんつみたて》九十五萬圓《まんゑん》では、四百八十萬圓乃至《まんゑんないし》七十九萬圓《まんゑん》不足《ふそく》となり、それだけ赤字《あかじ》が出《で》る勘定《かんぢやう》である。銷却《せうきやく》を充分《じうぶん》にすれば元利金《ぐわんりきん》が拂《はら》へず、元利金《ぐわんりきん》を拂《はら》へば銷却《せうきやく》が充分《じうぶん》に出來《でき》ぬ。これが現在市《げんざいし》の電車事業《でんしやじげう》行詰《ゆきつま》りの實體《じつたい》である。しかし、市《し》の電車《でんしや》事業《じげう》の行詰《ゆきつま》りの難局《なんきよく》は右《みぎ》の如《ごと》き現在《げんざい》の程度《ていど》だけの生優《なまやさ》しいものでない。それが將來《しやうらい》になる程《ほど》より多《おほ》く行詰《ゆきつま》り、より多《おほ》く難局《なんきよく》に立《た》つのである。其處《そこ》に市當局《したうきよく》の惱《なや》みがあり、市《し》の電車事業立直《でんしやじげうたてなほ》しの困難《こんなん》があるのである。

第三　都市交通機關革命の一實例

東京市《とうきやうし》の電車事業《でんしやじげう》は行詰《ゆきつま》つてゐる。現在《げんざい》も行詰《ゆきつま》つてゐるが將來《しやうらい》は益々《ますく》行詰《ゆきつま》らんとしてゐる。

都市交通機關生命　事態《じたい》を茲《こゝ》に至《いた》らしめた原因《げんいん》は一二にして足《た》らぬが其原因《そのげんいん》の一つは都《と》

市《し》の交通機關《かうつうきくわん》の生命《せいめい》が比較的短《ひかくてきみぢか》いと云《い》ふ點《てん》である。世界《せかい》の都市交通史《としかうつうし》を繙《ひもと》くと、都市《とし》の主《しゆ》たる交通機關《かうつうきくわん》の生命《せいめい》は先《ま》づ二三十年《ねん》と云《い》ふ事《こと》になつてゐる。歐米《おうべい》に於《お》ける都市交通機關《としかうつうきくわん》の先驅《せんく》をなした馬車鐵道《ばしやてつだう》は一八五〇——一八七五年《ねん》の間《あひだ》に多《おほ》く敷設《ふせつ》せられたものが一八八〇——一八九〇年《ねん》の間《あひだ》に路面電車《ろめんでんしや》に其地位《そのちゐ》を奪《うば》はれた。高速鐵道《かうそくてつだう》は一八六〇年以後《ねんいご》主《しゆ》として一九〇〇年前後《ねんぜんご》から一九二〇年頃迄《ねんころまで》に發達《はつたつ》して路面電車《ろめんでんしや》と併立《へいりつ》して都市交通《としかうつう》を處理《しより》し、今《いま》や所《ところ》に依《よ》つては路面電車《ろめんでんしや》を壓倒《あつたう》してゐる。一方最近乘合自動車《はうさいきんのりあひじどうしや》は疾風迅雷《しつぷうじんらい》の勢《いきほ》ひを以《もつ》て出現《しゆつげん》して路面電車《ろめんでんしや》、高速鐵道《かうそくてつだう》に追迫《つゐはく》してゐて、將來《しやうらい》の都市交通機關《としかうつうきくわん》の中心《ちうしん》は如何《いか》になるか遽に逆睹《ぎやくと》し難《がた》い形勢《けいせい》になつてゐる。

この趨勢《すうせい》は、時《とき》の前後《ぜんご》はあるが大體《だいたい》我國《わがくに》に於《おい》ても免《まぬか》れざるの數《すう》であつて、馬車鐵道《ばしやてつだう》に代《かは》つて東京市《とうきやうし》交通機關《かうつうきくわん》として王者《わうしや》の威《ゐ》を揮《ふる》うてゐた市《し》の路面電車《ろめんでんしや》も今《いま》や省電《しやうでん》、地下鐵等《ちかてつとう》の高速鐵道《かうそくてつだう》、乘合自動車等《のりあひじどうしやとう》に前後《ぜんご》から壓迫《あつぱく》せられ、漸《やうや》く受難時代《じゆなんじだい》に入《はい》つてゐる。これが市《し》電行詰《でんゆきつま》りの一原因《げんいん》である。

乘車人員減の傾向　今《いま》一つ市《し》電行詰《でんゆきつま》りの原因《げんいん》は財界《ざいかい》の不景氣《ふけいき》である。財界《ざいかい》の不景氣《ふけいき》に依《よ》る交通機關《かうつうきくわん》の不振《ふしん》は全國的《ぜんこくてき》であるが、此財界《このざいかい》の不景氣《ふけいき》と前述《ぜんじゆつ》の東京市《とうきやうし》に於《お》ける新交通機關《しんかうつうきくわん》の擡《たい》頭《とう》の結果《けつくわ》は、茲《こゝ》に市電《しでん》の乗車人員《じようしやじんゐん》の減少《げんせう》或《あるひ》は乗車人員《じようしやじんゐん》伸力《しんりよく》の減退《げんたい》となつて表《あら》はれて來《き》た。即《すなは》ち左表《さへう》の如《ごと》く乗車人員《じようしやじんゐん》は大正《たいしやう》八年《ねん》より大正《たいしやう》十三年《ねん》までは大正《たいしやう》十二年《ねん》を除《のぞ》いて増加《ぞうか》の傾向《けいかう》を辿《たど》つたものが、大正《たいしやう》十三年《ねん》を峠《たうげ》として、減少《げんせう》の傾向《けいかう》となつて來《き》てゐる。

東京市電車乗車人員數

	千人
大正八年度	三九五、一九九
同九年度	四〇〇、六三六
同十年度	四四八、四〇八
同十一年度	四七九、七〇二
同十二年度	四五三、九五二
同十三年度	四九六、二六八
同十四年度	四六七、〇〇〇
同十五年度	四四一、一八九

（以上決算）

昭和二年度（豫算）	四五一、六〇〇
昭和三年度（同）	四四八、五〇九

普通《ふつう》の狀態《じやうたい》ならば都市《とし》の交通機關《かうつうきくわん》は人口《じんこう》の增加《ぞうか》と一人《り》當《あた》り乘車回數《じやうしやくわいすう》の增加《ぞうか》に依《よ》つて遞增《ていぞう》を來《きた》すべき筈《はづ》なるに拘《かは》らず、最近《さいきん》の東京市電《とうきやうしでん》が乘車人員《じやうしやじんゐん》の減少傾向《げんせうけいかう》にある如《ごと》きは、一に前述《ぜんじゆつ》せる都《と》市《じ》新交通機關《しんかうつうきくわん》の發達《はつたつ》と財界《ざいかい》の不景氣《ふけいき》に依《よ》るものとせねばならぬ。

收入減利益減　乘車人員《じやうしやじんゐん》の減少《げんせう》は當然乘車賃收入《たうぜんじやうしやちんしうにふ》の減少《げんせう》を結果《けつくわ》した。市電《しでん》の收入《しうにふ》には乘《じやう》車賃《しやちん》以外土地《いぐわいとち》の賣却代等雜多《ばいきやくだいとうざつた》の收入《しうにふ》があつて、乘車賃《じやうしやちん》の增減《ぞうげん》は必《かなら》ずしも總收入《そうしうにふ》に正比例《せいひれい》しないが、主《しゆ》たる收入《しうにふ》たる乘車賃《じやうしやちん》の增減《ぞうげん》は大體總收入《だいたいそうしうにふ》にも反映《はんえい》して、左《さ》の如《ごと》く總收入《そうしうにふ》も大正十三年來《たいしやうねんらい》減少傾向《げんせうけいかう》にある。かくて收入《しうにふ》の減少《げんせう》は延《ひ》いて利益金《りえききん》の減少《げんせう》を伴《ともな》うて來《き》てゐる即《すなは》ち左《さ》の如《ごと》し。

	收入	經營費	差引利益
	千圓	千圓	千圓
大正八年度	一九、四二三	一一、九六五	七、四五七
同　九年度	二九、四二〇	一九、八七二	九、五四八
同　十年度	三二、四六〇	一九、八一〇	一二、六五〇

同　十一年度	三五、〇七七	二一、五九〇	一三、四八七
同　十二年度	二七、八九六	二〇、三一四	七、五八二
同　十三年度	三七、五三三	二四、八七五	一二、六五七
同　十四年度	三五、五六九	二四、六〇四	一〇、九六四
同　十五年度	三二、八五七	二二、九九一	九、八六六
昭和二　年度	三三、六〇九	二二、七六一	一〇、八四八
同　三　年度	三二、八三九	二二、六八〇	一〇、一五九

備考　十五年度までは決算、昭和二、三年度は豫算

利益不増資本増加　右《みぎ》の如《ごと》き事情《じじやう》で市電《しでん》の利益金《りえききん》は増《ま》さない。一方市電《はうしでん》の資本投下額《しほんとうかがく》は年々増加《ねんねんぞうか》してゐる。即《すなは》ち左《さ》の如《ごと》し。

東京市電氣軌道事業投資額（年度首年度末平均）

	千圓
大正八　年度（決算）	八〇、六六二
同　九　年度（同）	八八、五六七

同　十　年度(同)	一〇一、七一五
同　十一年度(同)	一一八、五九八
同　十二年度(同)	一二九、一六二
同　十三年度(同)	一三七、〇〇一
同　十四年度(同)	一四七、六二〇
昭和元　年度(同)	一五四、五〇二
同　二　年度(豫算)	一六二、二一二
同　三　年度(同)	一七四、六六六

利益金《りえききん》が殖《ふ》えないで、投下資本《とうかじほん》が増加《ぞうか》すれば玆《こゝ》に利益率《りえきりつ》の低下《ていか》を招來《せうらい》する事《こと》は、雨《あめ》が降《ふ》つて天氣《てんき》が惡《わる》い以《い》上《じやう》の因果關係《いんぐわくわんけい》である。故《ゆゑ》に其當然《そのたうぜん》の結論《けつろん》として左《さ》の如《ごと》く利益率《りえきりつ》の低下《ていか》を見《み》てゐる。

大正八　年度	九分二厘(決算)	同　九　年度	一割八厘(決算)
同　十　年度	一割二分四厘(同)	同　十一年度	一割一分四厘(同)
同　十二年度	五分九厘(同)	同　十三年度	九分二厘(同)

同　十四年度　　七分四厘（同）　　同　十五年度　　六分四厘（同）

昭和二　年度　　六分七厘（豫算）　昭和三　年度　　五分八厘（豫算）

元《もと》より右《みぎ》の利益率《りえきりつ》は前《まへ》に引用《いんよう》した昭和《せうわ》三年度《ねんど》の市電車事業豫算《じでんしやじげうよさん》の場合《ばあひ》と等《ひと》しく、投下資本《とうかしほん》の元本《ぐわんぽん》たる市債《じさい》の元利金《ぐわんりきん》の支拂並《じはらひならび》に減損補塡《げんそんほてん》積立《つみたて》が含《ふく》まれてない事《こと》を承知《しようち》して置《お》いて貰《もら》ひたい。

第四　市電の大きな癌

市電《しでん》が年々《ねんねん》投資額《とうしがく》が増《ま》すに係《かゝ》はらず利益金《りえききん》がそれに伴《ともな》つて増《ま》さない。従《したが》つて利益率《りえきりつ》（市債《じさい》の元利金《ぐわんりきん》の支拂《しはらひ》、投資々本《とうししほん》の銷却《せうきやく》を除《のぞ》く）が漸次遞下《ぜんじていか》すると云《い》ふ事《こと》は、投下資本《とうかしほん》の能率《のうりつ》が低下《ていか》し不働資産《ふどうしさん》、未働資産《みどうしさん》或《あるひ》は空《くう》な資産《しさん》が生《しやう》じて居《ゐ》る事《こと》を語《かた》るものである。

震災と新線の影響

市電《じでん》の現在《げんざい》の資産《しさん》約《やく》一億《おく》八千萬圓《まんゑん》中明《ちうあきら》かに空《くう》の資産化《しさんくわ》したものに震災《しんさい》に依《よ》る損失《そんしつ》約《やく》三千萬圓《まんゑん》がある。また資産《しさん》の能率《のうりつ》の低下《ていか》したと認《みと》むべきものに新規《しんき》の建設《けんせつ》がある。新線《しんせん》の建設《けんせつ》は、大正《たいしやう》八年度《ねんど》から昭和《せうわ》三年度《ねんど》までの間《あひだ》に單線《たんせん》として三十七哩、複線《ふくせん》として十六哩半《はん》ある。之等《これら》は多《おほ》く市内《じない》の中心《ちうしん》を去《さ》つた地點《ちてん》で乗客數《じようきやくすう》が多《おほ》くない上《うへ》に、物價《ぶつか》地價《ちか》勞銀《らうぎん》の騰《とう》費《き》の爲《た》めに建設費《けんせつひ》が割高《わりだか》になつてゐる。最高《さいかう》のものは石原天神線《いしはらてんじんせん》の如《ごと》く軌道設備《きだうせつび》並《なら》に附屬設備《ふぞくせつび》を包含《はうがん》して一哩當《あた》り三百萬圓《まんゑん》に上《のぼ》るものもあり、土地《とち》の買收《ばいしう》なく最低《さいてい》のものでも六十萬圓《まんゑん》はかゝり、最近《さいきん》では複線《ふくせん》一哩當《あた》り平均《へいきん》二百萬圓《まんゑん》と唱《とな》へられてゐる。假《か》りに平均複線《へいきんふくせん》一哩當《あた》り二百萬《まん》圓《ゑん》とすれば、大正《たいしやう》八年來《ねんらい》の新線《しんせん》十六哩半《はん》で三千七百萬圓《まんゑん》がものは能率《のうりつ》が劣《おと》つて、從來《じうらい》の投資《とうし》に負擔《ふたん》を加重《かちう》したものと認《みと》めねばならぬ。

未働資産、空な資産　右《みぎ》の二つだけで相當市電《さうたうしでん》としては打擊《だげき》であり、惡影響《あくえいきやう》を蒙《かうむ》らねばならぬが、其外《そのほか》にまだ左《さ》の如《ごと》く未成線《みせいせん》を有《いう》してゐる。これは未働資産《みどうしさん》としてやはり、市電《しでん》の財政《ざいせい》を壓迫《あつぱく》する。何《いづ》れも近《ちか》く竣工《しゆんこう》するらしいが竣工《しゆんこう》しても、前述《ぜんじゆつ》の新線《しんせん》の場合《ばあひ》に說《と》いたやうに、既《き》設線《せつせん》の重荷《おもに》となるものである。（護國寺《ごこくじ》——江戸川間以下《えどがわかんいか》三線開通《せんかいつう》）

一、護國寺——江戸川
一、本所石原町——天神町
一、錦絲堀——猿江裏町
一、巣鴨……板橋

其外《そのほか》に見逃《みのが》し難《がた》いものは、銷却《せうきやく》を懈怠《かいたい》したが爲《た》めに生《しやう》ずる空《くう》な資産《しさん》の發生《はつせい》である。銷却不充《せうきやくふじう》分《ぶん》な爲《た》めにどれだけの空《くう》な資産《しさん》、空《くう》な評價益《ひやうかえき》が現在《げんざい》の財産《ざいさん》に出《で》てゐるかと云《い》ふに、記者《きしや》は少《すくな》くとも一千萬圓《まんゑん》はあると見込《みこ》むものである。それは大正《たいしやう》九年《ねん》の電車《でんしや》値上《ねあ》げの際《さい》に、當時《たうじ》市電《しでん》の投《とう》資額《しがく》八千八百萬圓《まんゑん》に對《たい》して年額《ねんがく》二百萬圓《まんゑん》の比率《ひりつ》以上《いじやう》の減損補塡《げんそんほてん》積立《つみたて》をなす事《こと》となつたものである。其比《このひ》率《りつ》で銷却積立《せうきやくつみたて》をなして來《く》るものとすると、大正《たいしやう》九年度《ねんど》から昭和《せうわ》三年《ねん》(豫算《よさん》)までの市電《しでん》の減損積立《げんそんつみたて》は約《やく》一千二百萬圓以上不足《まんゑんいじやうふそく》してゐる。複雜《ふくざつ》な市電《しでん》の會計《くわいけい》の事《こと》であるから記者《きしや》の眼《め》の屆《とど》かぬ所《ところ》に、銷却《せうきやく》をしてあるかも知《し》れないが、先《ま》づ一千萬圓《まんゑん》だけはどうしても、銷却不足《せうきやくふそく》と見《み》ねばならぬ計算《けいさん》が出《で》る。之《これ》だけは價値《かち》なきものを價値《かち》ありとし、空《くう》な資産《しさん》を現存《げんぞん》してゐる資産《しさん》と認《みと》めてゐると云《い》はねばならぬ。

買收權利金未銷却　尙《なほ》一つ最《もつと》も明瞭《めいれう》な空《くう》な資産《しさん》がある。それは市電《しでん》の前身《ぜんしん》たる東京鐵道《とうきやうてつだう》の買收《ばいしう》の權利金《けんりきん》である。この權利金《けんりきん》を昭和《せうわ》二年《ねん》三月末《ぐわつまつ》現在《げんざい》の建設費《けんせつひ》勘定《かんぢやう》には二千五百七十四萬《まん》一千圓《ゑん》に見積《みつも》つてゐる。市《し》が東京鐵道《とうきやうてつだう》を買收《ばいしう》した後《のち》に二回《くわい》値上《ねあげ》してゐる。即《すなは》ち大正《たいしやう》五年《ねん》の際《さい》には片道《かたみち》四錢《せん》を五錢《せん》に大正《たいしやう》九年《ねん》の際《さい》には同《どう》五錢《せん》を七錢《せん》に値上《ねあげ》してゐる。値上《ねあげ》せねば維持《ゐぢ》出來《でき》ぬ電車《でんしや》の殊《こと》に卅年位《ねんぐらゐ》の生命《せいめい》しかない市《し》の交通機關《かうつうきくわん》の權利金《けんりきん》を、ズンベンダラリと今日《こんにち》まで二千五百萬《まん》圓《ゑん》も計上《けいじやう》してをくと云《い》ふ事《こと》は何《なん》たる無智《むち》、何《なん》たる怠慢《たいまん》であらう。この一事《じ》を以《もつ》て見《み》ても、歷代《れきだい》の電氣當局《でんきたうきよく》なるものが、如何《いか》に無責任《むせきにん》で、亂暴《らんばう》な、放慢《はうまん》な經營《けいえい》をなして來《き》てゐるかを推知《すいち》する事《こと》が出來《でき》る。

尤《もつと》も市《し》の制度《せいど》として、直接銷却《ちよくせつせうきやく》出來《でき》ないかも知《し》れない。直接銷却《ちよくせつせうきやく》出來《でき》なければ他《た》に之《これ》に代《かは》つて保留《ほりう》すべきであるがそれもありさうにない。かくて買收權利金《ばいしうけんりきん》二千五百萬圓《まんゑん》は空《くう》な資産《しさん》となつて居《ゐ》る次第《しだい》である。

第五　割高の市電經營費

市電《しでん》行詰《ゆきつま》りの原因《げんいん》としては、前述《ぜんじゆつ》した路面電車《ろめんでんしや》の行詰《ゆきつま》り、不良資産《ふりやうしさん》、空《くう》な資産《じさん》の壓迫《あつぱく》の外《ほか》に更《さら》に經營費《けいえいひ》の割高《わりだか》がある。

割高な經營費　市内《しない》に於《お》ける新交通機關《しんかうつうきくわん》の擡頭發展《たいとうはつてん》に依《よ》つて、たとへ乘車人員《じやうしやじんゐん》が增加《ぞうか》せず從《したが》つて收入《しうにふ》が殖《ふ》へなくとも、又《また》たとへ不良資産《ふりやうしさん》に基《もと》き市債元利金《しさいぐわんりきん》の支拂《しはらひ》の加重《かぢう》ありとするも、一方《ぱう》經營費《けいえいひ》が收入《しうにふ》に伴《つ》れて減少《げんせう》すれば未《いま》だ今日《こんにち》の如《ごと》き窮境《きうきやう》に陷《おち》らなくとも濟《す》む。所《ところ》が經營費《けいえいひ》は收入減《しうにふげん》に追隨《つゐずゐ》して減少《げんせう》せないのみならず却《かへ》つて増加《ぞうか》の傾向《けいかう》にある。試《こゝろ》みに震災以後《しんさいいご》の市電《しでん》の收《しう》入《にふ》と經營費《けいえいひ》の割合《わりあひ》を示《しめ》せば左《さ》の如《ごと》く増加《ぞうか》の傾向《けいかう》を辿《たど》つてゐる。

市電車事業の收入に對する經費の割合

大正十二年度(決算)	七割二分八厘
大正十三年度(同)	六割六分三厘
大正十四年度(同)	六割九分二厘
昭和元　年度(同)	七割
昭和二　年度(豫算)	六割七分七厘
昭和三　年度(同)	六割九分一厘

浪費の多い市電　收入《しうにふ》が減《げん》ずるに反《はん》し之《これ》に對《たい》する經營費《けいえいひ》の減少《げんせう》せない責《せめ》の一部《ぶ》は、電車《でんしや》のお客《きやく》さんたる市民《しみん》も負《お》はねばならぬ。東京《とうきやう》の電車《でんしや》のお客《きやく》さんは餘《あま》りに無秩序《むちつじよ》、無訓練《むくんれん》、無統《むとう》制《せい》である。之《これ》が爲《た》めに車掌《しやしやう》や運轉手《うんてんしゆ》に要《い》らざる世話《せわ》を掛《か》け、從《したが》つて人《ひと》を多《おほ》く使《つか》はねばならぬ事《こと》

となる。次《つぎ》に經營費《けいえいひ》增加《ぞうか》の一因《いん》は從業員《じうげうゐん》の勞働條件《らうどうでうけん》の改善《かいぜん》である。勞働條件《らうどうでうけん》の改善《かいぜん》に依《よ》る影響《えいきやう》は勞働爭議《らうどうさうぎ》のあつた電車事業《でんしやじげう》の免《まぬか》れざる現象《げんしやう》である。此外《このほか》市電《しでん》には、市電特有《しでんとくいう》の放漫《はうまん》があり、浪費《らうひ》がある。小《ちひ》さな例《れい》であるが、國有鐵道《こくいうてつだう》ならば一運輸《うんゆ》事務所《じむしよ》位《ぐらゐ》の仕事《じこと》しかない局長《きよくちやう》に面會《めんくわい》するにも、受付《うけつけ》だ、給仕《きふじ》だ、秘書《ひしよ》だといふて數人《すうにん》の手《て》を煩《わづら》はすと云《い》ふ式《しき》で實《じつ》に仰々《ぎやう》しく、勿體《もつたい》振《ぶ》つてゐる。こうした浪費《らうひ》がある爲《た》めに幾年《いくねん》の營業不振《えいげうふしん》で切《き》り詰《つめ》たと云《い》ふても今日《こんにち》尚《なほ》收入《しうにふ》に對《たい》する經營費《けいえいひ》の割合《わりあい》は、七割近《わりちか》くに上《のぼ》つてゐる。之《こ》れを大阪市電《おほさかしでん》が前年《ぜんねん》の勞働爭議《らうどうさうぎ》前《ぜん》には、收入《しうにふ》に對《たい》する經營費《けいえいひ》割合《わりあい》は五割以内《わりいない》であり、勞働爭議《らうどうさうぎ》後《ご》加增《かぞう》したが尚《なほ》昭和《せうわ》元年決算《ぐわんねんけつさん》では五割《わり》五分《ぶ》九厘《りん》(同年度《どうねんど》の東京市電《とうきやうしでん》は七割《わり》)昭和《せうわ》三年度《ねんど》豫算《よさん》では五割《わり》八分《ぶ》五厘《りん》(東京《とうきやう》は同《どう》六割《わり》九分《ぶ》一厘《りん》)なるに對抗《たいかう》して、東京市電《とうきやうしでん》の經營費《けいえいひ》が如何《いか》に割高《わりだか》であるかを知《し》る事《こと》が出來《でき》る。

市電經濟を喰ふ　かくて收入《しうにふ》は減《へ》つて支出《じしゆつ》は割合《わりあい》に減《へ》らないと來《き》ては、市電《しでん》ならずとも行詰《ゆきつま》らざるを得《え》ぬ。所《ところ》がこの行詰《ゆきつま》つた市電《しでん》を喰物《くひもの》にするものに市《し》の普通經濟《ふつうけいざい》がある。何《なん》でも市《し》電《でん》が東鐵時代《とうてつじだい》の市稅《しぜい》の代償《だいしやう》と云《い》ふ意味《いみ》で電氣軌道經濟《でんききだうけいざい》から普通經濟《ふつうけいざい》へ以前《いぜん》は約《やく》四十萬圓《まんゑん》昭和《せうわ》三年度《ねんど》で二十五萬圓《まんゑん》を納附《なふふ》する事《こと》になつてゐる(減《へ》つた分《ぶん》は電燈經濟《でんとうけいざい》、自動車經濟《じどうしやけいざい》で負擔《ふたん》)其外《そのほか》に大正《たいしやう》九年《ねん》の電車値上《でんしやねあ》げの附帶條件《ふたいでうけん》とか云《い》ふので市電《しでん》の軌道外《きだうぐわい》四尺《しやく》だけの道路鋪修費《だうろほしうひ》（軌道條例《きだうでうれい》では二尺《しやく》）軌道上《きだうじやう》の撒水除雪費《さんすゐぢよせつひ》として二十萬圓足《まんゑんた》らずの金《かね》を普通經濟《ふつうけいざい》に上納《じやうなふ》してゐる。この事《こと》の是非《ぜひ》は、市營事業《しえいじげふ》の經營方針《けいえいはうしん》を收益主義《しうえきしゆぎ》に置《お》くか、或《あるひ》は公益主義《こうえきしゆぎ》に置《お》くかに依《よ》つて岐《わか》れる所《ところ》で、收益主義論者《しうえきしゆぎろんしや》の關大阪市長《せきおほさかしちやう》の下《もと》にある大阪市電《おほさかしでん》は、都市計畫事業其他《としけいくわくじげふそのた》の財源《ざいげん》として昭和《せうわ》三年度《ねんど》に於《おい》て二百萬圓近《まんゑんちか》い金《かね》を貢《みつ》いでゐると云《い》ふ次第《しだい》で、獨《ひと》り東京市電《とうきやうしでん》に限《かぎ》つた事象《じしやう》ではない。

しかし、記者《きしや》は、公營事業《こうえいじげふ》は原則《げんそく》として公益主義《こうえきしゆぎ》に則《のつと》るべきもの――市《し》の交通機關《かうつうきくわん》は道路《だうろ》の延長《えんちやう》と見《み》る主義上《しゆぎじやう》からと市電《しでん》の行詰《ゆきつま》りの現狀《げんじやう》に於《おい》て――尤《もつと》も普通經濟《ふつうけいざい》も行詰《ゆきつま》つてゐるが――普通經濟《ふつうけいざい》にとつては大《たい》した金《かね》でないが市電經濟《しでんけいざい》としては相當《さうたう》の負擔《ふたん》である金額《きんがく》である點《てん》に於《おい》て、普通經濟《ふつうけいざい》が此際市電經濟《このさいしでんけいざい》を喰《く》ふ事《こと》は感心出來《かんしんでき》ない。そうした金《かね》で電車軌道經濟《でんしやきだうけいざい》が普通經濟《ふつうけいざい》に喰《く》はれた金《かね》は三千萬圓《まんゑん》を上《のぼ》るとの事《こと》である。

十年間不足三千萬

之《これ》を要《えう》するに市《し》の電車事業《でんしやじげふ》は縱《たて》から見《み》ても横《よこ》から見《み》ても行詰《ゆきつま》つてゐる。そこで市當局《したうきよく》も考《かんが》ふる所《ところ》あつて、市來前市長《いちきぜんしちやう》は昭和《せうわ》四年以降《ねんいかう》に經費《けいひ》の緊縮《きんしゆく》、繼續費《けいぞくひ》の整理《せいり》乘車收入《じやうしやしうにふ》の減少《げんせう》を豫計《よけい》して、財政計畫《ざいせいけいくわく》を樹立《じゆりつ》する所《ところ》あつたが、其財政計畫市電立直《そのざいせいけいくわくしでんたてなほ》し案《あん》が實行《じつかう》せらるゝ後《のち》に於《お》ても、昭和《せうわ》六年度《ねんど》以降《いかう》同《どう》十三年度《ねんど》までの間《あひだ》に總計《そうけい》三千二百五十七萬《まん》八千圓《えん》の歳《さい》入缺陷《にふけつかん》を生《しやう》ずることゝなり『昭和《せうわ》七年度《ねんど》以降《いかう》の對策《たいさく》に關《くわん》しては愼重研究《しんちようけんきう》を重《かさ》ね善處《ぜんしよ》する所《ところ》あらんとす』と云《い》ふてゐる。實《じつ》に心細《こゝろぼそ》い限《かぎ》りである。因《ちなみ》に昭和《せうわ》四年度《ねんど》以降《いかう》の電氣軌道經濟《でんききだうけいざい》（電車事《でんしやじ》業《げふ》）の收支《しうし》概計《がいけい》左の如《ごと》し。（單位千圓）

年度	歳入	歳出	歳入不足
四年度	三八、二七一	三八、二七一	——
五年度	三六、六七二	三六、六七二	——
六年度	三七、〇二九	三八、六八八	一、六五九
七年度	三二、八七八	三七、二六二	四、三八四
八年度	三一、七二九	三六、〇六五	四、三三六
九年度	三一、五六九	三六、一五六	四、五八七
十年度	三一、四一一	三五、八三七	四、四二六
十一年度	三一、二五四	三五、八一三	四、五五九

十二年度	三一、〇九八	三五、三八〇	四、二八二
十三年度	三〇、二九四	三五、二八七	四、三四五
計	三三二、八五四	三六五、二八七	三一、五七八

第六　乘合自動車經濟

市《じ》の電氣《でんき》軌道《きだう》經濟《けいざい》について暮鐘《ぼしよう》を撞《つ》いた記者《きしや》は、これから市《じ》の乘合《のりあひ》自動車《じどうしや》經濟《けいざい》の爲《た》めに曉鐘《げうしよう》を撞《つ》くことゝなつた。

純益一割五分前後　大正《たいしやう》十三年《ねん》一月《ぐわつ》廢墟《はいきよ》の如《ごと》き震災《しんさい》直後《ちよくご》の東京市《とうきやうし》に圓太郎《ゑんたらう》自動車《じどうしや》の名《な》の下《もと》に産聲《うぶごえ》を擧《あ》げた市《じ》の乘合《のりあひ》自動車《じどうしや》は、爾來《じらい》時代《じだい》の寵兒《ちようじ》となり、年次《ねんじ》順調《じゆんてう》な發達《はつたつ》を遂《と》げ現在《げんざい》營業《えいげう》哩五十八哩餘《よ》、車輛《しやりやう》五百十五輛《りやう》を運轉《うんてん》し乘客《じようきやく》一日《にち》十七萬人《まんにん》區《く》（實人員《じつじんゐん》約《やく》十萬《まん》六千人《にん》）を輸送《ゆそう》し、今《いま》や都市《とし》交通《かうつう》機關《きくわん》として重要《ぢうえう》なる地位《ちゐ》を占《し》め、將來《しやうらい》益々《ます〳〵》其《その》重要《ちうえう》の度《ど》を増《ま》さんとしてゐる。而《しか》して其《その》經濟《けいざい》狀態《じやうたい》も頗《すこぶ》る順調《じゆんてう》であつて昭和《せうわ》二年度《ねんど》に於《おい》ては純投資《じゆんとうし》額《がく》四百十萬《まん》三千圓《ゑん》に對《たい》し、利益金《りえききん》百五萬《まん》三千圓《ゑん》其《その》利益率《りえきりつ》二割《わり》五分《ぶ》六厘《りん》を擧《あ》げ、其中《そのうち》銷却《せうきやく》（小型《こがた》自動車《じどうしや》四年《ねん》、大型《おほがた》六年《ねん》）並《ならび》に投資《とうし》源《げん》たる市債《しさい》元利《がんり》金《きん》の支拂《しはら》を控除《こうぢよ》して純益《じゆんえき》五十八萬《まん》二千圓《ゑん》、對資本純益率《たいしほんじゆんえきりつ》一割《わり》四分《ぶ》七厘《りん》の好成績《かうせいせき》を擧《あ》げてゐる。

將來も大體有望　之《これ》を自動車經濟《じどうしやけいざい》が獨立《どくりつ》した大正《たいしやう》十四年來《ねんらい》の一日《にち》一車《しや》一哩當《あた》り利益《りえき》に見《み》るも左《さ》の如《ごと》く遞增《ていぞう》の傾向《けいかう》を辿《たど》つてゐる。

市營自動車一日一車一哩當り收益

大正十四年度（決算）	三〇厘
同　十五年度（同）	五一
昭和二　年度（同）	七二

更《さら》に將來《しやうらい》の推移《すいい》については、市當局《したうきよく》の昭和《せうわ》四年度《ねんど》以降《いかう》の財政計畫《ざいせいけいくわく》に據《よ》れば、同年度《どうねんど》より七ケ年繼續事業費《ねんけいぞくじげふひ》八百七十五萬圓《まんゑん》を以《もつ》て事業《じげふ》の擴張《くわくちやう》を行《おこな》ひ、營業《えいげふ》哩百七十九哩車輛《しやりやう》千三百輛《りやう》に達《たつ》せしめ實人員《じつじんゐん》一億萬人《おくまんにん》を輸送《ゆそう》する計畫《けいくわく》を立《た》てゝゐて右繼續費《みぎけいぞくひ》の財源《ざいげん》の約半額《やくはんがく》は自動車《じどうしや》の經濟《けいざい》の益《えき》金《きん》を以《もつ》て充當《じうたう》する計算《けいさん》になつてゐて前途《ぜんと》は洋々《やう／＼》たる觀《くわん》がある。試《こゝろ》みに昭和《せうわ》四年度《ねんど》より昭和《せうわ》十年《ねん》度《ど》に至《いた》る乘合自動車經濟《のりあひじどうしやけいざい》の經常部收支概計《けいじやうぶしうしがいけい》を示《しめ》せば左《さ》の如《ごと》し。（單位千圓）

乘合自動車收支概計（經常部）

	歳入	歳出	純益
大正四年度	五、一六一	四、七六〇	三七〇
同五年度	六、〇〇八	五、五五〇	三七〇
同六年度	六、八六七	六、三一〇	三七〇
同七年度	七、七三七	七、一四〇	三七〇
同八年度	八、六一八	七、七八〇	三七〇
同九年度	九、五一〇	八、六二〇	一、一五〇
同十年度	一〇、五二九	九、五二九	一、一〇〇

毎年《まいねん》三十七萬圓《まんえん》乃至《ないし》百十五萬圓《まんえん》の純益《じゆんえき》を上《あ》げてゐる。元《もと》より右《みぎ》は將來《しやうらい》の豫想《よさう》である。得《え》て人間《にんげん》の弱點《じやくてん》として景氣《けいき》が好《い》いと調子《てうし》に乘《の》り過《す》ぎ、少《すこ》し景氣《けいき》が惡《わる》いと馬鹿《ばか》に悲觀《ひくわん》するものであるから市當局《したうきよく》の豫想《よさう》も幾分割引《いくぶんわりびき》して置《お》く方《はう》が安全《あんぜん》であらう。現《げん》に昭和《せうわ》四年下半期《ねんしもはんき》に入《はい》つて成績《せいせき》は落《お》ちたが、乘合自動車《のりあひじどうしや》の交通機關《かうつうきくわん》としての本質《ほんしつ》の市現下《しげんか》の交通狀態《かうつうじやうたい》から見《み》て、甚《はなは》だしい不景氣《ふけいき》或《あるひ》

は放漫《はうまん》の經營《けいえい》を爲《な》さゞる限《かぎ》り、大體《だいたい》其前途《そのぜんと》は多望《たばう》と見做《みな》してよいやうだ。

乘合自動車の缺點　蓋《けだ》し大體論《だいたいろん》として、都市《とし》の交通機關《かうつうきくわん》は(一)大量《たいりやう》の交通量《かうつうりやう》を(二)一定《てい》時間《じかん》に(三)一定《ていく》區間《かん》を(四)迅速《じんそく》に(五)低廉《ていれん》な賃銀《ちんぎん》を以《もつ》て輸送《ゆそう》すると共《とも》に(六)營業時間內《えいげふじかんない》は絕《た》えず運轉《うんてん》する事《こと》を特色《とくしよく》とするものであるが、就中最必要條件《なかんづくさいひつえうでうけん》は(一)の大量輸送《たいりやうゆそう》と(四)の迅速《じんそく》と(五)の低廉賃銀《ていれんちんぎん》と(六)の絕《た》えず運轉《うんてん》する事《こと》であるが、輸送力《ゆそうりよく》については乘合自動車《のりあいじどうしや》は、市《し》の阿部邦衛技師《あべくにゑぎし》の帝國鐵道協會《ていこくてつだうけふくわい》に於《お》ける發表《はつぺう》に據《よ》れば、乘合自動車《のりあいじどうしや》の最高輸送力《さいかうゆそうりよく》は路面電車《ろめんでんしや》のそれと等《ひと》しく高速鐵道《かうそくてつだう》の四分《よん》の一を有《いう》して居《ゐ》るとの事《こと》である。(帝國鐵道協會々報第廿九卷第八號《ていこくてつだうけふくわいくはうだいくわんだいがう》參照《さんせう》)從《したが》つて輸送力《ゆそうりよく》も相當大《さうたうおほ》きいと見做《みな》してよい。速力《そくりよく》は交叉點道路等《かうさてんだうろとう》の關係《くわんけい》もあるが路面電車《ろめんでんしや》に優《まさ》つてゐる。其上建設費《そのうへけんせつひ》が安《やす》く移動性《いどうせい》に富《と》んでゐて變遷《へんせん》の激《はげ》しい市交通機關《じかうつうきくわん》として彈力《だんりよく》がある。右《みぎ》は乘合自動車《のりあいじどうしや》の長所《ちやうしよ》である。缺點《けつてん》は賃銀《ちんぎん》の高《たか》い點《てん》である。東京市營《とうきやうしえい》の乘合自動車《のりあいじどうしや》の賃銀《ちんぎん》は一區《く》七錢《せん》、澁谷《しぶや》から東京驛《とうきやうえき》までに市《し》の路面電車《ろめんでんしや》ならば七錢《せん》、省線《しやうせん》ならば十五錢《せん》の所《ところ》を廿八錢《せん》かゝる。短距離《たんきより》は兎《と》も角長距離《かくちやうきより》は仲々《なかなか》高《たか》いとせねばならぬ。

交通職能の分化　この乘合自動車《のりあいじどうしや》の運賃《うんちん》が短距離《たんきより》に於《おい》て比較的安《ひかくてきやす》く、速力《そくりよく》の早《はや》い點《てん》と込《こ》み合《あ》はない點《てん》で實質的《じつしつてき》に市電《しでん》より安《やす》いと云《い》ふ點《てん》が、市電《しでん》の短距離《たんきより》客《きやく》を乘合《のりあい》に蠶食《さんしよく》せしめる結果《けつくわ》となり市電經營《しでんけいえい》を壓迫《あつぱく》してゐる。云《い》ふまでもなく運賃《うんちん》の安《やす》い事《こと》、安《やす》くてサービスのよい事《こと》は原則《げんそく》として賛成《さんせい》してよい。殊《こと》に都市《とし》の交通機關《かうつうきくわん》の如《ごと》く大量輸送《たいりやうゆそう》を目的《もくてき》とするものに於《おい》ては、低賃銀《ていちんぎん》は有力《いうりよく》な條件《でうけん》の一つだ。市《し》の乘合自動車《のりあいじどうしや》も十年後《ねんご》には年《ねん》一億《おく》以上《いじやう》の乘客豫想《じようきやくよさう》がある程《ほど》だから近距離《きんきより》は兎《と》も角長距離《かくちやうきより》賃銀《ちんぎん》は遞減《ていげん》する必要《ひつえう》はないか。記者《きしや》は前述《ぜんじゆつ》せる如《ごと》く都市《とし》の交通機關《かうつうきくわん》は其《その》變遷《へんせん》が激《はげ》しいものであるから、一交通機關單位《かうつうきくわんたんゐ》の交通政策《かうつうせいさく》は宜《よろ》しくないとなすものである。

即《すなは》ち東京市《とうきやうし》現下《げんか》の如《ごと》き狀勢《じやうせい》の下《もと》ならば路面電車《ろめんでんしや》と乘合自動車《のりあいじどうしや》が相互扶助《さうごふじよ》の關係《くわんけい》に立《た》ち、其職《そのしよく》能《のう》の分化《ぶんくわ》に從《したが》つて都市《とし》の交通機關《かうつうきくわん》として機能《きのう》を發揮《はつき》すべきものと思《おも》ふ。然《しか》りとすれば高速鐵道《かうそくてつだう》なき現下《げんか》の市《し》の交通政策《かうつうせいさく》としては、乘合自動車《のりあいじどうしや》は遠距離《ゑんきより》、路面電車《ろめんでんしや》は短距離《たんきより》と云《い》ふ立前《たてまへ》となし、互《たがひ》に各職能《かくしよくのう》に應《おう》じて市《し》の交通機關《かうつうきくわん》としての使命《しめい》を果《はた》すべきものと思《おも》ふ。其意味《そのいみ》に於《おい》ても、乘合《のりあい》自《じ》動車《どうしや》の賃銀《ちんぎん》を整理《せいり》して、遠距離客《ゑんきよりきやく》の運賃《うんちん》を低廉《ていれん》にする必要《ひつえう》があらうと思《おも》ふ。運賃制度《うんちんせいど》は簡單《かんたん》のやうで技術的《ぎじゆつてき》に經濟的《けいざいてき》に政治的《せいぢてき》に社會的《しやくわいてき》に最《もつと》も複雜困難《ふくざつこんなん》な問題《もんだい》である。今《いま》は一個《こ》の問題《もんだい》として東京市民《とうきやうしみん》の前《まへ》に提供《ていきよう》したい。

第七　地下鐵と電燈經濟

乘合自動車《のりあいじどうしや》の輸送力《ゆそうりよく》は、世人《せじん》の想像以上《さうざういじやう》に大《だい》なるものがある。倫敦《ろんどん》に於《おい》ては千九百二十五年《ねん》に於《おい》て、總交通量《そうかうつうりやう》の五〇パーセントを吸收《きふしう》してゐる。

市將來の交通量　しかし、輸送力《ゆそうりよく》の高《たか》くなるに伴《つ》れて速力《そくりよく》は逆比例《ぎやくひれい》して遞減《ていげん》し、危險《きけん》は比例《ひれい》して增加《ぞうか》してゐるから乘合自動車《のりあいじどうしや》も萬能《ばんのう》ではない。そは兎《と》も角《かく》東京市《とうきやうし》の交通量《かうつうりやう》は、市《し》の電氣軌道《でんききだう》經濟立直《けいざいたてなほ》し計畫《けいかく》の基礎《きそ》たる乘車人員《じやうしやじんゐん》の豫計《よけい》に據《よ》れば、昭和《せうわ》三年度《ねんど》に於《お》ける東京市内《とうきやうしない》の乘客總數《じやうきやくそうすう》五億《おく》九千五百餘萬人《よまんにん》は、十年後《ねんご》の昭和《せうわ》十三年《ねん》には九億《おく》六百萬餘人《まんよにん》に上《のぼ》る計算《けいさん》になつてゐる。若《も》し路面電車《ろめんでんしや》の最高輸送力《さいかうゆそうりよく》四億《おく》五六千萬人《まんにん》、乘合自動車《のりあいじどうしや》の擴張計畫完成後《くわくちやうけいくわくくわんせいご》の輸送力《ゆそうりよく》を一億《おく》五六千萬人《まんにん》としても三億萬人前後《おくまんにんぜんご》の者《もの》は、省線並《しやうせんならび》に他《た》の交通機關《かうつうきくわん》に委賴《ゐらい》せなくてはならぬ計算《けいさん》となる。而《しか》して現在《げんざい》の市《し》の交通機關《かうつうきくわん》として不足《ふそく》してゐる者《もの》は遠距離高速《ゑんきよりかうそく》の交通機關《かうつうきくわん》であるから、自然高速鐵道《しぜんかうそくてつだう》の敷設《ふせつ》を必要《ひつえう》とする次第《しだい》であつて、東京市《とうきやうし》に於《おい》て高速鐵道計畫《かうそくてつだうけいかく》を樹立《じゆりつ》してゐる事《こと》は其實行《そのじつかう》の方策如何《はうさくいかん》は兎《と》も角《かく》として、其目的《そのもくてき》は市《し》の交通政策《かうつうせいさく》の大局《たいきよく》から見《み》て惡《わる》い者《もの》ではない。

市の高速鐵道計畫　市《し》の目下《もくか》計畫《けいくわく》してゐる高速鐵道《かうそくてつだう》は、第《だい》一期線《きせん》として池袋澁谷間及洲《いけぶくろしぶやかんおよびす》崎巣鴨間《さきすがもかん》の二路線《ろせん》を建設《けんせつ》し、引續《ひきつゞ》いて第二期線《だいきせん》として目黑南千住間及大塚新宿間《めぐろみなみせんぢうかんおよびおほつかしんじゆくかん》の二路線《ろせん》の建《けん》設《せつ》をなす豫定《よてい》である。右《みぎ》の中第《うちだい》一期線《きせん》は既《すで》に工事《こうじ》認可《にんか》申請《しんせい》を了《れう》したが、財源《ざいげん》たる市債《しさい》の發行《はつかう》に關《くわん》し、監督官廳《かんとくくわんちやう》の許可《きよか》を得《え》ないで今日《こんにち》に至《いた》つてゐる。高速鐵道計畫《かうそくてつだうけいくわく》の綱要《かうえう》は左《さ》の如《ごと》し。

一、建　設　費　　一億八千七百萬圓
二、延　長　哩　　四十一哩四十五鎖
三、動　力　　電　氣
四、軌　間　　四呎八吋半
五、工　事　樣　式　　地下式高架式
六、工　事　期　間　　十三ケ年半

但《たゞ》し目下《もくか》は單《たん》にボーリングをなすに止《とゞ》まつてゐる。

高速鐵道の採算　東京市《とうきやうし》の交通機《かうつうき》關《くわん》として高速鐵道《かうそくてつだう》の必要《ひつえう》は何人《なんぴと》も認《みと》める所《ところ》であつて今《こん》日《にち》の問題《もんだい》は、果《はた》して經濟的《けいざいてき》に之《これ》を經營《けいえい》出來《でき》るか否《いな》かに關《くわん》してゐる。恐《おそ》らく監督官廳《かんとくくわんちやう》が市債《しさい》の認《にん》可《か》について、二の足《あし》を踏《ふ》んでゐるのも主《しゆ》として元利金《ぐわんりきん》の償還支拂《しやうくわんしはらひ》を確實《かくじつ》に實行出來《じつかうでき》るや否《いな》やを危《あやぶ》んでゐる爲《ため》であらう。又實際問題《またじつさいもんだい》として地下鐵道《ちかてつだう》の採算《さいさん》については營利事業《えいりじげふ》として成立《せいりつ》するや否《いな》やは專門家《せんもんか》の間《あひだ》にも疑問《ぎもん》のある所《ところ》である。地下鐵道《ちかてつだう》の成績《せいせき》は、其構造《そのこうざう》、運轉系統等《うんてんけいとうとう》に依《よ》つて一定《てい》してゐない。今日世界《こんにちせかい》に於《おい》て最《もつと》も好成績《かうせいせき》を擧《あ》げてゐるものは、巴里《パリー》の地下鐵道《ちかてつだう》で最近《さいきん》は一割《わり》の配當《はいたう》を爲《な》してゐるとの事《こと》であるが、倫敦《ろんどん》、紐育《にゆーよーく》では其利廻《そのりまは》り六分《ぶ》に上《のぼ》らず、其營業成績《そのえいげふせいせき》は不振《ふしん》の狀態《じやうたい》である。我《わ》が東京市《とうきやうし》に於《お》ける上野淺草間《うへのあさくさかん》の東京地下鐵道《とうきやうちかてつだう》は、昭和《せうわ》三年上半期《ねんかみはんき》に於《おい》て建設費《けんせつひ》五百二十九萬《まん》九千圓《ゑん》に對《たい》して益金《えききん》三十四萬《まん》七百五十圓《ゑん》を擧《あ》げ、株主配當《かぶぬしはいたう》八分《ぶ》一厘《りん》をなしたのは、地下鐵道《ちかてつだう》としては寧《むし》ろ好成績《かうせいせき》に屬《ぞく》するものである。之《これ》には運賃《うんちん》が一哩四分《ぶ》で十錢《せん》と云《い》ふ高價《かうか》な事《こと》、上野淺草間《うへのあさくさかん》と云《い》ふ有利《いうり》なる區間《くかん》である事《こと》、開業早々《かいげふさうさう》で都人士《とじんし》の好奇心《かうきしん》を買《か》つた事《こと》、等特殊《とうとくしゆ》の事情《じじやう》があるから、上野淺草間《うへのあさくさかん》の一期間《きかん》の成績《せいせき》だけで、未《いま》だ其成績《そのせいせき》を斷《だん》ずるのは早《はや》い。假《か》りに今後《こんご》も此程度《このていど》の業態《げふたい》を維持《ゐぢ》するとしても一哩當《あた》り運賃約《うんちんやく》七錢《せん》は、東京驛品川間《とうきやうえきしながはかん》四哩三分《ぶ》ならば約《やく》卅錢《せん》となり、準高速《じゆんかうそく》の省線《しやうせん》の十錢《せん》に比《ひ》し、割高《わりだか》であつて市營《しえい》の場合《ばあい》に於《おい》ては標準《へうじゆん》になり難《がた》い。

困難なる實行問題　大觀《たいくわん》して市營《しえい》の場合《ばあい》には、賃銀《ちんぎん》は民營《みんえい》より幾分低廉《いくぶんていれん》にせねばならぬ一方《ぱう》、従業員《じうげふゐん》の待遇《たいぐう》などは好遇《かうぐう》せねばならぬから、其經營《そのけいえい》は民間《みんかん》の場合《ばあひ》より不利《ふり》とせねばならぬ。其上《そのうへ》に屢說《るせつ》の如《ごと》く都市《とし》の交通機關《かうつうきくわん》の生命《せいめい》は短《みじか》い點《てん》と、市營事業《しえいじげふ》には民間事業《みんかんじげふ》の減資減配《げんしげんぱい》に準《じゆん》じ投下資本《とうかしほん》たる市債《しさい》の元利金《ぐわんりきん》の切捨《きりすて》を行《おこな》ふ事《こと》が出來《でき》ないから、銷却《せうきやく》も充分《じうぶん》に見積《みつも》らねばならぬ。市《し》の阿部技師《あべぎし》は收益年《しうえきねん》五分《ぶ》を出《い》づる事《こと》は出來《でき》ないと斷《だん》じてゐられる。（帝國鐵道協會々報《ていこくてつだうけふくわいくわいはう》廿九卷《くわん》八號《がう》）しかすれば、五分《ぶ》三厘前後《りんぜんご》の市債《しさい》に財源《ざいげん》を仰《おほ》いで高速鐵道《かうそくてつだう》を建設《けんせつ》する事《こと》は一つの冒《ばう》險《けん》である。少《すく》くとも市債《しさい》の脅威《けふゐ》を受《う》けてゐる東京市《とうきやうし》の財政《ざいせい》としては、大《おほ》いなる冒險《ばうけん》である。しかし、道路《だうろ》が一厘《りん》の利益《りえき》を產《う》まなくても設定《せつてい》の必要《ひつえう》ある如《ごと》く、高速鐵道《かうそくてつだう》も採算不《さいさんふ》引合《ひきあひ》でも、市《し》の交通狀態《かうつうじやうたい》からせば建設《けんせつ》せなくてはなるまい。然《しか》らば如何《いか》にして建設《けんせつ》すべきか、こは市《し》の財政《ざいせい》上交通上《じやうかうつうじやう》の大問題《だいもんだい》である。後日財政立直《ごじつざいせいたてなほ》しを說《と》くに際《さい》し一言《げん》しやう。

電燈經濟の實情　次《つぎ》に電氣供給經濟《でんききようきふけいざい》を一瞥《べつ》しやう。電氣供給經濟《でんききようきふけいざい》、即《すなは》ち市《し》の電燈電力業《でんとうでんりよくげふ》は、創業當時《さうげふたうじ》は東電日電《とうでんにちでん》の競爭關係《きやうさうくわんけい》から缺損《けつそん》を見《み》てゐたが、大正《たいしやう》七年度《ねんど》以《い》降震災《かうしんさい》の打擊《だげき》を一部《ぶ》受《う》けたが大體順調《だいたいじゆんてう》の發達《はつたつ》を遂《と》げ、二年度末《ねんどまつ》に於《おい》ては電燈《でんとう》百一萬《まん》四千燈《とう》、動力《どうりよく》四萬《まん》二千キロワツトの設備《せつび》を完成《くわんせい》して建設費《けんせつひ》二千七百三十六萬圓《まんゑん》に對《たい》して三百六十九萬圓《まんゑん》、對資本利廻《たいしほんりまわ》り七分八厘强《りんきやう》の利益《りえき》を上《あ》げ之《これ》を左《さ》の如《ごと》く處分《しよぶん》してゐる。

	千圓
減債費繰入及公債諸費	一、七九七
減損補塡金	三〇〇
電氣軌道事業へ償還	四〇〇
市經濟へ編入	五〇
次期繰越	一五
準備積立金	四八四
電氣研究所經濟繰入	五

償却金《しやうきやくきん》の外《ほか》に、準備積立《じゆんびつみたて》、次期繰越《じきくりこし》もなしてゐて、之《これ》を市電經濟《しでんけいざい》に比《ひ》せば餘裕《よゆう》ありと云《い》へる。只電燈料金《たゞでんとうれうきん》は市當局《したうきよく》はメートルは安《やす》いと云《い》つてゐるが、十燭光《しよくくわう》五十五錢《せん》で大阪《おほさか》の四十六錢《せん》、京都《きやうと》の五十錢《せん》に比《ひ》して高《たか》い。これは買電料金《ばいでんれうきん》や東電《とうでん》との協定《けふてい》の關係《くわんけい》もあらう。今《いま》の所電氣供給《ところでんききやうきふ》經濟《けいざい》は先《ま》づ無難《ぶなん》の方《はう》だが、根本問題《こんぽんもんだい》として東電《とうでん》との關係《くわんけい》、買電問題《ばいでんもんだい》を考慮《かうりよ》するの必要《ひつえう》はあらう。

第八章　普通經濟の大觀

第一　普通經濟の歳入歳出

東京市《とうきやうし》の特別經濟《とくべつけいざい》は前述《ぜんじゆつ》の如《ごと》く十八種《しゆ》ある。其中《そのうち》重《おも》なる電氣《でんき》軌道《きだう》經濟《けいざい》、電氣《でんき》供給《きようきふ》經濟《けいざい》、乘合《のりあひ》自動車《じどうしや》經濟《けいざい》、高速《かうそく》鐵道《てつだう》經濟《けいざい》並《ならび》に水道《すゐだう》經濟《けいざい》に就《つ》いては簡單《かんたん》ながら一亘《わた》り說明《せつめい》が濟《す》んだから、之《これ》より市民《しみん》の直接《ちよくせつ》負擔《ふたん》と密接《みつせつ》の關係《くわんけい》あり、市財政《しざいせい》の中樞《ちうすう》をなす普通經濟《ふつうけいざい》について簡單《かんたん》に說明《せつめい》しやう

普通經濟歳入大觀　普通經濟《ふつうけいざい》の昭和《せうわ》三年度《ねんど》に於《お》ける純歳入《じゆんさいにふ》は一億《おく》二千三百二十萬圓《まんゑん》、同《どう》純歳出《じゆんさいしゆつ》一億《おく》二千百五十一萬圓《まんゑん》であつて、之《これ》を市《し》の各經濟《かくけいざい》を通《つう》じた純計《じゆんけい》に對《たい》する割合《わりあひ》を見《み》ると歳《さい》入《にふ》は約《やく》四割《わり》四分《ぶ》、同歳出《どうさいしゆつ》は四割《わり》三分《ぶ》を占《し》めてゐる。昭和《せうわ》三年度《ねんど》の總歳入《そうさいにふ》の內容《ないよう》は左《さ》の如《ごと》し。

	金額	割合
	千圓	%
一、財産より生ずる收入	一、六〇五	一・七
一、使用料並手數料	二、五三四	二〇・〇

一、交付金並國庫下渡金	二、一一四	一・七
一、納付金	二、〇〇五	一・六
一、報償金	一、二九七	一・〇
一、受益者負擔金	一、五七二	一・二
一、國庫補助金	三八、七八一	三〇・七
一、府補助金	一、五八二	一・三
一、繰入金及繰越金	二、九五一	二・三
一、財産賣拂代	二、一一一	一・七
一、雜收入	五、七四二	三・九
一、市稅	一九、七九四	一五・七
一、市債	四四、〇三三	三四・九
計	一二六、一五一	一〇〇・〇

普通經濟《ふつうけいざい》の歳入《さいにふ》の場合《ばあひ》に於《お》いても、先《さき》に市各經濟《しかくけいざい》を通《つう》じた純計《じゆんけい》の歳入《さいにふ》の說明《せつめい》に際《さい》し述《の》べると等《ひと》

しく、歳入《さいにふ》の中樞《ちうすう》は市債《しさい》、補助金《ほじよきん》が主《しゆ》となり、この二つのもので普通經濟歳入《ふつうけいさいさいにふ》の六割《わり》五分《ぶ》六厘《りん》を占《じ》めてゐる。當然《たうぜんふ》普通經濟歳入《つうけいざいさいにふ》の中樞《ちうすう》たらざるべからざる市稅並《じぜいならび》に手《て》數料及《すうれうおよびし》使用料收入《ようれうしうにふ》は、前者《ぜんしや》は一割《わり》五分《ぶ》七厘《りん》を占《し》むるに過《す》ぎず、後者《こうしや》は僅《わづ》かに二分《ぶ》に過《す》ぎないのは變態的歳入狀態《へんたいてきさいにふじやうたい》と謂《い》ふべく、これは主《しゆ》として震災《しんさい》の影響《えいきやう》であらう。かくて市債《じさい》が普通經濟《ふつうけいさい》の重要歳入《ちうえうさいにふ》たる結果《けつくわ》として普通經濟《ふつうけいさい》に屬《ぞく》する市債《しさい》は現在《げんざい》一億《おく》九千八百萬圓《まんゑん》ある。(但《たゞ》し震災關係《しんさいくわんけい》の事業《じげう》の一段落《だんらく》を告《つ》げた昭和《せうわ》五年度《ねんど》では補助金市債《ほじよきんしさい》は激減《げきげん》した)

普通經濟歳出大觀　次《つぎ》に普通經濟《ふつうけいざい》の歳出《さいしゆつ》を見《み》るに昭和《せうわ》三年度《ねんど》豫算《よさん》の内容《ないよう》は大體左《だいたいさ》の如《ごと》し

普通經濟事業費明細表

事業別	金額（千圓）	割合
一、復興事業費	六六、七五九	五五・〇
一、土木費	一二、四六三	九・八
一、教育費	一一、七九四	九・二
一、震災復舊費	六、九七二	五・五

一、保健費	六、〇六九	四・八
一、廳費	五、七五二	三・八
一、都市計畫事業費	四、八九八	三・八
一、市債費	三、八一八	三・〇
一、社會事業費	一、二七二	一、〇
一、産業費	一、二四三	〇・九
一、公園及墓地費	七六八	〇・六
一、其他	二、三三八	一・八
計	一二六、一五一	一〇〇・〇

右《みぎ》の表《へう》に依《よ》つて知《し》らるゝ如《ごと》く、震災復興費《しんさいふくこうひ》と震災復舊費《しんさいふくきうひ》とを合《あは》せて普通經濟總歳出《ふつうけいざいそうさいしゆつ》の六割《わり》五厘《りん》を占《し》むる事《こと》に依《よ》つて、東京市《とうきやうし》の普通經濟《ふつうけいざい》が震災《しんさい》の影響《えいきやう》の相當《さうたう》に大《おほ》きい事實《じじつ》が看取出來《かんしゆでき》る。

少額な社會事業費 普通經濟《ふつうけいざい》の歳出《さいしゆつ》を見《み》て感《かん》ずる事《こと》は、近代都市《きんだいとし》として必要《ひつえう》なる社會事業費《しやくわいじげふひ》と公園費《こうゑんひ》の普通經濟《ふつうけいざい》の歳出上占《さいしゆつじやうし》むる地位《ちゐ》の小《せう》なる事《こと》である。昭和《せうわ》三年度《ねんど》豫算《よさん》の社會事業費《しやくわいじげふひ》百二十七萬《まん》二千圓《ゑん》は、之《こ》れを大阪市《おほさかし》の昭和《せうわ》三年度《ねんど》豫算《よさん》の社會事業費《しやくわいじげうひ》百七十二萬圓《まんゑん》、同普通經濟《どうふつうけいざい》歳出《さいしゆつ》に對《たい》する四分《ぶ》七厘《りん》九毛《まう》に比較《ひかく》せば金額《きんがく》に於《おい》ても割合《わりあひ》に於《おい》ても少《すくな》い。云《い》ふ迄《まで》もなく都市《とし》は社《しや》會問題《くわいもんだい》の巣窟《さうくつ》であつて、之《これ》が解決《かいけつ》の爲《た》めに種々《しゆじゆ》の施設《しせつ》を必要《ひつえう》とする。從《したが》つて之《これ》が經費《けいひ》の支出《ししゆつ》は現在《げんざい》の費額《ひがく》が少《すくな》いだけ將來《しやうらい》は增加《ぞうか》するものと云《い》はねばならぬ。只《たゞ》茲《こゝ》に注意《ちうい》すべきは社會事業《しやくわいじげう》は現代《げんだい》の都市《とし》として必要《ひつえう》であるが、社會事業《しやくわいじげう》の美名《びめい》にかくれて浪費濫費《ろうひらんぴ》を招來《せうらい》せぬ事《こと》である。由《ゆ》來美名《らいびめい》の下《もと》には往々《わうわう》浪費濫費《ろうひらんぴ》がある。社會事業《しやくわいじげう》も亦現代《またげんだい》に於《おい》て其名《そのな》餘《あま》りに美《び》にしてその美名《びめい》の下《もと》に浪費《ろうひ》を誘致《いうち》する危險《きけん》がある。現《げん》に一部《ぶ》其傾向《そのけいかう》がないでもない。東京市《とうきやうし》の社會事業費《しやくわいじげうひ》は前述《ぜんじゆつ》の如《ごと》く普通經濟《ふつうけいざい》だけでは僅《わづ》かに百廿萬圓前後《まんゑんぜんご》、特別經濟《とくべつけいざい》を合《あは》せても三百十一萬圓《まんゑん》に過《す》ぎないがそれに堂々《だうだう》たる一局《きよく》が設《まう》けられ年俸《ねんぽう》一萬圓前後《まんゑんぜんご》の局長《きよくちやう》をはじめ偉《えら》いお役人《やくにん》が澤山控《たくさんひか》へてゐる。何《なん》の事《こと》はない社會局《しやくわいきよく》あつて社會事業《しやくわいじげう》なしと云《い》ふ態《てい》たらくである。社會事業《しやくわいじげう》の健全《けんぜん》なる發達《はつたつ》の爲《た》めに、今《いま》より浪費的傾向《ろうひてきけいかう》は戒心《かいしん》せなくてはならぬ。

小賣市場費の減少

茲《こゝ》に社會事業費《しやくわいじげうひ》に言及《げんきふ》したついでに市《し》の市場費《じぢやうひ》について一言《ごん》したい市場設備《じぢやうせつび》の整備《せいび》普及《ふきふ》は都市《とし》生活《せいくわつ》に最《もつと》も必要《ひつえう》な事項《じかう》である。今《いま》や全國《ぜんこく》の都市《とし》は其《その》普及發達《ふきふはつたつ》に努《つと》めてゐる際《さい》東京市《とうきやうし》は年々之《ねんくこれ》を縮小《しゆくせう》してゐるのである。

中央卸賣市場《ちうあうおろしうりしぢやう》についてはさうでもないが、小賣市場《こうりしぢやう》は大正《たいしやう》十三年《ねん》四月《ぐわつ》には三十九ヶ所《しよ》の多《おほ》きを有《いう》してゐたものが、昭和《せうわ》三年度《ねんど》現在《げんざい》に於《おい》ては十三ヶ所《しよ》に激減《げきげん》してゐる。これは主《しゆ》として市場《じぢやう》附近《ふきん》の小賣商人《こうりしやうにん》の意《い》を承《う》けた惡市議連《あくしぎれん》の壓迫《あつぱく》で漸次撤去《ぜんじてつきよ》されたものである。それが爲《た》めに小賣《こうり》市場費《しぢやうひ》は左《さ》の如《ごと》く減退《げんたい》してゐる。」

		千圓
大正十三年度	（決算）	一〇八
大正十四年度	（決算）	九六
昭和　元年度	（決算）	八六
昭和　二年度	（決算）	五七
	（豫算）	八七
昭和　三年度	（豫算）	七一

經費《けいひ》の減少《げんせう》は一般論《ぱんろん》としては、市民《しみん》の負擔輕減《ふたんけいげん》と見做《みな》してよいが、この小賣市場費《こうりしぢやうひ》の減少《げんせう》の如《ごと》きは却《かへつ》て市民《しみん》の負擔《ふたん》を間接《かんせつ》に增加《ぞうか》するものと云《い》はねばならぬ。これも誰故惡市議《たれゆゑあくしぎ》ゆゑとあつては市民《しみん》も市會議員《しくわいぎゐん》の選擧《せんきよ》には考《かんが》へねばならぬ。

第二　公園と教育

採菊東離下。悠然見南山。

現代《げんだい》の東京市民《とうきやうしみん》には、こうした氣分《きぶん》が非常《ひじやう》に尠《すくな》い。

貧弱なる公園設備　公園《こうゑん》は都市《とし》に於《お》ける東離下《とうりか》の菊《きく》であり、南山《なんざん》である。疲《つか》れ切《き》つた市《し》民生活《みんせいくわつ》に慰安《いあん》と和樂《わらく》と休養《きうやう》を與《あた》ふる者《もの》は公園《こうゑん》であり廣場《ひろば》である。倫敦《ろんどん》には三百の廣場《ひろば》、一人當《にんあた》り二坪半《つぼはん》の公園《こうゑん》があり、巴里《パリー》には一人當《にんあた》り約《やく》二坪《つぼ》、綠《みどり》の都《みやこ》と稱《しよう》せられる華盛頓《わしんとん》には一人當《にんあた》り六坪《つぼ》の公園《こうゑん》があるが、東京市《とうきやうし》には、復興計畫《ふくこうけいくわく》に依《よ》つて建設《けんせつ》せらるべき大公園《だいこうゑん》三ケ所《しよ》及小學校《せうがくこう》に隣《りん》接《せつ》する小公園《せうこうゑん》五十一ケ所《しよ》が出來上《できあが》つて漸《やうや》く市民《しみん》は五人《にん》で二坪《つぼ》の公園《こうゑん》を持《も》つに過《す》ぎない。公園費《こうゑんひ》は昭和《せうわ》三年度《ねんど》で六十六萬圓墓地費《まんゑんぼちひ》を併《あは》せて普通經濟《ふつうけいざい》の六分《ぶ》市總歳出《しそうさいしゆつ》の一分《ぶ》を占《し》むるに過《す》ぎない

公園の量と質　記者《きしや》は公園《こうゑん》の問題《もんだい》も他《た》の多《おほ》くの問題《もんだい》と共《とも》に量《りやう》の問題《もんだい》でなくて質《しつ》の問題《もんだい》だと思《おも》ふ。十萬坪《まんつぼ》の埃《ほこり》にまみれた樹《き》が並《なら》ぶ公園《こうゑん》、紙屑《かみくづ》と煙草《たばこ》の吸殼《すひがら》で息《やす》む所《ところ》もない公園《こうゑん》を持《も》つよりも、千坪《つぼ》でも好《い》い。樹々《きぎ》には水《みづ》を注《そゝ》ぎ、木《こ》の葉《は》は活々《いきいき》として綠《みどり》が滴《したゝ》らん許《ばか》りで、芝生《しばふ》も道《みち》も

紙屑《かみくづ》一つ落《お》ちてゐない公園《こうゑん》を欲《ほつ》するものであるが、さうした公園《こうゑん》は東京《とうきやう》にあるか。熱鬧《ねつとう》の都市《とし》たる紐育《にゆーよーく》のリヴア・サイド・パークのベンチに倚《よ》れば、木鼠《りす》が肩《かた》に、腕《うで》に、ちよろちよろと戯《たはむ》れ遊《あそ》ぶと云《い》ふが、東京《とうきやう》の何處《どこ》にそうしたゆつたりした和平《わへい》な氣持《きも》ちになれる所《ところ》があらうか。愛《あい》市心《じゆしん》とか自治精神《じちせいしん》とか云《い》ふものは、學校《がくこう》の講堂《かうだう》や名士《めいし》の講演《かうえん》だけで涵養出來《かんやうでき》るものじやない。自然《しぜん》を愛《あい》し自然《しぜん》と親《した》しむ人《ひと》の情操《じやうさう》の中《なか》に育《はぐ》まれるものと思《おも》ふ。震災直後《しんさいちよくご》だ、そんな閑《ひま》があるかなどケチな事《こと》を云《い》はず今少《いますこ》しく市民《しみん》が公園《こうゑん》に親《した》しみ公園《こうゑん》を愛《あい》するやうにせぬと、『我《わ》が庵《いほ》は松原《まつばら》つゞき海近《うみちか》く富士《ふじ》の高根《たかね》を軒端《のきば》にぞ見《み》る』と詠《えい》じた先祖《せんぞ》の道灌《だうくわん》に對《たい》しても濟《す》まない次第《しだい》ぢや。

兩市の學校教育費

そは兎《と》も角普通經濟《かくふつうけいざい》の歳出《さいしゆつ》に於《おい》て、少《すくな》いものは前述《ぜんじゆつ》した社會事業費《しやくわいじげふひ》、公園費《こうゑんひ》、多《おほ》いものは復興事業費《ふくこうじげふひ》、土木費《どぼくひ》、教育費《けういくひ》と云《い》ふ順序《じゆんじよ》である。教育費《けういくひ》は市《し》の普通經濟《ふつうけいざい》に屬《ぞく》するもの昭和《せうわ》三年度《ねんど》豫算《よさん》で一千百七十九萬圓《まんゑん》であるが、其外《そのほか》に區費《くひ》として經常部《けいじやうぶ》二百四十三萬圓《まんゑん》ある。記者《きしや》は、市民《しみん》の教育《けういく》の必要《ひつえう》を認《みと》むるに人後《じんご》に落《お》ちないが、前《まへ》に引用《いんよう》した楢《なら》の下駄箱《げたばこ》式《じき》の浪費《らうひ》、徒費《とひ》は絕對《ぜつたい》に排斥《はいせき》するものである。先《ま》づ比較《ひかく》に便宜《べんぎ》な學校費《がくかうひ》について東京《とうきやう》と大阪《おほさか》とを比較《ひかく》して見《み》やう。それも臨時部《りんじぶ》を入《い》れては震災後《しんさいご》の東京《とうきやう》には臨時的支出《りんじてきししゆつ》が多《おほ》いから之《これ》を除《のぞ》いて主《しゆ》として經常費《けいじやうひ》だけについて大阪《おほさか》と東京《とうきやう》とを比較《ひかく》すると左《さ》の如《ごと》し。

東京市區學校教育費經常費

	千圓
一、教員養成所費	三八
一、中學校費	一六七
一、高等女學校費及實科高等女學校費	一二六
一、商業學校費	一〇四
一、實業補習學校費	二〇一
一、聾學校費	二〇
一、夜學校費	一六五
一、學事諸費	六、三六二
一、區費小學校費	二、〇四五
一、區費其他教育費	三九二
計	九、六二〇

之《これ》に對《たい》し大阪《おほさか》の學校《がくかう》教育費《けういくひ》は左《さ》の如《ごと》し。

一、中等學校費	一、〇六〇
一、小學校費及幼稚園費	九、五四三
計	一一、六〇三

右《みぎ》は何《いづ》れも昭和《せうわ》三年度《ねんど》豫算《よさん》であつて、大阪市《おほさかし》では小學校費《せうがくかうひ》は全部《ぜんぶ》市費支辨《しひしべん》となつてゐるから區費《くひ》を除《のぞ》いた。右《みぎ》の表《へう》に據《よ》れば大阪市《おほさかし》は東京市《とうきやうし》に比《ひ》して約《やく》百萬圓《まんゑん》經費《けいひ》が多《おほ》い。

大阪に劣る學校數　大阪市《おほさかし》は經費《けいひ》が多《おほ》いだけに學校數《がくかうすう》も多《おほ》い。大阪《おほさか》には日本《にほん》で只《たゞ》一つの商科大學《しやうくわだいがく》があるが之《これ》は特別經濟《とくべつけいざい》になつてゐるから右經費《みぎけいひ》から除《のぞ》いた。それで右《みぎ》の經費《けいひ》で左《さ》の如《ごと》く多數《たすう》の學校《がくかう》を經營《けいえい》してゐる。

	大阪	東京
中等學校	一三	六
小學校	二一二	二〇一
幼稚園	四六	一七

補習學校及夜學校	一三四	五六
其　他	三	二
計	四〇八	二八二

大阪《おほさか》の市營學校《しえいがくこう》四百八校《こう》に對《たい》し東京《とうきやう》の市區營學校《しくえいがくこう》は二百八十二校《こう》で百廿六校少《こうすくな》い。小學校《せうがくこう》は左程《さほど》でもないが中等學校實業補習學校《ちうとうがくこうじつげふほしふがくこう》は東京《とうきやう》は大阪《おほさか》の半數以下《はんすういか》である。かくて學校敎育經常費《がくこうけういくけいじやうひ》全體《ぜんたい》としては大阪市《おほさかし》より少《すくな》いが、一方《はう》一校當《こうあた》りに於《おい》ては東京市《とうきやうし》は大阪《おほさか》の二萬《まん》六千圓《ゑん》に對《たい》して三萬《まん》六千圓《ゑん》となり多《おほ》くなつてゐる。

經濟的敎育擴張　更《さら》に進《すゝ》んで、内容《ないよう》を檢《けん》するに一學級當《がくきふあた》りの尋常小學校《じんじやうせうがくこう》の兒童數《じどうすう》の比較《ひかく》は左《さ》の如《ごと》し。

東京大阪一學級當兒童數

	東京	大阪
最高	七六人	六五人
最低	二〇	三四

平均	五二	五一

一學級《がくきふ》當《あた》り兒童《じどう》は平均《へいきん》に於《おい》て東京《とうきやう》は一人《り》多《おほ》い。

次《つぎ》に敎員《けうゐん》の種類別《しゆるゐべつ》を見《み》るに小學校敎員《せうがくこうけうゐん》は左《さ》の如《ごと》くなつてゐる。

	東京	大阪
本科敎員	四、一二六人	四、六二六人
專科敎員	四九六	二九七
代用敎員	二二七	一七三
計	四、八四九	五、〇九六

敎員數《けうゐんすう》は東京《とうきやう》は大阪《おほさか》に比《ひ》して全體《ぜんたい》として少《すく》い、しかも代用敎員《だいようけうゐん》が多《おほ》い。

	敎員一人當兒童數
東京	四三、九人
大阪	四三、六

敎員《けうゐん》一人《り》當《あたり》兒童數《じどうすう》は東京《とうきやう》が稍《やゝ》多《おほ》くなつてゐる。

東京《とうきやう》の大阪《おほさか》に優《まさ》つてゐるのは敎員《けうゐん》の平均俸給《へいきんほうきふ》が本科正敎員男子《ほんくわせいけうゐんだんし》に於《おい》て四圓《ゑん》、女子《ぢよし》に於《おい》て約《やく》六圓《ゑん》、專科敎員男子《せんくわけうゐんだんし》に於《おい》て約《やく》八圓《ゑん》、女子《ぢよし》に於《おい》て約《やく》十圓《ゑん》、代用敎員《だいようけうゐん》に於《おい》て二三圓多《ゑんおほ》い點《てん》である。尤《もつと》も大阪《おほさか》は家賃物價《やちんぶつか》が幾分安《いくぶんやす》いが兎《と》に角東京《かくとうきやう》は幾分先生《いくぶんせんせい》を優遇《いうぐう》してゐる。これは賞《ほ》めて良《よ》いが、大體東京市《だいたいとうきやうし》の學校敎育《がくかうけういく》は、量《りやう》、質共《しつとも》に大阪《おほさか》に劣《おと》つてゐる傾向《けいかう》がある。敎育《けういく》は經費《けいひ》に比例《ひれい》するものじやない。貧乏《びんぼう》な日本《にほん》では、努《つと》めて經濟的《けいざいてき》に敎育《けういく》を擴張充實《くわくちやうじうじつ》する必要《ひつえう》があると思《おも》ふ。敢《あへ》て東京市《とうきやうし》のみならず、一般國民《ぱんこくみん》の關心《くわんしん》すべき點《てん》でないかと思《おも》ふ。因《ちな》に右《みぎ》の數字《すうじ》は、東京市役所發行《とうきやうしやくしよはつかう》都市敎育行政《としけういくぎやうせい》に據《よ》る。

將來の問題　市《し》の普通經濟《ふつうけいざい》の歳出《さいしゆつ》については、右《みぎ》の外道路《ほかだうろ》の補裝問題《ほさうもんだい》、下水問題《げすゐもんだい》、築港問題《ちくかうもんだい》、保健問題《ほけんもんだい》など、輕視《けいし》し難《がた》い問題《もんだい》がある。之等《これら》の問題《もんだい》は現在《げんざい》の問題《もんだい》としてよりも、將來《しやうらい》の問題《もんだい》として、東京市民《とうきやうしみん》として留意《りうい》し、考究《かうきう》し而《しか》して解決《かいけつ》せねばならぬ點《てん》である事《こと》を告《つ》げて、東京市財政《とうきやうしざいせい》の解剖《かいばう》は打切《うちき》り、次《つぎ》に、市來《いちき》前東京市長並《ぜんとうきやうしちやうなら》びに堀切市長《ほりきりしちやう》の市財政立直案《しざいせいたてなほしあん》について一應《おう》の説明《せつめい》をしやう。

第九章　市財政立直案

第一　市來市長の立直し案

行詰《ゆきつ》まれる東京市《とうきやうし》の財政《ざいせい》を如何《いか》に立直《たてなほ》すべきか。

市來市長の立直案　先《ま》づ第《だい》一に現堀切《げんほりきり》市長《しちやう》の財政立直《ざいせいたてなほ》し案《あん》の母體《ぼたい》たる市來前市長《いちきぜんしちやう》の立直《たてなほ》し案《あん》を披露《ひろう》しやう。

市來市長《いちきしちやう》の立直《たてなほし》計畫《けいくわく》の要點《えうてん》は

一、歳入缺陷千七百萬圓の補塡策

二、公債借入金の元利支拂並に諸種經費の自然的增加に對する方策

三、新規事業に對する方策

と爲《な》す事《こと》が出來《でき》る。

第《だい》一の歳入缺陷補《さいにふけつかんほ》塡策《てんさく》としては現在歳入缺陷《げんざいさいにふけつかん》千七百五十七萬《まん》三千圓《ゑん》を

一、昭和四年度以降三年度間に左の年割額を以て補塡充當するものとす

昭和四年度	六、三四五千圓
昭和五年度	五、九九二
昭和六年度	五、二三六

二、右財源は

(イ)路面改良費國庫補助	百五十萬圓
(ロ)借入金	五百萬圓
(ハ)一般市費	千百七萬三千圓

一、(ロ)の借入金五百萬圓は借入の年より二年据置其後五ヶ年以内に土地處分收入百五十萬圓及一般市費三百五十萬圓を以て償還の豫定

二、(ハ)の一般市費千百七萬三千圓並びに(ロ)の借入金返濟に充當すべき市費三百五十萬圓は(一)市有地々代の引上げと(二)增稅を以て充當とする事になつてゐる。

經費緊縮繰延額　尤《もつと》も市來《いちき》前市長《ぜんしちやう》は昭和《せうわ》四年度《ねんど》豫《よ》算編成《さんへんせい》に當《あた》り、左《さ》の如《ごと》く三年度《ねんど》既《き》定豫《ていよ》

算《さん》に比《ひ》し經費《けいひ》の緊縮《きんしゆく》を爲《な》す事《こと》としてゐた。

經常部	百九十四萬圓
臨時部	百四十六萬圓
繼續費繰延	約五十萬圓
計	四百萬圓

然《しか》し一方《はう》復興事業《ふくこうじげう》の完成《くわんせい》に伴《とも》ふ經常的費用《けいじやうてきひよう》其他《そのた》新規《しんき》並《ならび》に自然増加《しぜんぞうか》の經費《けいひ》が同年度《どうねんど》に於《おい》て

經常部	三百八十九萬圓
臨時部	約五百萬圓

あつて同年度《どうねんど》の自然減少《しぜんげんせう》經常部《けいじやうぶ》百五十三萬圓《まんゑん》、臨時部《りんじぶ》三百三十八萬圓《まんゑん》を差引《さしひき》するも、尚《なほ》前年《ぜんねん》に比《ひ》し

經常部増加	四十二萬圓
臨時部増加	十六萬圓
計	五十八萬圓

の増加《ぞうか》になつてゐるから、經費《けいひ》の緊縮《きんしゆく》は歳入缺陷補塡《さいにふけつかんほてん》には一厘《りん》も手助《てだす》けとならざるのみならず、自然増加新規増加《しぜんぞうかしんきぞうか》も喰《く》ひ止《と》め得《え》ずして、却《かへ》つて五十八萬圓《まんゑん》だけ前年《ぜんねん》に比《ひ》し歳入《さいにふ》の増加《ぞうか》を招來《せうらい》してゐる。

増税新税の内容　かくて市來市長《いちきしちやう》は、右歳入缺陷補塡《みぎさいにふけつかんほてん》と、新規事業《しんきじげふ》、市債《しさい》の元利《ぐわんり》金支《きんし》拂《はら》其他《そのた》の經費充當《けいひじうたう》の爲《た》めに、左《さ》の新税増税計畫《しんぜいぞうぜいけいくわく》を樹立《じゆりつ》したのである。

(一)増　税	三百九十七萬圓
一、地租附加税(増徴年額)	六十萬圓
二、營業收益税附加税(同)	五十九萬圓
三、所得税附加税(同)	五十一萬圓
四、家屋税不均一賦課(同)	六十二萬圓
五、特別不動産取得税(同)	六十九萬圓
六、特別税特別消費税(同)	五十五萬圓
(二)新　税	二百十七萬圓

一、借　地　權　　百八十一萬五千圓

二、借地權取得稅　　二十六萬圓

三、商品切手稅　　十萬圓

(三)減稅(府稅營業稅)　　四萬六千圓

差引市稅增收合計　　六百十萬圓

新規事業一億二千　他面《ためん》市來《いちき》市長《しちやう》は市民《しみん》の生活上並《せいくわつじやうならび》に市《し》の發展上緊切《はつてんじやうきんせつ》止むを得《え》ざるものとして、昭和《せうわ》四年以降《ねんいかう》左の如《ごと》き新事業《しんじげう》を目論見《もくろみ》たものである。

(一)第二期路面改良費　昭和四年度以降十年度間

千九百五十萬圓　(財源市債)

(二)第三期下水道改良費　昭和四年度以降十年度間

三千三百三十萬圓　(財源市債)

(三)江戸川改修費　昭和四年度以降七年度間

五百五十萬圓　(財源市債)

(四)東京港修築費　昭和四年度以降七年度間

二千七百九十萬圓　（財源市債）

(五)第一期枝川改修費　昭和四年度以降六年度間

五百萬圓　（財源市債）

(六)屠場建設費　昭和四年度以降二年度間

百五十萬圓　（財源市債）

(七)京橋商業學校建設費　昭和四年度以降三年度間

八十一萬二千圓　（財源市費）

(八)區役所建築費　昭和四年度以降四年度間

百二十萬圓　（財源市費）

右《みぎ》は昭和《せうわ》四年度《ねんど》豫算計上分《よさんけいじやうぶん》であるが其外《そのほか》に昭和《せうわ》六、七年度《ねんど》以降《いかう》計上分《けいじやうぶん》に左記《さき》のものがある。

(一)市廳舍建設費　昭和六年度以降四年度間

九百五十萬圓　（財源電氣軌道經濟其他より繰入及市費）

(二)中央市場分場建設費　昭和七年度以降三年度間

百五十萬圓　(財源市債)

(三)街路修築費　昭和七年度以降七年度間

千五百萬圓　(財源市債)

右各種新規事業《みぎかくしゆしんきじげふ》は總計《そうけい》一億《おく》二千萬圓《まんゑん》を超《こ》へてゐる。而《しか》して其年割額《そのねんわりがく》は左《さ》の如《ごと》し。

	千圓
昭和四年度	四、四八二
同　五年度	八、一九二
同　六年度	八、九九八
同　七年度	一六、七八九
同　八年度	一七、八五〇
同　九年度	一六、三〇〇
同　十年度	一二、六〇〇
同　十一年度	一二、〇〇〇

同　十二年度　一二、〇〇〇
同　十三年度　一一、五〇〇
計　一二〇、七一二

緊縮は足らぬ　右市來《みぎいちき》前市長《ぜんしちやう》の財政《ざいせい》立直《たてなほ》し案《あん》の缺點《けつてん》の第《だい》一は、緊縮《きんしゆく》が少《すく》な過《す》ぎる點《てん》である。緊縮《きんしゆく》と稱《しよう》すべきは經常部《けいじやうぶ》百九十四萬圓《まんゑん》、臨時部《りんじぶ》百四十萬圓《まんゑん》であるが、自然增加《しぜんぞうか》や何《なに》や彼《か》と計算《けいさん》すると前述《ぜんじゆつ》の如《ごと》く經常部《けいじやうぶ》は三年度《ねんど》に比《ひ》し四十二萬圓《まんゑん》、臨時部《りんじぶ》は十六萬圓《まんゑん》併《あは》せて五十八萬圓《まんゑん》の增加《ぞうか》となつてゐる。(市《し》昭和《せうわ》四年度《ねんど》以降《いかう》財政計畫《ざいせいけいくわく》に據《よ》る)他方《たはう》繼續費《けいぞくひ》の繰延《くりのべ》打切《うちき》りも三億《おく》八千三百十萬圓《まんゑん》の繼續費《けいぞくひ》を三億《おく》八千百六圓《ゑん》と更正《かうせい》して、百五十萬圓許《まんゑんばか》りを減少《げんせう》しただけで殆《ほとん》ど云《い》ふに足《た》らぬ。市《し》の財政計畫說明《ざいせいけいくわくせつめい》に據《よ》ると累年經費《るゐねんけいひ》の緊縮《きんしゆく》をして來《き》たと云《い》ふてゐるが其材料《そのざいれう》を示《しめ》してなく、全體《ぜんたい》としては豫算《よさん》を見《み》ても決算《けつさん》を見《み》ても昭和《せうわ》三年度《ねんど》までは遞增《ていぞう》こそしてをれ、減少《げんせう》してをらぬ。歲計《さいけい》の膨脹率《ばうちやうりつ》に於《おい》て東京市《とうきやうし》に劣《おと》らない大阪市《おほさかし》では、昭和《せうわ》三年度《ねんど》の普通經濟歲出豫算《ふつうけいざいさいしゆつよさん》に於《おい》て前年度《ぜんねんど》に比《ひ》し、全體《ぜんたい》として一割《わり》三厘《りん》、經常部《けいじやうぶ》同《どう》五分《ぶ》七厘《りん》、臨時部《りんじぶ》二割《わり》五分《ぶ》三厘《りん》八毛《まう》の緊《きん》縮《しゆく》をしてゐる。之《これ》を東京市《とうきやうし》の場合《ばあひ》に當《あ》てはめるとどうなるかと云《い》へば、臨時部《りんじぶ》は繼續費《けいぞくひ》關係《くわんけい》其《その》他年度《たねんど》に依《よ》つて非常《ひじやう》に相異《さうい》を來《きた》すものがあるから之《これ》を措《お》いて、經常部《けいじやうぶ》だけを大阪並《おほさかなみ》に緊縮《きんしゆく》するものとせば、東京市《とうきやうし》の昭和《せうわ》三年度《ねんど》普通經濟經常部《ふつうけいざいけいじやうぶ》二千八百六十三萬《まん》一千圓《ゑん》の五分《ぶ》七厘《りん》は約《やく》百六十四萬《まん》一千圓《ゑん》となり、之《これ》を差引《さしひ》けば二千六百九十九萬圓《まんゑん》となる。

大阪の緊縮實例　これが大阪並《おほさかなみ》の昭和《せうわ》四年度《ねんど》普通經常歳出經濟額《ふつうけいじやうさいしゆつけいざいがく》にならねばならぬ所《ところ》を市《し》の財政計畫《ざいせいけいくわく》に依《よ》れば二千九百五萬圓《まんゑん》となつてゐるから差引《さしひき》二百六萬圓《まんゑん》だけ多《おほ》い譯合《わけあひ》である。少《すくな》くとも大阪《おほさか》が昭和《せうわ》三年度《ねんど》で實行《じつかう》した程度《ていど》、即《すなは》ち前年度《ぜんねんど》比《ひ》較《かく》五分《ぶ》七厘減《りんげん》の緊縮《きんしゆく》を普通經濟經常《ふつうけいざいけいじやう》部《ぶ》に加《くは》ふる事《こと》とせば、二百六萬圓許《まんゑんばかり》の緊縮《きんしゆく》を經常部《けいじやうぶ》の人件費《じんけんひ》物件費《ぶつけんひ》に加《くは》ふる必要《ひつえう》がある次第《しだい》である。勿論東京市《もちろんとうきやうし》には大阪《おほさか》と異《こと》る事情《じじやう》はあらう。然《しか》し東京市《とうきやうし》の歳出《さいしゆつ》は浪費《らうひ》冗費《じようひ》が多《おほ》いと稱《しよう》せられるのだから大阪程度《おほさかていど》の緊縮《きんしゆく》はやりやうによつては出來《でき》そうに思《おも》へる。出來《でき》る出來《でき》ないに拘《かゝは》らず、震災《しんさい》で市民《しみん》の負擔力《ふたんりよく》の減殺《げんさい》された後《のち》であり、又經常費《またけいじやうひ》の自然增加《しぜんぞうか》が十年後《ねんご》には一千百五十一萬圓以《まんゑんい》上《じやう》に上《のぼ》る普《ふ》通經濟《つうけいざい》としては、是非《ぜひ》共經常費《ともけいじやうひ》を極度《きよくど》に緊縮《きんしゆく》する必要《ひつえう》がある。

第二　整理休養の時代

次《つぎ》に市來《いちき》前市長《ぜんしちやう》の財政計畫上問題《ざいせいけいくわくじやうもんだい》とすべきは、新規事業《しんきじげう》一億《おく》二千萬圓餘《まんえんよ》である。

事業能力と新事業

記者《きしや》は都市《とし》の事業《じげう》は概《がい》して生産的《せいさんてき》であり開發的《かいはつてき》であると云《い》つた、東《とう》京市《きやうし》は都市《とし》として未完成《みくわんせい》のものであるだけに、各種《かくしゆ》の施設《しせつ》の必要《ひつえう》を認《みと》むるものである。又市來《またいちき》前市長《ぜんしちやう》の計畫《けいくわく》になる新規事業《しんきじげう》も、專門的技術的《せんもんてきぎじゆつてき》に見《み》れば兎《と》も角性質上必要性《かくせいしつじやうひつえうせい》から云《い》へば一概《がい》に排斥《はいせき》すべきものとも思《おも》はぬ。しかし、之等《これら》各種《かくしゆ》新事業《しんじげう》の實行《じつかう》の期《き》については、大《おほ》いに考慮《かうりよ》の餘《よ》地《ち》ありとし必《かなら》ずしも市來案《いちきあん》に贊成《さんせい》が出來《でき》ぬ。

第《だい》一に市《し》の事業能力《じげうのうりよく》には一定《てい》の限度《げんど》があることである。之《これ》を繼續費《けいぞくひ》に就《つい》て云《い》へば每年多額《まいねんたがく》の經費《けいひ》を翌年度《よくねんど》に繰越《くりこ》してゐる。現《げん》に昭和《せうわ》三年度《ねんど》への普通經濟繼續費繰越額《ふつうけいざいけいぞくひくりこしがく》は七千五百餘萬圓《よまんゑん》に上《のぼ》り之《これ》を過去《くわこ》の實蹟《じつせき》から見《み》て之等《これら》の大部分《たいぶぶん》は四年度《ねんど》へも繰越《くりこ》されるものと見《み》て差支《さしつかへ》ない。しからざれば四年度《ねんど》に於《おい》ては右繰越額《みぎくりこしがく》七千五百餘萬圓《よまんゑん》と繼續費《けいぞくひ》の年割額《ねんわりがく》四千六百二十餘萬圓《よまんゑん》と併《あは》せて、一億圓以上《おくゑんいじやう》の事業《じげう》を執行《しつかう》せなくてはならぬが、これ又過去《またくわこ》の實蹟《じつせき》から見《み》てトテモ全額《ぜんがく》を消《せう》化出來《くわでき》るものではない。

殊《こと》に四年度《ねんど》は行政整理《ぎやうせいせいり》の後《あと》を承《う》けて事業《じげう》の設計監督《せつけいかんとく》に當《あた》る技術者事務員等《ぎじゆつしやじむゐんとう》も其數《そのすう》は從來《じゆうらい》より

も減《げん》じてゐるものと見《み》ねばならぬ。そうなれば事業能力《じげうのうりよく》は益々貧弱《ひんじやく》にならざるを得《え》ぬ。恐《おそ》らく從來《じうらい》よりも多《おほ》く繼續費《けいぞくひ》の繰越《くりこし》を餘儀《よぎ》なくせらるゝであらう。從つて此上《このうへ》新規《しんき》事業《じげう》を計畫《けいかく》する事《こと》は徒《いたづ》らに繰越額《くりこしがく》を増加《ぞうか》するのみで市全體《しぜんたい》の事業《じげう》の進行《しんかう》を圖《はか》るものでない。

整理休養の時代

一體《たい》事業《じげう》は、赤飯《せきはん》のゴマ鹽《しほ》のやうに、あちこちにばら撒《ま》いても効果《かうくわ》の擧《あ》がらないものである。一つ宛《づゝ》一方々々整理《せいり》し完成《くわんせい》して行《い》くに限《かぎ》る。それを國《くに》や公共團體《こうきようだんたい》では議員《ぎゐん》のお土産主義《みやげしゆぎ》や、當局《たうきよく》の功名心《こうみやうしん》に驅《か》られて、無暗《むやみ》に手《て》を擴《ひろ》げ事業《じげう》を殖《ふ》やすが、これは財政《ざいせい》の放漫《はうまん》を招來《せうらい》する所以《ゆえん》で最《もつと》も戒《いまし》しめねばならぬ。今《いま》や東京市《とうきやうし》は、其事業能力《そのじげうのうりよく》に餘《あま》る繼續事業《けいぞくじげう》を持《も》つてゐるのだから、新規事業《しんきじげう》は一時《じ》控《ひか》へて、在來《ざいらい》の事業《じげう》を整理《せいり》し、一日《にち》も早《はや》く完成《くわんせい》せしむべきである。況《いはん》や大局《たいきよく》から見《み》れば我《わ》が國《くに》の現狀《げんじやう》は一大整理期《だいせいりき》であり、殊《こと》に東京市《とうきやうし》としては震災《しんさい》以來《らい》ダラシなく膨脹《ばうちやう》して來《き》た財政《ざいせい》を引締《ひきし》め整理《せいり》すべき時機《じき》に到達《たうたつ》してゐる今日《こんにち》、敢《あへ》て不急《ふきふ》と云《い》はないが、實際實行力《じつさいじつかうりよく》のない市《し》としては新規事業《しんきじげう》は大《おほ》いに手控《てひか》へる必要《ひつえう》ありとなすものである。

事業と市民の關係

新規事業《しんきじげう》について今《いま》一つ云《い》ふべきは財源《ざいげん》の點《てん》である。十一種《しゆ》の新規《しんき》事業中《じげうちう》、財源《ざいげん》を市税《しぜい》に仰《おほ》ぐものは京橋商業學校費《きやうばししやうげふがくかうひ》と區役所費《くやくしよひ》と、市廳舍費《しちやうしやひ》七百五十萬圓中《まんゑんちう》五百萬圓《まんゑん》に止《と》まり、爾餘《じよ》の一億《おく》一千三百萬圓《まんゑん》と云《い》ふものは悉《ことごと》く市債《しさい》に仰《あふ》いでゐる。市債《しさい》に財源《ざいげん》を仰《あふ》ぐ事《こと》は、市債費《しさいひ》の遞增《ていぞう》に苦《くる》しんでゐる市《し》としては其點《そのてん》からも避《さ》けねばならぬ。又今回《またこんくわい》の如《ごと》き歳《さい》入缺陷其他《にふけつかんそのた》の事情《じじやう》で、歳計縮小《さいけいしゆくせう》の必要《ひつえう》が起《おこ》つても、市債《しさい》を財源《ざいげん》とする事業許《じげうばか》りでは、經常費捻《けいじやうひねん》出《しゆつ》の餘力彈力《よりよくだんりよく》が乏《とぼ》しくなつて、直《たゞち》に增稅《ぞうぜい》を行《おこな》はねばならぬ事《こと》となる。其上市債《そのうへしさい》は直接現代市民《ちよくせつげんだいしみん》に負擔《ふたん》を加重《かちやう》しない爲《た》めに惡市議《あくしぎ》に濫用《らんよう》せられ、お土產主義《みやげしゆぎ》の犧牲《ぎせい》となつて財政膨脹《ざいせいばうてう》の端《たん》を發《はつ》するものである。以上諸種《いじやうしよしゆ》の事情《じじやう》よりして、新事業《しんじげう》の財源《ざいげん》、殊《こと》に多額《たがく》の金額《きんがく》を要《えう》する繼續事業《けいぞくじげう》にありては、其財源《そのざいげん》の一部《ぶ》を市稅又《しぜいまた》は、受益者負擔金《じゆえきしやふたんきん》に依賴《いらい》する必要《ひつえう》がある。今回《こんくわい》の新事業《しんじげう》に例《れい》を採《と》れば、江戶川改修《えどがはかいしう》、下水工事《げすゐこうじ》、街路修築路面改良《がいろしうちくろめんかいりやう》の如《ごと》きは、市稅又《しぜいまた》は受益者負擔金《じゆえきしやふたんきん》に依《よ》つて其財源《このざいげん》の一部《ぶ》を調達《てうたつ》すべきものである。これは市《し》の財政《ざいせい》の基礎《きそ》を鞏固《きやうこ》にする上《うへ》に於《おい》て、是《ぜ》非敢行《ひかんかう》すべきものと思《おも》ふ。

かゝる理由《りいう》よりして記者《きしや》は新規事業《しんきじげう》は京橋商業學校《きやうはししやうげうがくこう》の建設《けんせつ》、屠場新設等《とぢやうしんせつとう》を除《のぞ》いた他《た》の事業《じげう》は現在《げんざい》の繼續事業《けいぞくじげう》が一段落告《だんらくつ》ぐるまで、一兩年見合《りやうねんみあは》すべしとなすものである。而《しか》して新《あらた》に事業《じげう》に着手《ちやくしゆ》する際《さい》は其財源《そのざいげん》の一部《ぶ》は、受益者負擔或《じゆえきしやふたんあるひ》は市稅《しぜい》に求《もと》めて遂行《すゐかう》すべき事《こと》を力說《りきせつ》する、若市民《もししみん》が市税《じぜい》を非《ひ》とし、受益者《じゆえきしや》が負擔金《ふたんきん》を否《ひ》とするならば勿論中止《もちろんちうし》すべきである。かくて歳出《さいしゆつ》と市民《しみん》の負擔《ふたん》との間《あひだ》に因果關係《いんぐわくわんけい》を置《お》き、以《もつ》て財政《ざいせい》の放漫《はうまん》を避《さ》けて其基礎《そのきそ》を鞏固《きようこ》にし他面市民《ためんしみん》をして市《し》政監視《せいかんし》に務《つと》めしむる必要《ひつえう》があらう。

市有地貸付引上は可　市來案《いちきあん》で最《もつと》も無難《ぶなん》なのは、市有地貸付料《しいうちかしつけれう》の引上《ひきあげ》である。之《これ》に依《よ》つて初年度《しよねんど》十七萬《まん》六千圓《ゑん》、十年後《ねんご》には百五十餘萬圓《よまんゑん》を擧《あ》げる事《こと》になつてゐる、從來《じうらい》の市有地貸付《しいうちかしつけ》料《れう》が低廉過《ていれんす》ぎた爲《た》めに寧《むし》ろ種々《しゆぐ》の情弊《じやうへい》を出《だ》した點《てん》から見《み》て當然《たうぜん》の處置《しよち》である。

次《つぎ》に最《もつと》も問題《もんだい》となるは新增税《しんぞうぜい》の六百萬圓增收計畫《まんゑんぞうしうけいくわく》である。增税問題《ぞうぜいもんだい》は、租税體系上《そぜいたいけいじやう》、市民《しみん》の負擔上重大《ふたんじやうぢうだい》な問題《もんだい》で其體系《そのたいけい》、其時期《そのじき》、其程度《そのていど》、其税率等巨細《そのぜいりつとうこさい》に亘《わた》れば充分論議《じうぶんろんぎ》の餘地《よち》がある。體系論《たいけいろん》は既《すで》に市税《しぜい》の解剖《かいばう》に際《さい》して詳說《しやうせつ》したから、今《いま》は單《たん》に市來案《いちきあん》の骨子《こつし》に對《たい》する批判《ひはん》に止《とゞ》め次《つぎ》に稿《かう》を改《あらた》め說明《せつめい》しやう。

第三　增税と電車賃値上

市財政《しざいせい》は大局《たいきよく》から見《み》て整理休養《せいりきうやう》の時代《じだい》となすべきである。

增稅は不可避か　從《したが》つて財政《ざいせい》の常道《じやうだう》からせば當然增稅《たうぜんぞうぜい》の時期《じき》でないが、市《し》の財政《ざいせい》は頗《すこぶ》る變態的《へんたいてき》で、常道論《じやうだうろん》で行《ゆ》けない。結局左《けつきよくさ》の諸點《しよてん》よりして、此際或程度《このさいあるていど》の增稅《ぞうぜい》は止《や》むを得《え》ないやうである。

一、普通經濟歳入《ふつうけいざいさいにふ》の七割弱《わりじやく》は補助費《ほじよひ》と市債《しさい》に仰《あふ》ぐ結果《けつくわ》、經費《けいひ》の緊縮繼續費《きんしゆくけいぞくひ》の繰延新事業《くりのべしんじげふ》の中止《ちうし》をしても一方財界不況《はうざいかいふきやう》に依《よ》る歳入減《さいにふげん》もあるべく、此際增稅《このさいぞうぜい》六百萬圓《まんゑん》に代《かは》る財源《ざいげん》を捻出《ねんしゆつ》し難《にく》いだらう。

一、現《げん》に歳入缺陷《さいにふけつかん》千七百萬圓《まんゑん》の補塡《ほてん》は當然《たうぜん》一般市費《はんしひ》で補塡《ほてん》すべきに拘《かゝは》らず前述《ぜんじゆつ》の如《ごと》く百五十萬圓《まんゑん》は路面改良補助金《ろめんかいりやうほじよきん》に仰《あふ》ぎ、五百萬圓《まんゑん》は借入金《かりいれきん》に仰《あふ》ぎ之《これ》が爲《た》めに昭和《せうわ》四年度《ねんど》以降《いかう》同《どう》十年度《ねんど》迄其元利金《までそのぐわんりきん》の支拂《しはらひ》に毎年《まいねん》卅萬圓乃至《まんゑんないし》二百萬圓《まんゑん》の支出《ししゆつ》を必要《ひつえう》とし、盜人《ぬすびと》に追錢的財政計畫《おひせんてきざいせいけいくわく》を採《と》らざるを得《え》ない狀態《じやうたい》から見《み》るも、或程度《あるていど》の增稅《ぞうぜい》は免《まぬか》れない。

一、右《みぎ》の如《ごと》き狀態《じやうたい》なれば增稅《ぞうぜい》を中止《ちうし》すれば使用料《しようれう》の引上《ひきあげ》を圖《はか》らねばならぬが、東京市《とうきやうし》の使用料中《しようれうちう》重《おも》なるものを見《み》るに電燈料《でんとうれう》、水道料《すゐだうれう》は大阪等《おほさかとう》に比《ひ》し割高《わりだか》、電車賃《でんしやちん》も單價《たんか》は高《たか》い。之《これ》に反《はん》し市稅賦課率《しぜいふくわりつ》は他《た》の都市町村《としちやうそん》に比《ひ》し概《がい》して低《ひく》い點《てん》から見《み》て、使用料引上增收《しようれうひきあげぞうしう》を求《もと》むれば無理《むり》があり勢《いきほ》ひ增稅《ぞうぜい》に依《よ》らねばならぬ。
一、市來《いちき》前市長《ぜんしちやう》の計畫《けいくわく》では、歳入見積《さいにふみつもり》が稍《やゝ》過大《くわだい》の嫌《きらひ》があり、又復興事業公債並《またふくこうじげふこうさいならび》に借入金《かりいれきん》の利《り》子《し》は國庫《こくこ》の補給《ほきふ》をうける計算《けいさん》になつてゐるが、中央財政《ちうあうざいせい》も、財源難《ざいげんなん》の今日全部《こんにちぜんぶ》之《これ》に依《よ》る計畫《けいかく》は無理《むり》である。

等《とう》の事情《じじやう》から此際《このさい》、或程度《あるていど》――其程度《そのていど》は經費《けいひ》の緊縮《きんしゆく》、新事業《しんじげふ》の中止《ちうし》繼續費《けいぞくひ》の繰延《くりのべ》の程度《ていど》に依《よ》つて異《こと》るが――それにしても或程度《あるていど》の增稅《ぞうぜい》は免《まぬか》れぬと見《み》ねばならぬ。元《もと》より市民經濟《しみんけいざい》の現狀《げんじやう》と放漫《はうまん》を極《きは》めた市《し》財政《ざいせい》の實狀《じつじやう》に於《おい》ては、經費《けいひ》の大緊縮《だいきんしゆく》は當然圖《たうぜんはか》らねばならぬが、しかも或程度《あるていど》の財源《ざいげん》の不足《ふそく》は免《まぬか》れざるべく、從《したが》つて幾分《いくぶん》は增稅《ぞうぜい》に依《よ》らねばならぬ。

稅制の單純化　右《みぎ》の如《ごと》くにして增稅《ぞうぜい》避《さ》くべからずとせば、問題《もんだい》は增稅《ぞうぜい》すべき稅種《ぜいしゆ》と稅額《ぜいがく》の如何《いかん》である。此點《このてん》に於《おい》て市來前市長《いちきぜんしちやう》は地租附加稅《ちそふかぜい》の六割《わり》、營業收益稅附加稅《えいげふしうえきぜいふかぜい》一割餘《わりよ》、家屋稅《かおくぜい》不均《ふきん》一課稅《くわぜい》二割《わり》、所得稅《しよとくぜい》二割餘《わりよ》、特別消費稅《とくべつせうひぜい》約《やく》二割《わり》、不動產取得稅《ふどうさんしゆとくぜい》五割《わり》の增課《ぞうくわ》と借地權稅《しやくちけんぜい》、借《しやく》地權取得稅《ちけんしゆとくぜい》、商品券稅《しやうひんけんぜい》の新稅《しんぜい》を目論見《もくろみ》たのである。

市來案《いちきあん》は一言《ごん》にして云《い》へば稅多稅少《ぜいたぜいせう》即《すなは》ち、稅種《ぜいしゆ》が多《おほ》いが稅額《ぜいがく》が少《すく》く、一つの稅《ぜい》で百萬圓《まんゑん》を超《こ》ゆるものは借地《しやくち》權稅《けんぜい》だけ、他《た》は增收何《ぞうしういづ》れも五六十萬圓程度《まんゑんていど》、中《うち》に商品券稅《しやうひんけんぜい》の如《ごと》きは僅《わづ》かに十萬圓《まんゑん》に過《す》ぎぬ。これは市稅《しぜい》として最《もつと》も負擔力《ふたんりよく》ある地租《ちそ》が附加稅《ふかぜい》であるのと其課稅標準《そのくわぜいへうじゆん》が明治《めいぢ》四十二年《ねん》の決定《けつてい》にかゝり、不公平《ふこうへい》であつて之《これ》を基準《きじゆん》として重課出來《ちうくわでき》ない爲《た》めであらうから幾分事情《いくぶんじじやう》は酌量《しやくりやう》の餘地《よち》がある。そこで地租委讓《ちそゐじやう》までの――委讓《ゐじやう》の成否《せいひ》は未定《みてい》だが委讓《ゐじやう》を見《み》なくとも課稅標準《くわぜいへうじゆん》の改正《かいせい》は行《おこな》はれやう、それまでの暫定的意味《ざんていてきいみ》に於《おい》て大眼《おほめ》に見《み》る事《こと》とするが地租委讓《ちそゐじやう》を見《み》るか或《あるひ》は課稅標準《くわぜいへうじゆん》の改正《かいせい》を見《み》たならば、新《あらた》なる公正《こうせい》なる基準《きじゆん》の下《もと》に地租借地權《ちそしやくちけん》を增徴《ぞうちよう》し、之等《これら》の增稅《ぞうぜい》に依《よ》つて財源《ざいげん》を捻出《ねんしゆつ》しただけは地租《ちそ》、借地權《しやくちけん》の賦課《ふくわ》の轉嫁《てんか》を受《う》くべき人々《ひと〴〵》の負擔輕減《ふたんけいげん》の意味《いみ》にて家屋稅《かおくぜい》營業收益稅《えいげうしうえきぜい》府稅《ふぜい》營業稅《えいげうぜい》所得稅等《しよとくぜいとう》は減稅《げんぜい》すべきであらう。兎《と》も角國稅地《かくこくぜいち》租《そ》は如何《いか》に成《な》るか、其結果《そのけつくわ》を見《み》て複雜《ふくざつ》で彈力《だんりよく》がない市稅體系《しぜいたいけい》を單純《たんじゆん》に彈力《だんりよく》あるものに更改《かうかい》する要《えう》があらう。

市電の立直案

次《つぎ》に市來前市長《いちきぜんしちやう》が立案《りつあん》した市電立直《しでんたてなほ》し案《あん》は六年度《ねんど》までは兎《と》も角《かく》、辻褄《つじつま》を合《あ》はしてゐる。問題《もんだい》は七年以降毎年生《ねんいかうまいねんじやう》ずる四百萬圓前後《まんゑんぜんご》の缺損補塡《けつそんほてん》である。之《これ》には經營費對收《けいえいひたいしう》入割合《にふわりあひ》六割《わり》の豫定《よてい》を更《さら》に引下《ひきさ》げる事《こと》と、不良資產切捨《ふりやうしさんきりすて》の爲《た》めに、一部受益者《ぶじゆえきしや》負擔金《ふたんきん》でも課《くわ》せなければなるまい。今《いま》一つ電車賃《でんしやちん》の値上《ねあげ》も想像出來《さうざうでき》るが、これは(一)省線《しやうせん》の一區《く》五錢乘合自動車《せんのりあひじどうしや》一區《く》七錢《せん》がある以上《いじやう》値上《ねあげ》すれば市電《しでん》の客《きやく》を逃《に》がすだけである(二)運賃負擔力說《うんちんふたんりよくせつ》から見《み》て市電《しでん》の乘客《じやうきやく》は東京市《とうきやうし》內外《ないぐわい》に於《お》ける最《もつと》も負擔力《ふたんりよく》なき階級《かいきふ》であるから、値上《ねあげ》に應《おう》ずる力《ちから》が乏《とぼ》しい(三)又運《またうん》賃實費說《ちんじつぴせつ》から見《み》ても市電《しでん》の財政難《ざいせいなん》は東鐵買收權《とうてつばいしうけん》、市普通經濟《しふつうけいざい》に對《たい》する繰入等《くりいれとう》市電《しでん》の乘客《じやうきやく》が負擔《ふたん》する必要《ひつえう》のない出費《しゆつぴ》に對《たい》する利子《りし》の壓迫《あつぱく》に基《もと》くものとせば、四百萬圓程度《まんゑんていど》の缺損《けつそん》では値上《ねあげ》の理《り》由《いう》に乏《とぼ》しとせねばならぬ。

第四　堀切市長案

以上《いじやう》を以《もつ》て東京市《とうきやうし》財政《ざいせい》の行詰《ゆきつま》りの狀態《じやうたい》と、前市來市長《ぜんいちきしちやう》の之《これ》に對《たい》する立直計畫並《たてなをしけいくわくなら》びに記者《きしや》の所見《しよけん》を一通《とほ》り述《の》べた。

次《つぎ》に市來市長《いちきしちやう》の後《あと》を承《う》けた堀切市長《ほりきりしちやう》の財政立直案《ざいせいたてなをしあん》を紹介《せうかい》しやう。

堀切市長案《ほりきりしちやうあん》は市來市長《いちきしちやう》の編成《へんせい》した昭和《せうわ》四年《ねん》の豫算案《よさんあん》を基準《きじゆん》として昭和《せうわ》四年《ねん》七月《ぐわつ》に第《だい》一次立直《じたてなをし》案《あん》を發表《はつぺう》したが、其後《そのご》內外《ないぐわい》の事情《じじやう》の變化《へんくわ》に鑑《かんが》みて改訂《かいてい》したものである。其最初《そのさいしよ》の立直案《たてなほしあん》の大綱《たいかう》は左《さ》の如《ごと》し。

堀切市長案財政計畫大綱

經費緊縮事業縮少　一、昭和《せうわ》四年度《ねんど》の既定豫算《きていよさん》は既《すで》に四百餘萬圓《よまんゑん》の緊縮《きんしゆく》を加《くは》へて議定《ぎてい》せられたるものにして、此《こ》の上《うへ》の節減《せつげん》は容易《ようい》にあらざるも本市財政《ほんしざいせい》の現狀《げんじやう》に鑑《かんが》み、更《さら》に一段《だん》の節約《やく》を加《くは》ふるの必要《ひつえう》あるを認《みと》め、一般的《ぱんてき》に五分《ぶ》の天引《てんびき》を加《くは》へて經常部《けいじやうぶ》に於《おい》て九十萬圓《まんゑん》、臨時部《りんじぶ》に於《おい》て三十六萬圓計金《まんゑんけいきん》百二十六萬圓《まんゑん》を緊縮《きんしゆく》し、又別《またべつ》に繼續費《けいぞくひ》に於《おい》て都市計畫街路修築費《としけいくわくがいろしうちくひ》八百九十二萬圓《まんゑん》、同下水道速成費《どうげすゐだうそくせいひ》二百五十六萬圓計金《まんゑんけいきん》千百四十八萬圓《まんゑん》を一應打切《おうちき》ることとし、之《これ》に代《かは》ふるに災害豫防工事《さいがいよばうこうじ》として千川《かわ》の改修《かいしう》は眞《しん》に巳《や》むを得《え》ざるものと認《みと》め、五百十四萬圓《まんゑん》を昭和《せうわ》四年《ねん》度《ど》以降《いかう》三箇年《かねん》繼續事業《けいぞくじげう》として計上《けいじやう》したるを以《もつ》て結局全部《けつきよくぜんぶ》を通《つう》じ七百五十九萬圓《まんゑん》を減《げん》じたり。

二、復興公債《ふくこうこうさい》の元金《もときん》は一般歳入《ぱんさいにふ》を以《もつ》て償還《しやうくわん》することとしたるも、利子《りし》は國庫《こくこ》の補給《ほきふ》を受《う》くるものとし、其《そ》の收支《しうし》は特別會計《とくべつくわいけい》たる公債償還金經濟《こうさいしやうくわんきんけいざい》に於《おい》て經理《けいり》するを以《もつ》て本計畫外《ほんけいくわくぐわい》に置《お》けり。

三、國庫借入金《こくこかりいれきん》の元利償還《ぐわんりしやうくわん》に付《つ》いては全部免除《ぜんぶめんぢよ》を受《う》くるものとし本計畫《ほんけいくわく》より除外《ぢよぐわい》せり。

四、預金部借入金《よきんぶかりいれきん》の償還《しやうくわん》に付《つ》いては元金《もときん》は之《これ》を一般歳入《ぱんさいにふ》を以《もつ》て償還《しやうくわん》することとし、利子《りし》は國《こく》庫《こ》の補給《ほきふ》を受《う》くるものとし、其《そ》の收支《しうし》は特別會計《とくべつくわいけい》たる公債償還金經濟《こうさいしやうくわんきんけいざい》に於《お》いて經理《けいり》するを以《もつ》て本《ほん》計畫外《けいくわくぐわい》に置《お》けり。

五、復興事業分擔金《ふくこうじげふぶんたんきん》は免除《めんぢよ》を受《う》くるものとし、本計畫《ほんけいくわく》より除外《ぢよぐわい》せり。

六、歳入缺陷補塡《さいにふけつかんほてん》の爲《ため》昭和元年度《せうわぐわんねんど》に於《おい》て基本財產及積立金等《きほんざいさんおよびつみたてきんとう》より運用《うんよう》したる五百萬圓中《まんゑんちう》、公《こう》債償還基金《さいしやうくわんききん》より運用《うんよう》したる二百八十萬圓《まんゑん》の本計畫《ほんけいくわく》に於《おい》ては之《これ》が積戻《つみもど》しを停止《ていし》する事《こと》としたり。

七、小學校建設《せうがくこうけんせつ》の爲《ため》、大正四年度《たいしやうねんど》迄《まで》に公債償還基金《こうさいしやうくわんききん》より運用《うんよう》したる殘額《ざんがく》百三十三萬圓《まんゑん》も亦同《またどう》樣積戻《やうつみもど》しを停止《ていし》することとしたり。

歳入缺陷の補塡方法　八、震災後累積《しんさいごるゐせき》したる歳入缺陷《さいにふけつかん》千七百萬圓《まんゑん》は四年度《ねんど》に於《おい》て市債《しさい》を以《もつ》て之《これ》を補塡《ほてん》し、五年度以降十箇年間《ねんどいかうかねんかん》に元利均等償還《ぐわんりきんとうしやうくわん》の方法《はうはふ》に依《よ》ることとし、每年度《まいねんど》二百三十萬餘圓《まんよゑん》を計上《けいじやう》したり。

九、新規事業《しんきじげふ》に付《つ》いては緊急《きんきふ》を要《えう》するものあるも、財政上餘裕《ざいせいじやうよゆう》なきを以《もつ》て全然之《ぜんぜんこれ》を計上《けいじやう》せざることとしたり。但《たゞ》し京橋商業學校《きやうばししやうげふがくかう》のみは萬止《はんや》むを得《え》ざるものとして、五年度《ねんど》に五十萬圓《まんゑん》六年《ねん》度《ど》に四十萬圓合計《まんゑんがふけい》九十萬圓《まんゑん》を計上《けいじやう》したり。

十、河港改良事業《かかうかいりやうじげう》の公債償還《こうさいしやうくわん》は埋立地處分收入《うめたてちしよぶんしうにふ》を以《もつ》て之《これ》に充《あ》て、一般歳入《はんさいにふ》を煩《わづら》はさざることとしたり。

十一、復興並《ふくこうならび》に復舊事業完成《ふくきうじげうくわんせい》に伴《ともな》ひ、道路《だうろ》、橋梁《けうりやう》、河川《かせん》、下水《げすゐ》、病院《びやうゐん》、塵芥處分《ぢんかいしよぶん》、市場《しぢやう》、社會事業施設等《しやくわいじげうしせつとう》の維持管理費《ゐぢくわんりひ》の已《や》むを得《え》ざる經費《けいひ》を見込計上《みこみけいじやう》したり。

堀切增税案　十二、市税《しぜい》は財界不況《ざいかいふきやう》の影響《えいきやう》に依《よ》り、昭和《せうわ》四年度《ねんど》に於《おい》て二百萬圓《まんゑん》を減收《げんしう》すべき見込《みこみ》に付《つき》、五年度《ねんど》に於《おい》ては此《こ》の二百萬圓《まんゑん》を減《げん》じたる額《がく》を計上《けいじやう》したり。

十三、以上計畫《いじやうけいくわく》の結果《けつくわ》として五年度《ねんど》に於《おい》て六百二十八萬餘圓《まんよゑん》の歳入不足《さいにふふそく》を見《み》るに至《いた》りたるを以《もつ》て、市有地地料《しいうちちれう》の値上等《ねあげとう》に付《つき》多少考究《たせうかうきう》を加《くは》へたるも固《もと》より多《おほ》くを期待《きたい》するを得《え》ず。其《そ》の他《た》に於《おい》ても適當《てきたう》の財源《ざいげん》なきを以《もつ》て之《これ》を市税《しぜい》の增額《ぞうがく》に俟《ま》つこととしたり。蓋《けだ》し震災《しんさい》の創痍《さうい》未《いま》だ癒《い》へず加《くは》ふるに財界不況《ざいかいふきやう》の時機《じき》に於《おい》て市税《しぜい》を增徵《ぞうちよう》するが如《ごと》きは、一般市民《はんしみん》の最《もつと》も苦痛《くつう》とする所《ところ》たるべきは勿論《もちろん》なるも、又《また》一面災後幾多《めんさいごいくた》の事業《じげう》を遂行《すゐかう》し其《そ》の決算期《けつさんき》に當面《たうめん》せる本市《ほんし》としては眞《しん》に已《や》むを得《え》ざる次第《しだい》なりとす。

增徵《ぞうちよう》すべき市税《しぜい》の概要左《がいえうさ》の如《ごと》し。

新税

金庫税	收入見込金額	二十萬圓
煽風器税	同	十八萬二千圓
新開地反別割	同	三萬六千圓
軌道税	同	千五百圓
商品切手發行税	同	八萬四千圓
借地權取得税	同	十二萬六千圓
女給雇傭税	同	十二萬三千圓
新税計		七十五萬二千五百圓

増税

家屋税不均一課税に依る増收	六十二萬圓
不動産所得税の増率に依る増收	六十八萬七千圓
特別消費税の課税標準及税率變更に依る増收	五十五萬五千圓

地租附加税の増率に依る増收　七十九萬九千圓

營業收益税の増率に依る増收　百四萬二千圓

所得税附加税の増率に依る増收　百八十五萬二千圓

増税計　五百五十五萬五千圓

合計　六百三十萬七千五百圓

第五　堀切市長案評

市來案との比較　堀切《ほりきり》市長案《ちやうあん》を前任者《ぜんにんしや》たる市來市長案《いちきしちやうあん》に比較《ひかく》するに

(一)歳入缺陥補《さいにふけつかんほ》は市來案《いちきあん》が三ケ年償還計畫《ねんしやうくわんけいくわく》なるを、十ケ年償還《ねんしやうくわん》に延期《えんき》したる事《こと》。

(二)復興復舊事業《ふくこうふくきうじげう》政府借入金《せいふかりいれきん》に就《つ》いては、市來案《いちきあん》が元利金《ぐわんりきん》の支拂《しはら》共政府《ともせいふ》の救助《きうじよ》を求《もと》めたるに反《はん》し、堀切案《ほりきりあん》は借入金《かりいれきん》の性質《せいしつ》に鑑《かんが》み、又《また》市の信用恢復《しんようくわいふく》の爲《た》めに元金《もときん》は豫定《よてい》通《どほ》り償還《しやうくわん》を行《おこな》ひ、唯《た》だ利子《りし》のみは市來案同樣政府《いちきあんどうやうせいふ》の補給《ほきふ》を仰《あふ》ぐことゝなしたる事《こと》。

(三)市來案《いちきあん》は四年度《ねんど》以降《いかう》に於《おい》て、約《やく》一億《おく》二千萬圓《まんゑん》の新規事業《しんきじげう》を目論見《もくろみ》たるに對《たい》し、堀切案《ほりきりあん》は新規事業《しんきじげう》を他日《たじつ》に留保《りうほ》したること。

(四)一般經費《はんけいひ》の緊縮整理《きんしゆくせいり》に就《つ》いては市來案《いちきあん》の以外《いぐわい》に昭和《せうわ》五年以降《ねんいかう》に於《おい》て經常部《けいじやうぶ》、臨時部《りんじぶ》を通《つう》じ天引《てんびき》に依《よ》り年額《ねんがく》百万圓《ゑん》の削減《さくげん》を圖《はか》りたること。

(五)歳入《さいにふ》の見積《みつも》りを少《すくな》くし、歳出《さいしゆつ》の自然增加《しぜんぞうか》を多《おほ》く見積《みつも》りたること。

(六)增稅額《ぞうぜいがく》は市來案《いちきあん》が比較的新稅《ひかくてきしんぜい》に重《おも》きを置《お》き、其新稅《そのしんぜい》として借地《しやくち》權稅《けんぜい》、借地《しやくち》權取得稅《けんしゆとくぜい》、商品券稅《しやうひんけんぜい》の三種《しゆ》を起《おこ》して、初年度《しよねんど》二百十七萬《まん》九千圓《ゑん》の收入《しうにふ》を企圖《きと》したるに對《たい》し、堀切案《ほりきりあん》は新稅《しんぜい》としては金庫稅《きんこぜい》、扇風機稅《せんぷうきぜい》、軌道稅《きだうぜい》、埋立地段別割《うめたてちたんべつわり》、借地《しやくち》權取得稅《けんしゆとくぜい》、女給雇傭稅《ぢよきふこようぜい》、商品切手稅《しやうひんきつてぜい》を新設《じんせつ》して僅《わづ》かに七十五萬圓《まんゑん》の收入《しうにふ》を擧《あ》ぐに止《とゞ》まり、餘《あま》りの五百五十萬《まん》七千圓《ゑん》は現行市稅《げんかうしぜい》たる地租《ちそ》、營業收益稅《えいげうしうえきぜい》の各附加稅《かくふかぜい》、不動產取得稅《ふどうさんしゆとくぜい》、特別消費稅《とくべつせうひぜい》、家屋稅不均一賦課《かおくぜいふきんふくわ》に依《よ》らんとする諸點《しよてん》が重《おも》なる相違《さうゐ》である。

堀切案の長所缺點　大體槪《だいたいくゞり》として堀切案《ほりきりあん》は(一)歳入《さいにふ》を少《すくな》く、歳出《さいしゆつ》の自然增加《しぜんぞうか》を多《おほ》く見積《みつも》り(二)經費《けいひ》の緊縮《きんしゆく》も市來案《いちきあん》より百萬圓多《まんゑんおほ》く(三)新規事業《しんきじげう》を中止《ちうし》し(四)復興事業政府借入金《ふくこうじげうせいふかりいれきん》の元金償還《ぐわんきんしやうくわん》を計畫《けいくわく》する等市財政《とうしざいせい》の基礎《きそ》を堅實《けんじつ》ならしめんとする趣意《しゆい》は可《か》なれども、市民經濟《しみんけいざい》の關聯《くわんれん》について稍《や》や考慮《かうりよ》の足《た》らざるの感《かん》がある。

云《い》ふまでもなく現下《げんか》の國民經濟《こくみんけいざい》は、甚《はなは》だしく不況《ふきやう》なる其中《そのうち》にも、東京市民《とうきやうしみん》に至《いた》りては前年《ぜんねん》の震災《しんさい》の打撃《だげき》未《いま》だ全《まつた》く去《さ》らず、市民經濟《しみんけいざい》の現狀《げんじやう》は頗《すこぶ》る窮境《きうきやう》に立《た》つものであるから此際《このさい》に處《しよ》する財《ざい》政立直《せいたてなほし》計畫《けいくわく》は經費《けいひ》の緊縮《きんしゆく》を以《もつ》て第《だい》一とし、此上《このうへ》市民《しみん》の負擔《ふたん》を加重《かちよう》するが如《ごと》きは努《つと》めて避《さ》けねばならぬ。堀切案《ほりきりあん》が市來案《いちきあん》以上《いじやう》に經費《けいひ》の緊縮《きんしゆく》を試《こゝろ》み、新規事業《しんきじげふ》の整理《せいり》を圖《はか》る等相當苦心《とうさうたうくしん》の跡《あと》を認《みと》めらるゝも、尙放漫《なほはうまん》なる市財政《しざいせい》に於《おい》ては尙緊縮《なほきんしゆく》の餘地《よち》があらう。緊縮《きんしゆく》の餘地《よち》ある際《さい》に新增稅《しんぞうぜい》六百三十萬圓《まんゑん》は昭和《せうわ》三年度《ねんど》豫算《よさん》の市稅實收額《しぜいじつしうがく》一千六百萬圓《まんゑん》と傳《つた》へらるゝに對《たい》し正《まさ》に四割近《わりちか》い增徵《ぞうちよう》に當《あた》り、不景氣《ふけいき》の今日聊《こんにちいさゝ》か過激過重《くわげきくわぢう》の增稅計畫《ぞうぜいけいくわく》と云《い》はねばならぬ。

更《さら》に市稅增收《しぜいぞうしう》の內容《ないよう》が、應能課稅《おうのうくわぜい》の立場《たちば》より見《み》るも、受益者課稅《じゆえきしやくわぜい》の立場《たちば》より見《み》るも最《もつと》も負擔《ふたん》力《りよく》ある可《べ》き借地權《しやくちけん》の課稅《くわぜい》を逸《いつ》して却《かへ》つて市稅《しぜい》として不適當《ふてきたう》なる營業收益稅《えいげふしうえきぜい》、所得稅附加稅《しよとくぜいふかぜい》に比《ひ》較的大《かくてきだい》なる增徵《ぞうちよう》を目論《もくろ》んでゐるが如《ごと》きは、最《もつと》も不都合《ふつがふ》なるのみならず、新稅中《しんぜいちう》には徒《いたづら》に徵稅費《ちようぜいひ》を要《えう》し、實收極《じつしうきは》めて零細《れいさい》なるものすらあるのは感心出來《かんしんでき》ない。

要《えう》するに今日《こんにち》の東京市《とうきやうし》は整理緊縮時代《せいりきんしゆくじだい》で、市財政立直《しざいせいたてなほし》に於《おい》ては、經費《けいひ》の緊縮《きんしゆく》が第《だい》一であつて增稅《ぞうぜい》は緊縮《きんしゆく》の後《のち》に來《きた》らねばならぬ。市《し》の現狀《げんじやう》に於《おい》て或程度《あるていど》の增稅《ぞうぜい》避《さ》け難《がた》いとするも、其《これ》には負《ふ》擔《たん》の公正《こうせい》と收入《しうにふ》の點《てん》を考慮《かうりよ》して稅種《ぜいしゆ》の選擇《せんたく》をなすべきである。かくて堀切案《ほりきりあん》は緊縮《きんしゆく》に於《おい》ても稅《ぜい》の撰擇《せんたく》に於《おい》ても、まだ不充分《ふじうぶん》である。

以上《いじやう》が、堀切市長《ほりきりしちやう》の財政立直案《ざいせいたてなほしあん》に對《たい》する記者《きしや》の所見《しよけん》である。其後《そのご》政府《せいふ》の補給《ほきふ》を豫期《よき》してゐた復興事業借入金《ふくこうじげふかりいれきん》の利子《りし》は、政府《せいふ》に於《おい》て外債《ぐわいさい》の利子《りし》のみ補給《ほきふ》を認《みと》むる事《こと》となり其他《そのた》は之《これ》を認《みと》めざることに決《けつ》したる一方《はう》、失職救濟事業《しつしよくきうさいじげふ》遂行《すゐかう》の爲《た》めの事業債《じげふさい》の利子《りじ》計上《けいじやう》や市會《しくわい》の形勢等《けいせいとう》四圍《ゐ》の狀《じやう》勢《せい》の變化《へんくわ》に鑑《かんが》みて、右《みぎ》の計畫《けいくわく》を改訂《かいてい》する事《こと》となつた。

第二次堀切案 改訂案《かいていあん》は、昭和《せうわ》四年《ねん》十月《ぐわつ》に至《いた》つて內定《ないてい》したが、其立案《そのりつあん》は、前述《ぜんじゆつ》の諸點《しよてん》に於《おい》て計畫《けいくわく》の變更《へんかう》あつた外大體前回《ほかだいたいぜんくわい》の案《あん》と大同小異《だいどうせうい》である。從《したが》つて之《これ》に對《たい》する批判《ひはん》も略前述《ほどぜんじゆつ》の所《しよ》言《げん》で盡《つ》きてゐる。因《ちな》に改訂案《かいていあん》の要領《えうりやう》左《さ》の如《ごと》し。

堀切市長財政立直案概要

一、前計畫《ぜんけいくわく》に於《おい》ては歲入歲出《さいにふさいしゆつ》共《とも》特別計算《とくべつけいさん》に依《よ》るものは別《べつ》とし、一般的《ぱんてき》に歲入《さいにふ》は二分《ぶ》歲出《さいしゆつ》は三分《ぶ》の遞增《ていぞう》を見込《みこ》みたりしも本計畫《ほんけいくわく》に於《おい》ては之《これ》を計上《けいじやう》せざることとせり。

二、昭和《せうわ》四年度《ねんど》の既定經費《きていけいひ》に對《たい》する緊縮《きんしゆく》は、前計畫《ぜんけいくわく》に於《おい》ては人件費《じんけんひ》物件費《ぶつけんひ》を通《とほ》して一般的《はんてき》に五分《ぶ》を節約《せつやく》することとし、經常部《けいじやうぶ》に於《おい》て九十萬圓《まんゑん》臨時部《りんじぶ》に於《おい》て三十六萬圓合計《まんゑんがふけい》百二十六萬圓《まんゑん》なりしが、本計畫《ほんけいくわく》に於《おい》ては緊縮方針《きんしゆくはうしん》を改《あらた》め人件費《じんけんひ》に在《あ》りては減員及減俸《げんゐんおよびげんぽう》を行《おこな》はざる範圍內《はんゐない》に於《おい》て俸給給料《ほうきふきふれう》の二分《ぶ》と慰勞手當《いらうてあて》の二割《わり》に相當《さうたう》する額《がく》を減《げん》じ、物件費《ぶつけんひ》に在《あ》りては平均《へいきん》二割《わり》を節約《せつやく》することとしたり。又復興事業完成《またふくこうじげうくわんせい》に伴《ともな》ふ五年度《ねんど》の增加經費《ぞうかけいひ》其《そ》の他《た》の臨時費《りんじひ》並繼續費《ならびけいぞくひ》に涉《わた》り繰延或《くりのべあるひ》は打切《うちき》りを行《おこな》ふ等《とう》あらゆる方法《はうはう》を講《かう》じて極度《きよくど》の緊縮《きんしゆく》を加《くは》へ、結局前計畫《けつきよくぜんけいくわく》に於《お》ける百二十六萬圓《まんゑん》の外《ほか》に、更《さら》に經常費《けいじやうひ》に於《おい》て二百二十萬圓《まんゑん》、臨時部《りんじぶ》に於《おい》て百三十二萬圓合計《まんゑんがふけい》三百五十二萬圓《まんゑん》の財源《ざいげん》を捻出《ねんしゆつ》したり。

三、復興公債《ふくこうこうさい》の元金《もときん》を一般歳入《はんさいにふ》を以《もつ》て償還《しやうくわん》することとしたるは前計畫《ぜんけいくわく》と同樣《どうやう》なるも、其《そ》の利子《りし》の補給《ほきふ》は政府《せいふ》の保證《ほしよう》に係《かゝ》はる外債《ぐわいさい》の利子《りし》に限《かぎ》り之《これ》を受《う》け得《う》べき見込《みこみ》なるを以《もつ》て、勢《いきほ》ひ內債《ないさい》の利子《りし》は已《や》むを得《え》ず一般歳入《はんさいにふ》を以《もつ》て支拂《しはら》ふこととしたり。

四、國庫借入金《こくこかりいれきん》の償還《しやうくわん》に付《つき》ては前計畫《ぜんけいくわく》は元利共全部免除《ぐわんりともぜんぶめんぢよ》を受《う》くることとしたるを改《あらた》め、元金《もときん》は十年間《ねんかん》据置《すゑお》き利子《りし》は免除《めんぢよ》を受《う》くることとしたり。然《しか》れども十年財政計畫《ねんざいせいけいくわく》に於《おい》ては別《べつ》に異動《いどう》を生《しやう》ぜぬ。

五、預金部借入金《よきんぶかりいれきん》の元金《もときん》は一般歳入《はんさいにふ》を以《もつ》て償還《しやうくわん》することは前計畫《ぜんけいくわく》と異《こと》らざるも、其《そ》の利子《りし》は到《たう》底《てい》補給《ほきふ》を受《う》け得《え》られざる見込《みこみ》に付已《つきや》むを得《え》ず一般歳入《ぱんさいにふ》を以《もつ》て支拂《しはら》ふこととしたり。

六、復興事業分擔金《ふくこうじげふぶんたんきん》は免除《めんぢよ》を受《う》くるものとして本計畫《ほんけいくわく》に計上《けいじやう》せざりしは前計畫《ぜんけいくわく》と異《こと》らず。

七、歳入缺陷補塡《さいにふけつかんほてん》の爲昭和元年度《ためせうわぐわんねんど》に於《おい》て、基本財産及積立金等《きほんざいさんおよびつみたてきんとう》より運用《うんよう》したる五百萬圓中公債《まんゑんちうこうさい》償還基金《しやうくわんききん》の分《ぶん》二百八十萬圓《まんゑん》は前計畫《ぜんけいくわく》の通《とほ》り之《これ》が積戻《つみもど》しを停止《ていし》することとしたり。

八、小學校建設《せうがくこうけんせつ》の爲大正四年度《ためたいしやうねんど》迄《まで》に公債償還基金《こうさいしやうくわんききん》より運用《うんよう》したる金額中積戻《きんがくちうつみもど》し未濟額《みさいがく》百三十三萬圓《まんゑん》も亦其《またそ》の積戻《つみもど》しを停止《ていし》することとしたるは前計畫《ぜんけいくわく》と異《こと》らず。

九、震災後累積《しんさいごるゐせき》したる歳入缺陷《さいにふけつかん》千七百萬圓《まんゑん》は四年度《ねんど》に於《おい》て市債《しさい》を起《おこ》して之《これ》を補塡《ほてん》し、五年度以《ねんどい》降《かう》十ケ年間《ねんかん》に元利均等償還《ぐわんりきんとうしやうくわん》の方法《はうはふ》に依《よ》ることとし、毎年度《まいねんど》二百三十四萬圓《まんゑん》を計上《けいじやう》したるは大《だい》體《たい》前計畫《ぜんけいくわく》の通《とほり》とす。

十、復興並《ふくこうならび》に復舊事業完成《ふくきうじげふくわんせい》に伴《ともな》ふ道路《だうろ》、橋梁《けうりやう》、河川《かせん》、下水《げすゐ》、病院《びやうゐん》、塵芥處分《ぢんかいしよぶん》、市場《しぢやう》、社會事業《しやくわいじげふ》

施設等《しせつとう》の維持管理金《ゐぢくわんりきん》の已《や》むを得《え》ざる經費《けいひ》として、五年度《ねんど》は四年度《ねんど》に比《ひ》し二百八十六圓《ゑん》を增加《ぞうか》計上《けいじやう》せしが、今回之《こんくわいこれ》に大斧鉞《だいふゑつ》を加《くは》へて百三十三萬圓《まんゑん》の增加《ぞうか》に止《とゞ》めたり。

十一、新規事業《しんきじげふ》として前計畫《ぜんけいくわく》に京橋商業學校建設費《きやうばししやうげふがくかうけんせつひ》九十萬圓《まんゑん》を計上《けいじやう》せしが、前叙《ぜんじよ》の通極度《とほりきよくど》の緊《きん》縮《しゆく》を加《くは》ふるを必要《ひつえう》とするに至《いた》りたるを以《もつ》て他《た》に適當《てきたう》の方法《はうはふ》を講《かう》じ以《もつ》て計畫《けいくわく》を遂行《すゐかう》せんとす。山手《やまて》方面《はうめん》に於《お》ける下《げ》水道中降雨《すゐだうちうかうう》毎《ごと》に氾濫《はんらん》し、保《ほ》健衛生上差擱《けんゑいせいじやうさしお》き難《がた》き個所《かしよ》に對《たい》する速成工事《そくせいこうじ》施《し》行《かう》の緊切《きんせつ》なるものあるを認《みと》め、昭和《せうわ》五年度《ねんど》に於《おい》て市債《しさい》を財源《ざいげん》とする改良下《かいりやうげ》水道速成事《すゐだうそくせいじ》業費《げふひ》四百萬圓《まんゑん》を新《あらた》に計上《けいじやう》することとしたり。此《こ》の外結核療養所增築《ほかけつかくれうやうじよぞうちく》の如《ごと》き現下《げんか》最《もつと》も急《きふ》を要《えう》する施設《しせつ》あるも、財源《ざいげん》の關係上本計畫《くわんけいじやうほんけいくわく》に計上《けいじやう》し得《え》ざりしを遺憾《ゐかん》とす。

十二、區劃整理《くくわくせいり》に伴《ともな》ふ小學校敷地《せうがくかうしきち》清算金《せいさんきん》として昭和《せうわ》五年度《ねんど》に於《おい》て百十八萬圓《まんゑん》の支出《ししゆつ》を要《えう》することと前計畫後《ぜんけいくわくご》明《あきら》かとなりたるも、財源《ざいげん》なきを以《もつ》て今回新《こんくわいあらた》に之《これ》を市債《しさい》に需《もと》め處辨《しよべん》することとしたり

十三、昭和《せうわ》四年度《ねんど》失業救濟事《しつげふきうさいじ》業及《げふおよび》小學校敷地《せうがくかうしきち》區《く》劃整理《くわくせいり》清算並《せいさんならび》に新規事業《しんきじげふ》たる改良下《かいりやうげ》水道速成事《すゐだうそくせいじ》業《げふ》の財源《ざいげん》を市債《しさい》に需《もと》むることとしたる爲《ため》、今回新《こんくわいあらた》に其《そ》の元利《ぐわんり》償還額《しやうくわんがく》を計上《けいじやう》したり。

十四、河《か》港改良事《かうかいりやうじ》業公債《げふこうさい》の償還《しやうくわん》は前計畫《ぜんけいくわく》の通埋立地《とほりうめたてち》處分收入《しよぶんしうにふ》を以《もつ》て之《これ》に充《あ》て、一般歳入《はんさいにふ》を煩《わづら》は

さざることとしたり。

十五、市稅《しぜい》並《なら》びに增稅計畫《ぞうぜいけいくわく》は、第《だい》一次案《じあん》と同樣《どうやう》。

右《みぎ》の計畫《けいくわく》に基《もと》ける東京市《とうきやうし》の昭和《せうわ》四年度《ねんど》以降《いかう》の財政計畫別表《ざいせいけいくわくべつぺう》の如《ごと》し。（二五六頁挿込）

第六　市會の修正

右堀切市長《みぎほりきりしちやう》の財政立直案《ざいせいたてなをしあん》に對《たい》して東京市會《とうきやうしくわい》は昭和《せうわ》四年《ねん》の年《とし》も迫《せま》つた十二月《ぐわつ》二十七日《にち》に於《おい》て、增稅案《ぞうぜいあん》に左《さ》の如《ごと》く修正《しうせい》を加《くは》へた。市會《しくわい》の修正《しうせい》に對《たい》しては、租稅《そぜい》の理論《りろん》の上《うへ》から、又財政計費《またざいせいけいひ》の上《うへ》から、論議《ろんぎ》すべき餘地《よち》はあるが、何時《いつ》までも今日《こんにち》の儘《まゝ》に放任《はうにん》すべきでないから、市財政立直《しざいせいたてなをし》の大局《たいきよく》から見《み》て、この程度《ていど》で折合《をりあ》ふ外《ほか》はあるまい。而《しか》して理事者《りじしや》としては、市會《しくわい》の削減《さくげん》した增新稅額《ぞうしんぜいがく》百二十餘萬圓《よまんゑん》の缺陷《けつかん》は、堅實《けんじつ》なる整理緊縮《せいりきんしゆく》に依《よ》つて補塡《ほてん》すべきである。

增稅

原案	五、五五六、一二四圓
修正額	四、九〇七、六五八

一、地租附加税

原　　　案　　　　七九九、一四九

原案通可決

二、營業收益税附加税

原　　　案　　　　一、〇四二、六九八

全部削除

三、所得税附加税

原　　　案　　　　一、八五二、一三九

原案通可決

四、家屋税附加税（不均一賦課）

原　　　案　　　　六二〇、〇三二

免税點を住宅專用を原案通り三千圓となし其他を七千圓に引き上げ、高率累進を以て賦課し金額を原案の倍額百二十四萬六十四圓に修正増

五、雜種税附加税（不動産取得）

原　　　案　　　　　　　　　六八七、五九五
原案可決
六、特別消費税（遊興税）
（イ）原案娼妓　　　　　　　三九五、五九五
（ロ）其　　他　　　　　　　一五九、四五〇
原案中の（イ）娼妓百分の七を百分の五に修正、娼妓の金額を十六萬九千七百九十五圓に修正（ロ）其他は原案可決
新税
原　　案　　　　　　　　七五二、八〇八
修正額　　　　　　　　　二七四、九〇一
一、金庫税
原　　案　　　　　　　　二〇〇、六四〇
原案には外法高サ〇、六〇米より徴税する事となりをるを三號以上に修正、金額も六萬八千百六十圓に削減

二、煽風器税

原　　案　　一八二、三〇四

全部削除

三、新開地免租地反別割

原　　案　　三七、五七一

原案可決

四、軌　道　税

原　　案　　二、三〇五

原案の倍額四千六百十圓に修正

五、商品切手發行税

原　　案　　八二、三一〇

原案の倍額十六萬四千六百二十圓に修正増

六、借地權取得税

原　　案　　一二六、四七四

全部削除

七、雇婦稅

原　　案　　一二一、二〇四

全部削除

かくて堀切案《ほりきりあん》の中《うち》全部《ぜんぶ》削除《さくぢよ》されたるものは増稅《ぞうぜい》に於《おい》て營業收益稅附加稅《えいげうしうえきぜいふかぜい》、新稅《しんぜい》に於《おい》て煽風機《せんぷうき》稅《ぜい》、雇婦稅《こふぜい》、借地權取得稅《しやくちけんしゆとくぜい》の三稅《ぜい》である。而《しか》して金庫稅《きんこぜい》は理事會《りじくわい》に於《おい》て削除《さくぢよ》される豫定《よてい》であつたが三號《がう》以上《いじやう》の金庫《きんこ》に課《くわ》する事《こと》として六萬《まん》八千圓《ゑん》を認《みと》めた結果之《けつくわこれ》に相當《さうたう》する金額《きんがく》を牛馬車《ぎうばしや》、自《じ》轉車《てんしや》、小車人力車《こぐるまじんりきしや》の諸稅《しよぜい》に於《おい》て減稅《げんぜい》する事《こと》とし、更《さら》に右《みぎ》の外府縣營業稅附加稅《ほかふけんえいげうぜいふかぜい》に於《おい》て現行《げんかう》の賦《ふ》課率《くわりつ》百分《ぶん》の百四十五を百三十五に修正《しうせい》し約《やく》九萬圓《まんゑん》の減稅《げんぜい》を斷行《だんかう》して收支《しうし》の辻褄《つじつま》を合《あわ》せる事《こと》となつた。それ故《ゆゑ》に原案《げんあん》六百三十餘萬圓《よまんゑん》に對《たい》する實際《じつさい》の削減額《さくげんがく》は百十二萬圓《まんゑん》で、之《これ》に前記計畫《ぜんきけいくわく》の自《じ》動車《どうしや》を除《のぞ》く諸車稅《しよしやぜい》六萬《まん》八千圓及府稅營業稅附加稅《ゑんおよびふぜいえいげうぜいふかぜい》九萬餘圓《まんよゑん》の削減《さくげん》によつて、合計《がふけい》百二十八萬《まん》六千餘圓《よゑん》を削減《さくげん》される事《こと》となり、増收稅《ぞうしうぜい》を通《つう》じて五百二萬《まん》七千六百五十二圓《ゑん》に修正《しうせい》された。

後篇　市町村財政の大觀

第一章　市の財政

第一　市の歳出歳計

一口《くち》に市町村《しちやうそん》と云《い》ふが、市《し》と町村《ちやうそん》とは市民生活《しみんせいくわつ》に於《お》て、團體生活《だんたいせいくわつ》に於《お》て、稍《やゝ》異《こと》る所《ところ》があつて其《その》財政《ざいせい》も稍《やゝ》趣《おもむき》を異《こと》にした點《てん》がある。玆《こゝ》では市《し》と町村《ちやうそん》とを區別《くべつ》して其財政《そのざいせい》の一般《ぱん》の狀況《じやうきやう》を說《と》かう。

十萬圓から三億圓　等《ひと》しく市《じ》と云《い》ふてもピンからキリ迄《まで》ある。前述《ぜんじゆつ》の如《ごと》く人口《じんこう》二百萬《まん》を超《こ》へ、世界《せかい》の都市《とし》番附《ばんづけ》でも幕《まく》の內《うち》のパリ〳〵の所《ところ》に据《す》はる東京市《とうきやうし》大阪市《おほさかし》の如《ごと》きもあれば、人口《じんこう》二萬《まん》を一寸超《ちよつとこ》へた許《ばか》りの沖繩縣《おきなはけん》の首里《しゆり》や三萬《まん》に手《て》の屆《とゞ》かぬ尾道《をのみち》や丸龜《まるかめ》の如《ごと》きもある。伴《つ》れて其財《そのざい》政《せい》も東京市《とうきやうし》などでは前述《ぜんじゆつ》の如《ごと》く一年《ねん》の歳計《さいけい》二億八千萬圓《まんゑん》を超《こ》へ三億圓《おくゑん》に手《て》の屆《とゞ》かん許《ばか》りであるに對《たい》し、首里《しゆり》の如《ごと》きは僅《わづ》かに八十一萬《まん》三千圓《ゑん》(昭和《せうわ》三年度《ねんど》豫算《よさん》)と云《い》ふ如《ごと》き小規模《せうきぼ》のものもある。

かくて全國《ぜんこく》百十三市《し》の財政《ざいせい》を一括《くわつ》して見《み》ると、昭和《せうわ》三年度《ねんど》の當初豫算《たうしよよさん》で、歳出總額《さいしゆつそうがく》は約《やく》七億《おく》四千五百萬圓《まんゑん》である。

市歳出の重要費目　之《これ》を歳出《さいしゆつ》の重《おも》なる費目別《ひもくべつ》に見《み》ると左《さ》の如《ごと》し。

	圓
電氣及瓦斯事業費	一五八、〇九三、〇〇〇
公債費	一五四、四五七、〇〇〇
土木費	一〇二、五四六、〇〇〇
敎育費	九〇、五一一、〇〇〇
都市計畫費	四二、四三三、〇〇〇
役所費	二七、三〇四、〇〇〇
勸業費	一七、一〇九、〇〇〇
社會事業費	一〇、三四五、〇〇〇
積立金及基本財產造成費	七、〇一四、〇〇〇
諸稅負擔	七、八三五、〇〇〇

警備費　二、〇九四、二五八
衛生費　九六、五五七、七三五
會議費　一、二四二、〇〇〇
其他諸費　二八、二六二、〇〇〇
計　七四五、八〇八、〇〇〇

この費目別《ひもくべつ》と後《のち》に説《と》く町村《ちやうそん》の費目別《ひもくべつ》とを對照《たいせう》して見《み》ると、市《し》と町村《ちやうそん》の經濟活動《けいざいくわつどう》の方面《はうめん》に相違《さうゐ》ある事《こと》が判《わか》る。

市歳入の内譯　右《みぎ》の經費《けいひ》を賄《まかな》ふ歳入《さいにふ》の方面《はうめん》を見《み》るに、昭和《せうわ》三年度《ねんど》當初《たうしよ》豫算《よさん》では、歳入總《さいにふそう》額《がく》七億《おく》五千百五十七萬圓《まんゑん》であり其中《そのうち》稅收入《ぜいしうにふ》は一億《おく》二千百六十四萬圓《まんゑん》、稅外收入《ぜいぐわいしうにふ》は六億《おく》二千九百五十一萬圓《まんゑん》であつて、その總歳入《そうさいにふ》に對《たい》する割合《わりあひ》は、稅收入《ぜいしうにふ》一割《わり》六分《ぶ》稅外收入《ぜいぐわいしうにふ》八割《わり》四分《ぶ》となつてゐる。市《し》の收入《しうにふ》に於《おい》て、稅外收入《ぜいぐわいしうにふ》の多《おほ》いのは、市《し》には電氣瓦斯水道等《でんきがすすゐだうとう》の公營事業《こうえいじげふ》が多《おほ》くて其使《そのし》用料《ようれう》及手數料收入《およびてすうれうしうにふ》が多《おほ》いのと、我國《わがくに》の都市《とし》は、人口《じんこう》の都市移動《としいどう》に伴《ともな》ふて發展過程《はつてんくわてい》にある結果《けつくわ》として、財源《ざいげん》を公債《こうさい》に仰《あふ》いで、種々《しゆぐ》の近代都市的設備《きんだいとしてきせつび》をなしつゝあるからである。今稅外收入《いまぜいぐわいしうにふ》の重《おも》なるものを擧《あ》ぐれば左《さ》の如《ごと》し。

市債	二一二、九五九、〇〇〇圓
使用料及手數料	一七一、六九六、〇〇〇
前年度繰越金	五二、一三四、〇〇〇
雜收入	六八、七三〇、〇〇〇
國庫補助金	五七、七四一、〇〇〇
財產賣拂代	二五、〇〇七、〇〇〇
繰入金	七、三〇一、〇〇〇
財產より生ずる收入	七、二〇五、〇〇〇
道府縣補助金	五、七四八、〇〇〇
國庫下渡金	七、九四八、〇〇〇
納付金	三、一二三、〇〇〇
寄附金	二、四二二、〇〇〇

國稅徵收交付金　二、八〇二、〇〇〇

報償金　三、一七一、〇〇〇

道府縣稅徵收交付金　一、九三六、九九五

計　六二九、九二九、〇〇〇

次《つぎ》に稅收入中《ぜいしうにふちう》の重《おも》なる稅種《ぜいしゆ》を示《しめ》せば左の如《ごと》し。

（一）國稅附加稅

營業收益稅附加稅　二三、六四一、〇〇〇

所得稅附加稅　一〇、二五一、〇〇〇

地租附加稅　五、六四二、〇〇〇

取引所營業稅附加稅　二三三、〇〇〇

鑛業稅附加稅　二〇、〇〇〇

（二）道府縣稅附加稅

家屋稅附加稅　二七、七四七、〇〇〇

雑種税附加税	一八、一二一、〇〇〇
營業税附加税	四、一二一、〇〇〇
特別地税附加税	五七、〇〇〇
(三)市特別税	
戸數割	一二、五一八、〇〇〇
家屋割	七、二三八、〇〇〇
不動産取得税	二、七六四、五三五
段別割	五二九、〇〇〇
所得税	二三八、〇〇〇
戸別割	二一四、九六七
其の他	八、四〇六、〇〇〇
計	一二一、六四六、〇〇〇

附加税と制限率

右《みぎ》の表《へう》に明《あきら》かな如《ごと》く、現在《げんざい》の市税《しぜい》は、五種《しゆ》の國《こく》税《ぜい》附《ふ》加《か》税《ぜい》と四種《しゆ》の道府《だうふ》縣稅附加稅《けんぜいふかぜい》と、數種《すうしゆ》の特別稅《とくべつぜい》(獨立稅《どくりつぜい》とも云《い》ふ)より構成《こうせい》されてゐて、附加稅《ふかぜい》には夫《そ》れ〲一定《てい》の制限率《せいげんりつ》がある事《こと》になつてゐるが、稅《ぜい》に依《よ》り內務《ないむ》大藏《おほくら》兩大臣《りやうだいじん》、或《あるひ》は道府縣知事《だうふけんちじ》の許可《きよか》を得《え》て、制限外課稅《せいげんぐわいくわぜい》をなし得《う》ることゝなつてゐる。(詳細《しやうさい》は拙著《せつちよ》秀文閣書房《しうぶんかくしよばう》發行《はつかう》「減稅《げんぜい》の解說《かいせつ》」參照《さんせう》)主《おも》なる國稅附加稅《こくぜいふかぜい》の現在《げんざい》の制限率《せいげんりつ》左《さ》の如《ごと》し。

國稅制限率

一、地租附加稅　宅地租　本稅一圓に付廿八錢　其他の土地地租　本稅一圓に付六十六錢

一、營業收益稅　本稅一圓に付六十錢

一、所得稅附加稅(戶數割を賦課し難き市に限る)　本稅一圓に付七錢

實際《じつさい》の課稅率《くわぜいりつ》は全國平均《ぜんこくへいきん》地租附加稅本稅《ちそふかぜいほんぜい》一圓《えん》に付《つき》四十一錢《せん》五厘《りん》、其《そ》の他《た》の土地《とち》地租附加稅本《ちそふかぜいほん》稅《ぜい》一圓《えん》に付《つき》九十七錢《せん》五厘《りん》、營業收益稅《えいげふしうえきぜい》附加稅本稅《ふかぜいほんぜい》一圓《えん》に付《つき》八十三錢《せん》、所得稅附加稅本稅《しよとくぜいふかぜいほんぜい》一圓《えん》につき十三錢《せん》六厘《りん》となつてゐて、何《いづ》れも制限外課稅《せいげんぐわいくわぜい》になつてゐる。

次《つぎ》に道府縣稅《だうふけんぜい》制限率《せいげんりつ》は左《さ》の如《ごと》し。

特別地稅　地價百分の八十以內

家屋税　一、戸數割を賦課する市に於ては本税の百分の十以內
二、戸數割を賦課し難しと認めた市に於ては當該年度の市税豫算額の百分の三十六（但し所得税附加税を賦課する場合は同上百三十）

營業税　本税の百分の八十

雜種税　雜種税附加税の制限は、總額に於て本税總額の百分の八十九以內となつてゐる。

而《しか》して現在全國市《げんざいぜんこくし》の平均課率《へいきんくわりつ》は左《さ》の如《ごと》くである。

特別地税　本税一圓に付一圓五錢八厘

家屋税附加税　本税一圓に付一圓九十九錢七厘

營業税附加税　本税一圓に付一圓一錢三厘

雜種税附加税　本税一圓に付一圓二錢

六大都市の財政　全國《ぜんこく》の市《し》の財政《ざいせい》の概況《がいきやう》は以上《いじやう》の如《ごと》くであるが、其中金額《そのうちきんがく》から云《い》ふと、東京《とうきやう》、大阪《おほさか》、京都《きやうと》、横濱《よこはま》、神戸《かうべ》、名古屋《なごや》の六大都市《だいとし》の豫算總額《よさんそうがく》は、全體《ぜんたい》の約《やく》九割近《わりちか》くを占《し》めて

ゐる。即《すなは》ち左《さ》の如《ごと》し。

	歳入（千圓）	歳出（千圓）
東京	二九四、九三一	二八九、九一五
京都	三九、八五〇	三九、六六六
大阪	一五九、六〇〇	一五九、四六〇
横濱	四三、八九七	四三、八九七
神戸	四一、七九〇	四一、七九〇
名古屋	二九、九五二	二九、九五二
計	六一〇、〇二四	六〇四、三八二
全國市合計	七五一、五七六	七四五、八〇八

備考　右の表と東京市財政の解剖の際の説明と數字の相違せるは、前の場合は純計に依り右の表は普通經濟特別經濟の通計に依りたる爲めである

家《いへ》の世帶《しよたい》は妻君《さいくん》で持《も》ち、尾張名古屋《をはりなごや》は城《しろ》で持《も》つと云《い》ふが、我國《わがくに》の市財政《しざいせい》の大部《だいぶ》は六大都市《だいとし》の

財政《ざいせい》で左右《さいう》せられてゐると見《み》られない事《こと》はない程《ほど》、六大都市《だいとし》の全國《ぜんこく》の市財政上《しざいせいじやう》に占《じ》むる地位《ちゐ》は大《おほ》きい。

第二　市債

十三億の市債　六大都市《だいとし》の全國市財政《ぜんこくしざいせい》の大勢支配力《たいせいしはいりよく》は、市債《しさい》の點《てん》に於《お》ても壓倒的《あつたうてき》の地位《ちゐ》を占《し》めてゐる。

最近《さいきん》地方債《ちはうさい》の激増《げきぞう》が世間《せけん》の問題《もんだい》となつてゐるが、其主力《そのしゆりよく》は市債《しさい》で、市債増加《しさいぞうか》の又主力《またしゆりよく》が六大《だい》都市《とし》の市債《しさい》である。卽《すなは》ち昭和《せうわ》二年度《ねんど》に於《お》ける地方債總額《ちはうさいそうがく》は左《さ》の如《ごと》くであつて、市債《しさい》は全地方債《ぜんちはうさい》の九割以上《わりいじやう》を占《じ》めてゐる。

道府縣債	三七九、四三〇、〇〇〇圓
市債	一、二五八、九四一、〇〇〇
町村債	一六七、五四一、〇〇〇
水利組合債	三八、五一二、〇〇〇

計　一、八〇五、九二一、〇〇〇

而《しか》して地方債《ちはうさい》の九割《わり》を占《し》むる、十二億《おく》五千八百九十四萬圓《まんゑん》の市債中《しさいちう》、六大都市《だいとし》の市債《しさい》は十一億《おく》四百一萬圓《まんゑん》に上《のぼ》つて地方債全體《ちはうさいぜんたい》の六割《わり》一分《ぶ》一厘《りん》、市債全體《しさいぜんたい》の八割《わり》七分《ぶ》八厘《りん》を占《し》めてゐる。

市債起債別　かくて市債《しさい》は六大都市《だいとし》に於《おい》て仲々重大《なかなかぢうだい》の負擔《ふたん》となつてゐる。若《も》し井上藏相流《ゐのうへざうしやうりう》の國債恐怖論《こくさいきようふろん》から行《ゆ》けば、大變《たいへん》な事《こと》だ。即《すなは》ち國債《こくさい》一人當《にんあた》り百圓《ゑん》で大騒《おほさわ》ぎするならば東京市債《とうきやうしさい》一人當《にんあた》り二百七圓《ゑん》、横濱市債《よこはましさい》一人當《にんあた》り二百四圓《ゑん》、大阪同《おほさかどう》百五十三圓《ゑん》、神戸同《かうべどう》百四十七圓《ゑん》と云《い》ふのじや大變《たいへん》な事《こと》ではないか。しかし、公債《こうさい》の恐《おそ》るべきは、量《りやう》よりも寧《むし》ろ質《しつ》だ、其《それ》が如何《いか》なる目的《もくてき》で起債《きさい》され、又如何《またいか》なる元利金償還《ぐわんりきんしやうくわん》の方法《はうはう》を採《と》り、現在如何《げんざいいか》なる狀態《じやうたい》にあるかゞ問題《もんだい》なのだ。大阪市債《おほさかしさい》一人當《にんあた》り百五十三圓《ゑん》と云《い》ふても大阪市財政《おほさかしざいせい》の現狀《げんじやう》に於《おい》ては、それは決《けつ》して重《おも》い負擔《ふたん》でないのだ。蓋《けだ》し其元利《そのぐわんり》金《きん》の償還《しやうくわん》の途《みち》が立《た》つてをり、其公債《そのこうさい》の使途《しと》が生產的《せいさんてき》に有用《いうよう》に運用《うんよう》せられて現在堅實《げんざいけんじつ》なる狀態《じやうたい》にあるからだ。

富士川《ふじかは》の鳥《とり》の羽《は》ばたきの如《ごと》き、公債《こうさい》の呼値《よびね》に驚《おどろ》いちやいかぬ、靜《しづか》に心《こゝろ》を鎭《しづ》め、腰《こし》を落《お》ち付《つ》けて、公債《こうさい》の起債《きさい》の目的《もくてき》、投資事業《とうしじげふ》の狀態《じやうたい》と元利金償還《ぐわんりきんしやうくわん》の途《みち》を徐《おもむ》ろに顧《かへり》みる餘裕《よゆう》を大國民《だいこくみん》たるものは持《も》つてゐなくてはならぬ。公債《こうさい》が多《おほ》いとて一概《がい》に驚《おどろ》くに當《あた》らぬが、其金額《そのきんがく》が少《すくな》くとも、起《き》債《さい》の目的《もくてき》が不可《ふか》であり、又起債《またきさい》の目的《もくてき》は可《か》なるも元利《ぐわんり》金《きん》の支拂の道《みち》が確實《かくじつ》でない場合《ばあひ》は感心《かんしん》出來《き》ぬ公債《こうさい》を控《ひか》へねばならぬ。かゝる意味《いみ》に於《おい》て現在《げんざい》の市債《しさい》の起債目的別《きさいもくてきべつ》を見《み》ると左《さ》の如《ごと》し。

教育費	九五、二二一、〇〇〇圓
衛生費	一七九、五九六、〇〇〇
勸業費	一三、〇一四、〇〇〇
災害土木費	二九、五四六、〇〇〇
電氣瓦斯事業費	四八六、七九五、〇〇〇
社會事業費	六四、八五一、〇〇〇
其他	二一〇、一〇五、〇〇〇
計	一、二五八、九四一、〇〇〇

目的別《もくてきべつ》では電氣瓦斯事業費《でんきがすじげふひ》、衛生費《ゑいせいひ》（主《しゆ》として水道費《すゐだうひ》）で全體《ぜんたい》の半額《はんがく》を占《し》めてゐる。其事業《そのじげふ》の經營《けいえい》が堅實《けんじつ》でありさへすれば、之等《これら》の起債《きさい》は原則論《げんそくろん》としては、敢《あへ》て排斥《はいせき》すべきものでないが、

東京市《とうきやうし》の電車經濟《でんしやけいざい》の如《ごと》き放漫不仕鱈《はうまんふしだら》では、起債目的《きさいもくてき》がよくても贊成出來《さんせいでき》ぬ。

第二章　町村の財政

第一　町村の歳計大觀

一萬二千の町村財政　現在我國《げんざいわがくに》には町村《ちやうそん》の數《すう》が大約《だいやく》一萬《まん》二千ある。その一萬《まん》二千の町村《ちやうそん》の豫算《よさん》の總計《そうけい》が、昭和《せうわ》三年度《ねんど》當初《たうしよ》豫算《さん》で五億《おく》五百七十九萬《まん》二千圓《ゑん》だ。一町村平均《ちやうそんへいきん》四萬《まん》二千圓《ゑん》の歳計《さいけい》だ。其中《そのうち》には東京府《とうきやうふ》の澁谷町《しぶやまち》のやうに人口《じんこう》十萬前後《まんぜんご》に上《のぼ》り、水道其他《すゐだうそのた》都市《とし》設備《せつび》が整《ととの》ふて、田舍《ゐなか》の市《し》などの追付《おひつ》かぬものもあれば、長野縣《ながのけん》の平野村《ひらのむら》のやうに、人口《じんこう》五萬前後《まんぜんご》に上《のぼ》り、村《むら》から一躍市《やくし》に躍進《やくしん》しやうと、諸種《しよしゆ》の設備《せつび》を都市的《としてき》にやつてゐるものもある。そうかと思《おも》ふと人口《じんこう》五百に滿《み》たない小《ちひ》さな町村《ちやうそん》も全國《ぜんこく》で百二十幾《いく》つある、と云《い》ふ次第《しだい》で其町村勢《そのちやうそんせい》の千差《さ》萬別《はんべつ》なる如《ごと》くに其財政狀態《そのざいせいじやうたい》も一樣《やう》でないが、茲《こゝ》に至極大《しごくおほ》ザツパな大勢《たいせい》を敍《じよ》すると次《つぎ》の如《ごと》くである。

町村の歳出　昭和《せうわ》三年度《ねんど》の全國町村當初豫算總額《ぜんこくちやうそんたうしよよさんそうがく》は前述《ぜんじゆつ》の如《ごと》く五億《おく》五百七十九萬《まん》であつて

其《その》主《おも》なる費目《ひもく》の區分《くぶん》は左《さ》の如《ごと》し。

教育費	二三三、八三〇、〇〇〇圓
役場費	八四、五六二、〇〇〇
土木費	四〇、三三九、〇〇〇
公債費	二七、〇九三、〇〇〇
積立金及基本財産造成費	二六、九一二、〇〇〇
衛生費	二六、五三〇、〇〇〇
警備費	八、二一四、〇〇〇
勸業費	九、八五九、〇〇〇
社會事業費	五、一〇四、〇〇〇
會議費	三、七二四、〇〇〇
諸税及負擔	二、〇〇一、〇〇〇
電氣及瓦斯事業費	二、一一七、〇〇〇

其の他　三五、五〇三、〇〇〇

計　五〇五、七九二、〇〇〇

依是観之《これによつてこれをみれば》、町村《ちやうそん》に於《お》ける歳出《さいしゆつ》の頭目《とうもく》は教育費《けういくひ》である。殆《ほとん》ど總歳出《そうさいしゆつ》の半分《はんぶん》を占《し》めてゐる。之《これ》に次《つ》ぐものが役場費《やくばひ》である。町村《ちやうそん》の教育費《けういくひ》の大部《だいぶ》が教員《けうゐん》の俸給《ほうきふ》であり、役場費《やくばひ》にも人件費《じんけんひ》が相當《さうたう》の部分《ぶぶん》を占《し》めてゐる。之等《これら》が、官吏《くわんり》の減俸《げんぽう》が町村《ちやうそん》、地方《ちはう》に於《おい》て歡迎《くわんげい》せらるゝ所以《ゆえん》である。市《し》の歳出《さいしゆつ》に於《おい》て筆頭《ひつとう》に上《のぼ》る電氣《でんき》及瓦斯《およびがす》事業費《じげふひ》が、町村《ちやうそん》に於《おい》ては費目《ひもく》の金額別《きんがくべつ》ではドン尻《じり》に來《きた》り、市《し》の費目別《ひもくべつ》で差程《さほど》重《おも》きをなさぬ役所費《やくしよひ》が町村《ちやうそん》では第二《だいに》に來《きた》るなど其處《そこ》に、市《し》の歳出《さいしゆつ》と町村《ちやうそん》の歳出《さいしゆつ》と趣《おもむき》を異《こと》にしてゐる事《こと》を知《し》る事《こと》が出來《でき》る。

町村の歳入　次《つぎ》に町村《ちやうそん》の歳入《さいにふ》を見《み》るに、これ又《また》市《し》の歳入状況《さいにふじやうきやう》と趣《おもむき》を異《こと》にしてゐる。即《すなは》ち市《し》に於《おい》ては稅外收入が總歳入《そうさいにふ》の八割《わり》四分《ぶ》を占《し》むるに對《たい》して町村《ちやうそん》では、それは四割《わり》五分《ぶ》に過《す》ぎず、市《し》に於《おい》て歳入《さいにふ》の一割《わり》六分《ぶ》を占《し》めるに過《す》ぎない稅收入は、町村《ちやうそん》では五割《わり》五分《ぶ》を占《し》めてゐる。稅收入《ぜいしうにふ》の重《おも》なるものを示《しめ》せば左《さ》の如《ごと》し。

（一）國稅附加稅

地租附加税	三五、七七六、〇〇〇圓
營業收益税附加税	一〇、九一六、〇〇〇
所得税附加税	一、三〇七、〇〇〇
取引所營業税附加税	二八〇
鑛業税附加税	三六六、〇〇〇
(二)道府縣税附加税	
雜種税附加税	三三、三八九、〇〇〇
家屋税附加税	二五、五四五、〇〇〇
營業税附加税	五、八五八、〇〇〇
特別地税附加税	四、八九五、〇〇〇
(三)特別税	
戸數割	一五〇、八四九、〇〇〇
段別割	五、二九四、〇〇〇

戸別割	一五、八六二
所得税	一、〇〇〇
其の他	五七五、〇〇〇
(四)夫役現品換算額	一、〇六〇、〇〇〇
計	二七五、八五三、〇〇〇

町村《ちやうそん》の税別《ぜいべつ》も、市税《しぜい》と同《どう》一建前《たてまへ》になつてゐて、附加税《ふかぜい》には市税《しぜい》と同様《どうやう》の制限率《せいげんりつ》があり、之《これ》に對《たい》して制限外課税《せいげんぐわいくわぜい》の道《みち》も開《ひら》けてゐることも相同《あいおな》じ。

右《みぎ》の税額《ぜいがく》を一見《けん》して、町村《ちやうそん》の税收入《ぜいしうにふ》と市《し》の税收入《ぜいしうにふ》と異《こと》るものを發見《はつけん》するであらう。市《じ》に於《おい》ては大體《だいたい》税收入《ぜいしうにふ》は附加税《ふかぜい》が主《しゆ》となつてゐるに對《たい》して、町村《ちやうそん》では特別税《とくべつぜい》それも主《しゆ》として戸《こ》數割《すうわり》が中《ちう》樞《すう》となつてゐる。日本《にほん》の税制《ぜいせい》は良税《りやうぜい》は殆《ほとん》ど國税《こくぜい》となり、其《その》お剩《あま》りが道府縣税《だうふけんぜい》市町村税《しちやうそんぜい》に振《ふ》り當《あ》てられてゐると大體《だいたい》見《み》てよい。この税制《ぜいせい》の下《もと》に、附加税《ふかぜい》の收入《しうにふ》に於《おい》て、町村《ちやうそん》が市《し》より劣《おと》り、獨《どく》立税《りつぜい》の收入《しうにふ》が多《おほ》いと云《い》ふのは、市《じ》よりも町村《ちやうそん》には、租税負擔能力《そぜいふたんのうりよく》が大體貧弱《だいたいひんじやく》なと云《い》ふ事《こと》を語《かた》るものと云《い》はねばならぬ。

茲《こゝ》に於《おい》て我國《わがくに》では地方《ちはう》の負擔輕減《ふたんけいげん》の必要《ひつえう》がある次第《じだい》で、其《それ》には國稅地方稅《こくぜいちはうぜい》を通《つう》じた稅制整理《ぜいせいせいり》を行《おこな》ふ外《ほか》、國費《こくひ》と地方費《ちはうひ》の配分《はいぶん》を合理化《がふりくわ》する必要《ひつえう》がある。今日政友會《こんにちせいいうくわい》が、地租營業收益稅《ちそえいげふしうえきぜい》の地《ち》方委讓《はうゐじやう》を唱《とな》ふるは、主《しゆ》として稅制整理《ぜいせいせいり》の立場《たちば》からの議論《ぎろん》であり、民政黨《みんせいたう》が義務教育費《ぎむけういくひ》の國庫負《こくこふ》擔《たん》を提唱《ていしやう》するのは、國費《こくひ》と地方費《ちはうひ》の配分《はいぶん》に重《おも》きを置《お》いた議論《ぎろん》である。各々《おの〳〵》一面《めん》の眞理《しんり》を含《ふく》んだ主張《しゆちやう》で、理想《りさう》を云《い》へば、稅制整理《ぜいせいせいり》と歲出《さいしゆつ》の整理《せいり》と兩面《りやうめん》よりの整理《せいり》を實行《じつかう》するに非《あら》ざれば眞《しん》の地《ち》方《はう》の負擔《ふたん》が合理化《がふりくわ》されまい。

次《つぎ》に稅外收入《ぜいぐわいしうにふ》の重《おも》なる科目並《くわもくなら》びに金額《きんがく》を擧《あ》ぐれば左《さ》の如《ごと》し。

財產より生ずる收入	一八、七五一、〇〇〇圓
使用料及手數料	一八、九〇〇、〇〇〇
國庫下渡金	六二、八五六、〇〇〇
國稅徵收交付金	四、三七六、〇〇〇
道府縣稅徵收交付金	四、五一八、〇〇〇
道府縣補助金	一三、二三一、〇〇〇

寄附金　一二、一七三、〇〇〇
町村債　二九、二三二、〇〇〇
前年度繰越金　二五、八六八、〇〇〇

第二　町村債

質の惡い町村債　町村債《ちやうそんさい》は市債《しさい》の説明《せつめい》の際《さい》に引用《いんよう》したる如《ごと》く昭和《せうわ》二年末現在《ねんまつげんざい》に於《おい》て一億《おく》六千七百五十四萬圓《まんゑん》で、金額《きんがく》だけから云《い》ふならば、東京市債《とうきやうしさい》の四億《おく》五百萬圓《まんゑん》に對《たい》して約《やく》三分《ぶん》の一で、大《たい》したものでないが、前述《ぜんじゆつ》の如《ごと》く町村《ちやうそん》の租税負擔力《そぜいふたんりよく》が貧弱《ひんじやく》である事《こと》と、其結果《そのけつくわ》として自《し》然町村債《ぜんちやうそんさい》の元利《ぐわんり》金支拂《きんしはらひ》能力《のうりよく》に乏《とぼ》しく、從《したが》つて其信用《そのしんよう》が薄弱《はくじやく》で、消化力《せうくわりよく》と起債條件《きさいでうけん》が惡《わる》く、加《くは》ふるに起債目的《きさいもくてき》が教育其他《けういくそのた》不生産的《ふせいさんてき》のものが多《おほ》い等《とう》の諸事情《しよじじやう》からして、一億《おく》六千七百萬圓《まんゑん》の町村《ちやうそん》債中《さいちう》には、町村《ちやうそん》に依《よ》り、分不相應《ぶんふさうおう》の負債《ふさい》と見《み》ねばならぬものも尠《すくな》くない。從《したが》つて公債《こうさい》の量《りやう》よりも寧《むし》ろ質《しつ》に重《おも》きを置《お》く記者《きしや》としては、原則論《げんそくろん》としては町村債《ちやうそんさい》の増加《ぞうか》は餘《あま》り歡迎《くわんげい》すべき現象《げんしやう》でないとなすものである。

町村債の利率起債目的別　因《ちな》みに町村債《ちやうそんさい》の利率別《りりつべつ》を示《しめ》せば昭和《せうわ》二年末《ねんまつ》に於《おい》て左《さ》の如《ごと》くである。其後《そのご》金融《きんゆう》市場《しぢやう》の緩漫《くわんまん》と共《とも》に、高利債《かうりさい》は低利債《ていりさい》に借替《かりか》へられてゐるから、今日《こんにち》は今少《いますこ》しく全體《ぜんたい》の條件《でうけん》は良《よ》くなつてゐる筈《はづ》だ。

無利子	一四、三四七、〇〇〇圓
五分未満	四〇、三六一、〇〇〇
五分以上	三八、一七六、〇〇〇
六分以上	五一、一〇九、〇〇〇
七分以上	一六、三五九、〇〇〇
八分以上	三、七三八、〇〇〇
九分以上	八九二、〇〇〇
一割以上	二、五五五、〇〇〇
計	一六七、五四一、〇〇〇

尚《なほ》起債《きさい》目的別《もくてきべつ》を示《しめ》せば左《さ》の如《ごと》し。

教育費	五七、六八二、〇〇〇
衛生費	三二、五九六、〇〇〇
勸業費	一三、一三七、〇〇〇
災害土木費	一五、四四三、〇〇〇
普通土木費	八、九九七、〇〇〇
電氣瓦斯事業費	三、二四六、〇〇〇
社會事業費	一八、六七五、〇〇〇
其の他	一七、七六四、〇〇〇

起債目的別《きさいもくてきべつ》から見《み》て金額《きんがく》の多《おほ》い方《はう》から出《で》て來《く》ると、第《だい》一教育費《けういくひ》、第《だい》二衛生費《えいせいひ》、第《だい》三社會事業費《しやくわいじげうひ》となつてゐる。この點《てん》から見《み》ても、教育費《けういくひ》が町村《ちやうそん》の財政《ざいせい》の重荷《おもに》となつてゐる事《こと》が判《わか》る。教育《けういく》のことは、財政《ざいせい》のみで云々《うん〱》すべきでないが、町村民《ちやうそんみん》の經濟《けいざい》、國民經濟《こくみんけいざい》を無視《むし》したその教育施設《けういくしせつ》は、大《おほ》いに考慮《かうりよ》すべき問題《もんだい》であると思《おも》ふ。何《なに》しろ貧乏《びんばう》な我國《わがくに》だ。金《かね》を使《つか》はないで、教育《けういく》の効果《かうくわ》を上《あ》げる工夫《くふう》が肝要《かんえう》でないかと思《おも》ふ。

市町村豫算の見方（終）

昭和五年三月十五日發行
昭和五年三月二十日再版

【定價金一圓八十錢】

市町村豫算の見方

著作者　西野喜與作

東京市芝區愛宕町三ノ三二
發行者　野依秀市

東京市芝區櫻田太左衛門町七
印刷者　天沼藤太郎

發行所　東京市芝區愛宕町三ノ三二
秀文閣書房
振替口座東京五八五七七番

天沼印刷所印行

秀文閣書房出版圖書目録

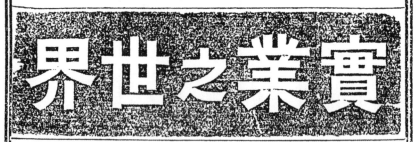

地方自治法研究復刊大系〔第253巻〕

市町村予算の見方〔昭和5年 再版〕

日本立法資料全集 別巻 1063

2018(平成30)年8月25日　復刻版第1刷発行　7663-3:012-010-005

著　者　西野喜興作
発行者　今井　貴
稲葉文子
発行所　株式会社信山社

〒113-0033 東京都文京区本郷6-2-9-102東大正門前
Ⓣ03(3818)1019　Ⓕ03(3818)0344
来栖支店〒309-1625 茨城県笠間市来栖2345-1
Ⓣ0296-71-0215　Ⓕ0296-72-5410
笠間才木支店〒309-1611 笠間市笠間515-3
Ⓣ0296-71-9081　Ⓕ0296-71-9082
印刷所　ワイズ書籍
製本所　カナメブックス
用　紙　七洋紙業

printed in Japan　分類 323.934 g 1063

ISBN978-4-7972-7663-3 C3332 ¥35000E